“十四五”职业教育国家规划教材

高等职业教育商科类专业群
物流类专业新目录·新专标配套教材

icve 智慧职教 高等职业教育在线开放课程新形态一体化教材

新目录 新专标

物流运输管理实务

（第四版）

主　编　朱　强
副主编　阎子刚

中国教育出版传媒集团
高等教育出版社·北京

内容提要

本书是"十四五"职业教育国家规划教材，是高等职业教育商科类专业群物流类专业新目录·新专标配套教材。本书在进行了物流运输管理概述之后，较全面地介绍了公路货物、水路货物、铁路货物、航空货物运输管理实务，以及集装箱运输管理实务、联合运输管理实务、物流运输管理决策、智慧物流与智能运输等内容，并配有丰富的用于作业技能训练的实训项目、案例和同步测试题。

本书可作为广大高等职业教育专科、本科院校和应用型本科院校物流类及相关专业的教材，也可作为社会从业人员的业务参考书及培训用书。

本书配套开发的数字化教学资源的获取方式见书后"郑重声明"页的资源服务提示。

图书在版编目(CIP)数据

物流运输管理实务 / 朱强主编.--4版.--北京：高等教育出版社，2020.9（2023.12重印）

ISBN 978-7-04-054377-3

Ⅰ.①物… Ⅱ.①朱… Ⅲ.①物流-货物运输-管理-高等职业教育-教材 Ⅳ.①F252

中国版本图书馆CIP数据核字(2020)第109717号

物流运输管理实务（第四版）
WULIU YUNSHU GUANLI SHIWU

策划编辑 康 蓉　　责任编辑 杨 莉　　封面设计 赵 阳　　版式设计 马 云
插图绘制 于 博　　责任校对 张慧玉 刁丽丽　　责任印制 高 峰

出版发行 高等教育出版社　　网 址 http://www.hep.edu.cn
社 址 北京市西城区德外大街4号　　http://www.hep.com.cn
邮政编码 100120　　网上订购 http://www.hepmall.com.cn
印 刷 天津市银博印刷集团有限公司　　http://www.hepmall.com
开 本 787 mm×1092 mm 1/16　　http://www.hepmall.cn
印 张 18
字 数 380千字　　版 次 2006年11月第1版
插 页 1　　2020年9月第4版
购书热线 010-58581118　　印 次 2023年12月第5次印刷
咨询电话 400-810-0598　　定 价 48.80元

物 料 号 54377-A0

第四版前言

我国高职高专物流管理专业经历了教学理念和人才培养模式的深刻变革，工学结合人才培养模式得到采纳和推广，工作任务导向的课程改革日益深化，基于实际工作任务的项目教学已经成为高职高专课程教学的重要选择。

随着移动通信、互联网、物联网、区块链等技术的发展，尤其是大数据和云计算技术在物流业的广泛应用，物流发展方式和商业模式发生了重大转型，智慧物流、智能运输已成为推动物流业供给侧结构性改革的重要引擎。

党的二十大报告指出："统筹职业教育、高等教育、继续教育协同创新，推进职普融通、产教融合、科教融汇，优化职业教育类型定位。"为此，教材的编写者定向联系不同类型的运输企业，收集相关操作标准和行业规范，并根据高职高专教改发展新形势，在课程中渗透和融合"云物大智"，编写组在第三版教材使用过程中收集读者反馈的意见，在深入企业调研和实践的基础上，以工作任务为载体，突出项目教学的需要，对第三版教材进行了删减、整合的同时，融入智慧物流及智能运输的相关知识和应用，力图比较完整地反映物流运输课程的最新发展情况。另外，本书以二维码形式增加了"任务实施""智慧运输新视界"两个栏目，内容中的背景资料是在企业业务实例的基础上编写而成的，以确保教材具有产教融合的特征和精准的职业教育类型定位。

党的二十大报告指出："育人的根本在于立德。全面贯彻党的教育方针，落实立德树人根本任务，培养德智体美劳全面发展的社会主义建设者和接班人。"本教材根据物流管理技能人才所需的职业素养，在教材各章知识目标和能力目标的基础上，新增了具有育人功能的素养目标。在教材内容方面，本书第一章是物流运输管理概述，旨在使读者建立有关物流运输的基本概念体系。第二章至第七章从公路货物运输、水路货物运输、铁路货物运输、航空货物运输、集装箱运输、联合运输六个方面介绍了不同运输方式的运营管理业务内容和流程。第八章主要涉及物流运输管理中经常遇到的运输方式的选择，运载工具的选择，车辆选择、获取和更换，运输线路优化，服务商的选择，物流运输风险及其控制等决策内容和方法。第九章主要介绍智慧物流及智能运输，通过掌握智慧物流的发展历程，了解智慧物流的核心技术，理解智能运输系统的内涵，能根据系统需要选择智慧物流的核心技术，筛选和收集智能运输系统数据。

为了方便教学，本书配有 PPT 等教学资源。书中穿插的案例、图表、计算实例、相关链接、拓展提高、小知识等栏目，能为读者提供学习的便利。每章的实训项目可为师生课内知识和技能训练提供有益的帮助，每章后面的同步测试可帮助读者检查自己对该章知识的掌握情况。

一、课程学习的知识目标和能力目标

通过本课程的学习，学生应具备以下几方面的知识和初步能力：

（1）掌握物流运输经营与管理和不同运输方式业务的基本知识。

（2）具有根据货物特点、客户需求和交通条件选择适当运输方式及其组合的能力。

（3）具有根据业务内容选择运输工具与方式，选择物流自营与外包策略的能力。

（4）具有参与确定运输工具获得方式、运输工具的折旧与更新策略，进行运输费用计算的能力。

（5）具有初步规划运输网络、优化运输作业线路、制订运输计划与排程、进行运输生产调度和过程管理的能力。

（6）具有运输报价、制定运输方案、执行和评估运输服务合同的能力。

（7）具有集装箱运输、多式联运运营的组织和管理能力。

（8）具有选择智慧物流的核心技术，筛选和收集智能运输系统数据的能力。

二、课程学习建议

由于不同的运输方式有自己独特的产业经济特点，以及组织与管理方法，各学校开设本门课程时，应该从“大物流，小特色”的物流专业教育理念出发，根据学校所在地区的特点、行业优势、产学研办学优势和毕业生就业领域的不同，对本书的某些章节有所选择，有所侧重。

本课程的先导课程有管理学基础、企业管理概论、物流基础、经济学基础等。如果没开设某门先导课程，在进行某些章节的教学时，教师需要给学生补充必要的基础知识。

各校应根据本地区特点、行业优势、产学研办学优势和毕业生就业领域的不同，选择开设不同的后续课程，如物流成本管理、国际货运代理等。

本课程的建议教学课时为 54 学时，各校可根据实际情况进行适当调整。

本书由朱强担任主编。参加修订工作的有：阎子刚（第一章）；朱强（第二至六章，第八章）；陈玲（第九章）；刘喻（第七章）；朱强负责全书的整体策划、结构和内容设计以及最后统稿。

在编写过程中，编者参考和引用了部分著作内容，书名及作者已列入参考文献，在此一并表示衷心的感谢。

由于我国物流行业的业态和管理技术发展变化快，高等职业教育教学的改革发展迅猛。加之编者水平有限，书中难免有不足之处，恳请广大读者提出宝贵意见（gdcpzq@139.com），我们将及时对内容进行增加和删改，以期保持教材的时代性和实用性。

编者

2023 年 6 月

第一版前言

2005 年 6 月，教育部办公厅、劳动和社会保障部办公厅、中国物流与采购联合会联合下发了《关于开展职业院校物流专业紧缺人才培养培训工作的通知》（以下简称“通知”），并同时公布了《高等职业教育物流管理专业紧缺人才培养指导方案》（以下简称“指导方案”）。根据“通知”精神和“指导方案”中物流运输管理模块的教学内容和能力目标要求，紧密围绕高等职业教育培养“高级应用型”人才的教育特点，我们对本书的结构、内容和特色进行了策划和设计。

运输是一个古老的传统行业，各种运输方式自身的技术与管理发展都有成熟的体系。但在现代物流和供应链管理背景下，如何区分物流管理视角的运输管理和传统的具有行业特色的专业化运输管理是我们策划这本教材时首先要考虑的问题。我们把物流运输管理概念界定为：“一个公司外购或自营物流运输服务过程中对运输服务活动的管理和控制”，这也是本书展开所有章节内容的立场和出发点。因此，本书是站在比托运人和承运人双方更高一层的视角设计教材结构和内容的，既涉及承运人和托运人的业务内容，也涉及双方的交易和合作管理内容。

本书的第 1 章内容包括物流运输的基本概念、功能、原理、运输方式、现代运输系统的结构和构成要素、物流运输市场、运输合理化、现代物流与运输的关系等内容，以期让读者建立有关物流运输的基本概念体系。因为概念是人们思维的基本工具，所以本章应为教学必讲章节。

第 2 章至第 8 章从公路货物运输、水路货物运输、铁路货物运输、航空货物运输、集装箱运输、联合运输、特殊货物运输等六个方面介绍了不同运输方式的运营管理业务内容和流程。托运人要进行运输服务的选择、购买、管理和控制，了解不同运输方式承运人的业务内容和流程是非常必要的。具有不同行业特色、地区特色或社区特色的学校，可根据学生就业领域的不同，在教学时对这七章内容进行适当取舍。

第 9 章的主要内容为物流运输管理中经常遇到的运输方式的选择、运输线路优化、物流运输服务商选择等决策内容和方法。第 10 章讲述的是物流运输经营管理内容，主要有运输服务质量管理、关系管理、运输服务管理、物流运输经营风险及其控制等。第 11 章为主要从承运人角度分不同运输方式介绍了成本核算与控制等内容。第 12 章介绍了物流法律规章和合同管理的相关内容。在教学中，第 9 章、第 10 章内容应为必讲章节，第 11 章、第 12 章的内容可根据学校自身实际进行取舍。

为了方便教学，本书制作了配套的电子教案、教师手册等，书中穿插的案例、图表、计算实例、相关链接、拓展提高、小知识等能为读者提供阅读学习的便利，每章的课堂活动设计、实训项目可为师生课内知识和技能教学提供有益的帮助，每章后面的同步测试可帮助读者检查自己对本章知识掌握情况。

本书由阎子刚担任主编，参加编写的有：阎子刚（第 1 章、第 10 章）；屈颖（第 2 章、第 3 章、第 4 章、第 5 章）；朱强（第 9 章）；宋雷（第 8 章）；曾立雄（第 6 章）；邹勇（第 7 章）；刘莎（第 11 章）；蔡远璐（第 12 章）。阎子刚负责全书的整体策划、结构和内容设计以及最后统稿。

由于我国物流行业的业态和管理技术发展变化快，以及受编者水平的限制，书中难免有不足之处，恳请广大读者提出宝贵意见。

编者

二〇〇六年五月

目录

01 Chapter

第一章

物流运输管理概述

知识目标：

- 掌握物流运输的概念和物流运输的服务特性
- 理解运输在物流系统中的地位
- 了解物流系统中运输的功能
- 掌握物流运输系统的构成
- 理解物流运输管理的批量经济原理和距离经济原理
- 掌握几种不同物流运输方式的特点
- 理解物流运输需求规律和影响物流运输需求的主要因素
- 理解物流运输供给规律和影响物流运输供给的主要因素
- 掌握影响物流运输合理化的因素

技能目标：

- 能从不同角度区分不同的运输方式
- 能区分几种不同的运输结构形态
- 能根据物流运输需求弹性确定价格策略
- 能根据物流运输供给弹性进行物流运输生产要素配置
- 能判断不合理物流运输的形式

素养目标：

- 培育和践行社会主义核心价值观
- 树立绿色环保意识，形成运输管理的创新思维

● 思维导图

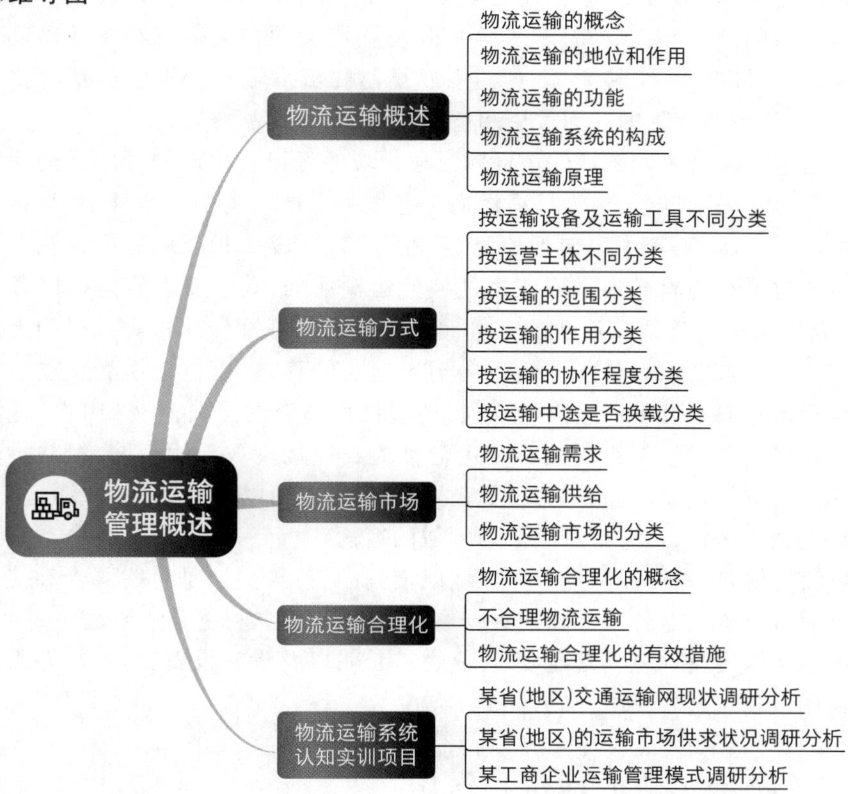

党的二十大报告提出:加快构建以国内大循环为主体、国内国际双循环相互促进的新发展格局。现代物流业畅通国内国际“双循环”,在供应端、需求端同时发力,从而保障“内循环”;产业链供应链的升级也将提高中国产品的全球竞争力和影响力,从而助力“外循环”。应用物联网、大数据、人工智能等先进技术,在构建新发展格局中发挥重要作用。运输是物流最基本的功能之一,是现代物流运作流程中不可缺少的一环,也是工商企业取得市场竞争优势的重要手段。因此,加强现代物流运输管理的研究,实现物流运输合理化,对于充分发挥物流系统的整体功能,促进国民经济持续、稳定、协调发展,以及增强工商企业的竞争实力,都有重要的意义。物流运输管理是指一个企业外包或自营物流服务过程中对运输服务活动的管理和控制。

第一节 物流运输概述

物流运输概述

一、物流运输的概念

物流运输是人和物的载运及输送,本书中专指“物”的载运及输送。它是在不同地点之间(如城市之间、企业之间或企业内部各部门之间),以改变“物”的空间位置为目的的活动,对“物”进行空间位移。广义的物流运输经营活动还包括货物集散、装卸搬运、中转仓储、配送等。虽然物流运输过程不生产新的物质产品,但它可以创造货物的时间效用和空间效用(物质产品增值)。

物流运输包括生产领域的运输和流通领域的运输。生产领域的运输活动一般在生产企业内部进行,称为厂内运输。它作为生产活动的一个环节,直接为物质产品的生产服务,其内容包括原材料、在制品、半成品和产成品的运输。厂内运输有时也称为物料搬运。而流通领域的运输活动,其主要内容是以服务为目的,完成货物从生产地向消费地在空间位置上的物理性转移过程及时间上的短时储存。它既包括物品从生产地点向消费地点的移动,也包括物品从供应链的上游生产地点向下游生产地点的移动,还包括由物流网点向消费(用户)地点的移动。人们经常把较长距离的物流运输称为长途运输或干线运输,把从物流网点到用户的物流运输活动称为“配送”,把局部场地的内部移动称为“搬运”。本书所讲的物流运输,主要侧重于流通领域的运输。

物流运输是一种服务,而不是可以触摸到的有形产品,是对购买者和使用者的一种服务。购买这种服务和购买有形产品有相似之处,也有独特之处。

物流运输的特性主要是速度、可靠性、周期,以及设施设备,这些特性影响物流运输的准备、货物的批量和装卸成本等。

二、物流运输的地位和作用

(一)物流运输是现代物流的主要功能要素之一

按物流的概念,物流是“物”的物理性运动,这种运动不但改变了物的时间状态,也改变了物的空间状态。而物流运输承担了改变空间状态的主要任务。在现代物流观念诞生之前,甚至今天仍有不少人将物流运输等同于物流,其原因是物流中很大一部分责任是由物流运输承担的,是物流的主要部分。

(二)物流运输是社会物质生产的必要条件之一

物流运输是国民经济的基础。马克思将运输称之为“第四个物质生产部门”,将运输看成是生产过程的继续,这个“继续”虽然以生产过程为前提,但如果没有这个“继续”,生产过程则不能最后完成。所以,虽然物流运输这种生产活动和一般生产活动不同,它不创造新的物质产品,不增加社会产品数量,不赋予产品以新的使用价值,而只变动产品所在的空间位置,但这一变动能使生产继续下去,使社会再生产不断推进,所以可以将物流运输部门看成一种物质生产部门。物流运输作为社会物质生产的必要条件,表现在两方面:一是在生产过程中,运输是生产的直接组成部分,没有运输,生产内部的各环节就无法连接;二是在社会上,物流运输是生产过程的继续,这一活动连接生产与再生产、生产与消费的环节,连接国民经济各部门、各企业,连接城乡,连接不同国家和地区。

（三）物流运输可以创造“场所效用”

同种“物”由于空间场所不同，其使用价值的实现程度不同，其效益的实现也不同。改变场所，可以最大限度发挥“物”的使用价值，最大限度提高投入产出比。通过物流运输，将“物”运到场所效用最高的地方，就能发挥“物”的潜力，实现资源的优化配置。从这个意义上讲，物流运输提高了“物”的使用价值。

（四）物流运输是“第三个利润源”的主要源泉

物流运输承担着大跨度空间的转移任务，要靠大量的动力消耗才能实现，所以，消耗的动力绝对数量大，其节约的潜力也就大。从运费来看，运费在全部物流费中所占的比例最高，达到近50%。有些产品的运费甚至高于产品的生产费。由于运输总里程大，运输总量大，通过运输合理化可大大缩短运输周转量，从而获得比较大的节约。因此，物流运输已成为“第三个利润源”的主要源泉。

三、物流运输的功能

在物流管理过程中，物流运输主要提供两大功能：物品移动和短时储存。

（一）物品移动

物流运输的主要目的就是以最短的时间、最低的成本将物品转移到指定地点。无论是原材料、零部件、装配件、在制品、半成品、产成品，还是商品，不管是在制造过程中被移到下一阶段，还是在流通过程中移动到终端顾客，物流运输都是必不可少的。物流运输的主要功能就是实现物品在供应链中的位移，通过改变物品的地点与位置而创造出价值，这是空间效用。物流运输还能使物品在需要的时间内到达目的地，这是时间效用。物流运输的一个功能就是以最少的时间将货物从原产地转移到目的地，完成产品的运输任务。

（二）短时储存

物流运输的另一大功能就是在运输期间对物品进行短时储存。也就是说，将运输工具（车辆、船舶、飞机、管道等）作为临时的储存设施。如果转移中的物品需要储存，而在短时间内还需重新转移，物品装货和卸货的成本也许会超过其储存在运输工具中的费用；或在仓库空间有限的情况下，可以采用将货物以迂回路径或间接路径运往目的地。尽管使用运输工具储存产品的费用可能是昂贵的，但如果从总成本或完成任务的角度来看，同时考虑装卸成本、储存能力的限制等因素，那么使用运输工具储存货物有时是合理的，甚至是必要的。

四、物流运输系统的构成

（一）运输节点

运输节点是指以连接不同运输方式为主要职能，处于运输线路上的，承担货物的集散、运输业务的办理、运输工具的保养和维修的基地与场所。运输节点是物流节点中的一种类型，属于转运型节点，如不同运输方式之间的转运站、终点站：公路运输线路上的停车场（库）、货运站；铁道运输线路上的中间站、编组站、区段站、货运站；水运线路上的港口、码头；空运线路上的空港，管道运输线路上的管道站等。

一般而言，由于运输节点处于运输线路上，又以转运为主，所以，货物在运输节点上停滞的时间较短。

（二）运输线路

运输线路是供运输工具定向移动的通道，是物流运输赖以运行的基础设施，也是构成物流运输系统最重要的要素。在现代运输系统中，主要的运输线路有公路、铁路、航线和管道。其中，铁路和公路为陆上运输线路，除了引导运输工具定向行驶外，还需承受运输工具、货物或人的质量；航线有水运航线和空运航线，主要起引导运输工具定位定向行驶的作用，运输工具、货物或人的质量由水和空气的浮力支撑；管道是一种特殊的运输线路，由于其严密的封闭性，既充当了运输工具，又起到了引导货物流动的作用。

（三）运输工具

运输工具是指在运输线路上用于载重货物并使其发生位移的各种设备装置，它们是物流运输能够进行的机械设备。运输工具根据从事运送活动的独立程度可以分为三类：一是仅提供动力，不具有装载货物容器的运输工具，如铁路机车、牵引车、拖船等；二是没有动力，但具有装载货物容器的从动运输工具，如车皮、挂车、驳船等；三是既提供动力，又具有装载货物容器的独立运输工具，如轮船、汽车、飞机等。

管道运输的动力装置设备与载货容器的组合较为特殊，载货容器为干管，动力装置设备为泵（热）站。因此，设备总是固定在特定的空间内，不像其他运输工具那样可以凭借自身的移动带动货物移动，故可将泵（热）站，甚至可以连同干管都视为运输工具。

（四）运输参与者

1. 货主

货主是货物的所有者，包括托运人（或委托人）和收货人，有时托运人和收货人是同一主体，有时是非同一主体。但不管是托运人托运货物，还是收货人收到货物，他们均希望在规定的时间内，在无丢失损坏且能方便获取货物运输信息的条件下，花最少的费用将货物从托运地转移到指定的收货地点。

2. 承运人

承运人指进行运输活动的实际承担者。承运人主要包括铁路货运公司、航运公司、民航货运公司、运输公司、储运公司、物流公司，以及个体运输业者。承运人是受托运人或收货人的委托，按委托人的意愿以最低的成本完成委托人委托的运输任务，同时获得运输收入。承运人根据委托人的要求或在不影响委托人要求的前提下合理地组织运输和配送，包括选择运输方式、确定运输路线、进行配货配载等，以降低运输成本，尽可能多地获得利润。

3. 货运代理人

货运代理人指根据用户要求，并为获得代理费用而招揽货物、组织运输和配送的人。货运代理人只负责把来自各用户手中的小批量货物进行合理组织，装运整合成大批量装载，然后委托承运人进行运输；送达目的地后，再把该大批量装载货物拆分成原来的小批量送往收货人。货运代理人的主要优势在于因大批量装载可以实现较低的费率而从中获取利润。

4. 运输经纪人

运输经纪人指替托运人、收货人和承运人协调运输安排的中间商。协调的内容包括装运装载、费率谈判、结账和跟踪管理等。运输经纪人也属于非作业中间商。

5. 政府

由于交通运输也是国民经济的基础产业，所以政府要维持交易中的高效率水平。政府期望形成稳定而有效率的运输环境，促使经济持续增长，使产品有效地转移到全国各地市场，并以合理的成本获得产品。为此，许多政府部门比一般企业要更多地干预承运人的活动。这种干预往往采取规章制度、政策促进等形式。政府通过限制承运人所能服务的市场或确定承运人所能收取的价格来规范其行为。

6. 公众

公众关注物流运输的可达性、费用和效果以及环境方面和安全方面的标准。公众按合理价格产生对商品的需求并最终确定运输需求。尽管最大限度地降低成本对于消费者来说是重要的，但与环境和安全标准有关的交易代价也需要加以考虑。虽然目前在降低污染和消费安全方面已有了重大进展，但空气污染等产生的影响仍是运输面临的一个重大问题。

显然，各方的参与使物流运输关系变得很复杂、运输决策变得很复杂。这种复杂性要求物流运输管理综合考虑多方面的因素，顾及各个参与者的利益。

五、物流运输原理

指导物流运输管理和运营的两条基本原理是批量经济和距离经济。

（一）批量经济

物流运输批量经济是指随着装运批量的增长，单位重量的运输成本降低。例如，整车运输（即车辆满载装运）的每单位成本低于零担运输（即利用部分车辆能力进行装运）。也就是说，诸如火车和轮船之类的运输能力较大的运输工具，每单位的运输费用要低于汽车和飞机等运输能力较小的运输工具。运输批量经济的存在是因为转移一票货物有关的固定费用（运输订单处理费用，运输工具投资，装卸费用、管理费用，以及设备费用等）可以按整票货物量分摊。另外，批量大还可以获得运价折扣，使单位货物的运输成本下降。批量经济使货物的批量运输显得合理。

（二）距离经济

物流运输距离经济是指每单位距离的运输成本随距离的增加而减少。距离经济的合理性类似于批量经济，尤其体现在运输装卸费用的分摊上。例如，800 km的一次装卸成本要低于 400 km 的二次装卸。物流运输的距离经济符合递减原理，因为费率随距离的增加而减少。运输工具装卸所发生的固定费用必须分摊到每单位距离的变动费用中，距离越长，平均每千米支付的总费用越低。

在评估各种运输决策方案或营运业务时，批量经济原理和距离经济原理是重点考虑的因素，目的是使装运的批量最大化和距离最远化，同时满足客户的服务期望。

物流运输方式

第二节 物流运输方式

运输系统作为物流系统最基本的系统，是指由与运输活动相关的各种要素组成的一个整体。运输要素及其组合的不同、经营方式及其目的的不同，构成了各种不同的运输方式。按照不同的标准，可以将物流运输方式划分为不同的种类。

一、按运输设备及运输工具不同分类

（一）公路运输

公路运输是指使用汽车或其他车辆（人力车、畜力车）在公路上进行货物运输的一种方式。公路运输主要承担近距离、小批量的货运，以及水运、铁路运输难以到达地区的长途、大批量货运。

公路运输的主要优点是灵活性强、公路建设期短、投资较低、易于因地制宜、对收到站设施要求不高。公路运输可以采取“门到门”的运输形式，即从发货者门口直到收货者门口，而无须转运或反复装卸搬运。公路运输也可作为其他运输方式的衔接手段。公路运输的经济半径一般在 200 km 以内。由于公路运输有很强的灵活性，近年来，随着高速公路网络建成在有铁路、水运的地区，长途的大批量运输也开始使用公路运输。

（二）铁路运输

铁路运输是指使用铁路列车运送货物的一种运输方式。铁路运输主要承担长距离、大批量的客货运输。在没有水运条件的地区，几乎所有大批量货物都依靠铁路运输。所以，铁路运输是在干线运输中起主力运输作用的运输形式。

（三）水路运输

水路运输是指利用船舶、排筏和其他浮运工具，在江、河、湖泊、人工水道，以及海洋上运送货物的一种运输方式。水运主要承担大批量、长距离的运输，是在干线运输中起主力作用的运输形式。在内河及沿海，水运也常作为小型运输工具使用，担任补充及衔接大批量干线运输的任务。水路运输有以下四种形式：

（1）沿海运输，是指使用船舶通过大陆附近沿海航道运送客货的一种运输方式，一般使用中小型船舶。

（2）近海运输，是指使用船舶通过大陆邻近国家海上航道运送客货的一种运输方式，近海运输视航程可使用中型船舶，也可使用小型船舶。

（3）远洋运输，是指使用船舶跨大洋的长途运输方式，主要依靠运量大的大型船舶。

（4）内河运输，是指使用船舶在陆地内的江、河、湖、川等水道进行运输的一种方式，主要使用中小型船舶。

（四）航空运输

航空运输是指使用飞机或其他航空器进行货物运输的一种运输方式。航空运输的单位成本很高，因此，主要适合运载的货物有两类：一类是价值高、运费承担能力很强的货物，如贵重设备的零部件、高档产品等；另一类是紧急需要的物资，如救灾抢险物资等。

（五）管道运输

管道运输是指利用管道输送气体、液体和粉状固体的一种运输方式。管道运输方式是靠物体在管道内顺着压力方向循序移动实现的，它和其他运输方式的重要区别在于管道设备是静止不动的。

二、按运营主体不同分类

（一）自营运输

自营运输是指货主自备车辆运输，并且自行承担运输责任，从事货物运输的活动。自营运输多限于公路运输，水路运输中也有少量自营运输，而航空、铁路这种需要巨大投资的运输方式，自营运输无法开展。自营运输的特点是：以汽车为主要运输工具，其在总运量中所占的比重大，且多为近距离、小批量货物，多以单程 100 km 以下的近距离运输为主。

（二）经营性运输

经营性运输是指以运输服务作为经营对象，为客户提供货物运输服务，并收取运输费用的一种运输运营方式。它可以在公路、铁路、水路、航空等运输业中广泛开展，是物流运输业的发展方向。最常见的是以汽车为运输工具的营业运输系统。

（三）公共运输

公共运输是指由政府投资或主导经营的各种运输工具（如飞机、火车等）以及相关的基础设施（如公路、铁路、港口、机场，以及相关信息系统等）组成的统一体系，又称为综合运输体系。这种体系的建设投资大、回收期长、风险大，与国民经济的发展息息相关，是一种基础性系统。

三、按运输的范围分类

（一）干线运输

干线运输是指利用铁路、公路的干线，大型船舶的固定航线进行的长距离、大批量的运输，是进行远距离空间位置转移的重要运输形式。干线运输的速度一般比同类运输工具的其他运输方式要快，成本也较低。干线运输是物流运输的主体。

（二）支线运输

支线运输是指与干线相接的分支线路上的运输。支线运输是干线运输与收、发货地点之间的补充性运输方式，路程较短，运输量相对较小。

（三）二次运输

二次运输是一种补充性的运输方式，是指干线、支线运输到站后，站与用户仓库或指定地点之间的运输。二次运输的运量较小。

（四）厂内运输

厂内运输是指在工业企业范围内，直接为生产过程服务的运输，一般在车间与车间之间、车间与仓库之间进行。但小企业内的这种运输以及大企业车间内部、仓库内部则不称为“运输”，而称为“搬运”。

四、按运输的作用分类

（一）集货运输

集货运输是将分散的货物汇聚集中的运输方式，一般是短距离、小批量的运输，货物集中后才能利用干线运输方式进行远距离及大批量运输。因此，集货运输是干线运输的一种补充形式。

（二）配送运输

配送运输是将节点中已按用户要求配好的货物分送各个用户的运输，一般是短距离、小批量的运输。配送运输是对干线运输的一种补充和完善。

五、按运输的协作程度分类

（一）一般运输

一般运输是指孤立地采用不同的运输工具或同类运输工具而没有形成有机协作关系的运输方式，如汽车运输、火车运输等。

（二）联合运输

联合运输简称联运，是指将两种或两种以上的运输方式或运输工具连接起来，实行多环节、多区段相互衔接的接力式运输。它利用每种运输方式的优势，充分发挥各自的效率，是一种综合性的运输方式。采用联合运输，可以缩短货物的在途运输时间，加快运输速度，节省运费，提高运输工具的利用率，同时可以简化托运手续，方便用户。

（三）多式联运

由两种及两种以上的交通工具相互衔接、转运而共同完成的运输过程统称为复合运输，我国习惯上称之为多式联运。《联合国国际货物多式联运公约》对国际多式联运所下的定义是：按照多式联运合同，以至少两种不同的运输方式，由多式联运经营人把货物从一国境内接运货物的地点运至另一国境内指定交付货物的地点。而《中华人民共和国海商法》对于国内多式联运的规定是必须有种方式是海运。多式联运是联合运输的一种现代形式。一般的联合运输规模较小，在国内大范围物流和国际物流领域，往往需要反复地使用多种运输手段进行运输。在这种情况下，进行复杂的运输方式衔接，并且具有联合运输优势的运输，称为多式联运。

六、按运输中途是否换载分类

（一）直达运输

在组织货物运输时，利用一种运输工具从起运站、港一直到目的站、港，中途不经换载，中途不入库储存的运输形式，称为直达运输。直达运输可以避免中途换载所出现的运输速度减缓、货损增加、费用增加等一系列弊病，从而能缩短运输时间，加快车船周转，降低运输费用。

（二）中转运输

在组织货物运输时，在货物运往目的地的过程中，在途中的车站、港口、仓库进行转运换载，称为中转运输。中转运输可以将干线、支线运输有效地衔接，可以化整为零或集零为整，从而方便用户，提高运输效率。

第三节 物流运输市场

物流运输市场是运输生产者和运输需求者之间进行运输服务产品交易的场所和机制，是物流运输活动的客观反映。狭义的物流运输市场指的是运输承运人提供运输工具和运输服务来满足旅客或货主对运输需要的交易活动场所，即进行运输服务买卖的场所。广义的物流运输市场是指一定地区对运输需求和供给的协调与组织，包括一定的交易场所、较大范围的营业区域和各种显性或隐蔽的业务活动。

物流运输市场的形成源自对运输服务的客观需求、合适的运输工具，以及有可供运输工具运行的铁路、公路、航道和港站等的运力供给，包括设施和劳务。因此，物流运输市场表现为在相当广阔的空间里，在一定时间的推移中实现运输服务的需求和供给，从而完成货物位移。物流运输市场随着运输需求和供给的出现而产生，在市场机制调节下发挥作用，在市场竞争规律的作用下运行。

一、物流运输需求

（一）物流运输需求的特征

1. 物流运输需求的派生性

市场需求有独立需求与派生需求。独立需求就是消费者对最终产品的需求，而派生需求则是由于对某一最终产品的需求而引起的对生产它的某一生产要素的需求。物流运输活动是产品生产过程在流通领域的继续，它与产品的调配和交易活动紧密相连，因此，物流运输需求是工农业生产活动的派生需求。

2. 物流运输需求的异质性

就整个市场而言，对物流运输总体的需求是由性质不同、要求各异的个别需求构成的。在运输过程中必须采取相应的措施，才能满足这些个别需求的具体要求。它们的运输服务需求各不相同，有的要求运价低廉，有的要求快速送达。因此，识别这些需求的异质性，是做好物流运输服务经营的重要前提。

3. 物流运输需求的规律性

对物流运输服务生产企业来说，不但要掌握和研究个别需求的异质性，而且要研究总体需求的规律性。不同货物的运输要求虽然千差万别，但就总体来说还是有一定规律性的，如货流的规律性、市场需求变化的规律性等。

4. 物流运输需求的不平衡性

物流运输需求的不平衡性体现在时间、空间和方向上。时间的不平衡性主要起因于农业生产的季节性、贸易活动的淡季与旺季、节假日及旅游季节等。空间和方向上的不平衡性主要起因于资源分布、生产力布局、地区经济发展水平、运输网络布局等。

（二）影响物流运输需求的主要因素

1. 工农业生产的发展

工农业生产发展了，物流运输需求也会随之增加。

2. 国际国内贸易的增加

随着国家进一步对外开放，国家的对外贸易量也迅速增加，相应地增加了对物流运输的需求。

3. 国家的经济政策

国家的经济政策对物流运输需求的影响主要表现在政府对经济的扶持与干预上。例如，国家为了发展某一产业，对该产业采取扶持的政策，降低贷款利率或减免税收。国家某些产业和经济领域的兴衰，会直接影响物流运输的需求。

4. 自然因素

自然因素主要是农产品及其他季节性产品对物流运输的需求，在不同的季节里有着不同的物流运输需求。

5. 经济地理因素

经济地理因素主要指由于自然和区位聚集造成的资源的地理分布不平衡。例如，工业矿产能源资源主要分布在我国的北部与西部，工业品生产主要集中在东部沿海地区。为了适应生产和消费的需要，必然产生货物大范围地理位移的运输需求。

6. 市场价格因素

物流运输产品的市场价格变动是引起运输需求变动的主要因素。一般来说，运价下降时，物流运输需求上升；而运价上涨时，短期内物流运输需求会受到一定的抑制。两地市场商品价格差别增大，会刺激该商品两地之间的运输需求；而两地市场商品价格缩小，则会减少两地间该商品的运输需求。另外，燃料、运输工具等价格的变动也会引起运价的变动，进而导致物流运输需求的变动。

7. 新兴消费形式因素

新兴消费形式因素是指网购、团购、海淘等新的消费方式下，对物流运输的需求。例如，2019 年“双十一”期间，仅“天猫”就产生物流订单 12.92 亿元。

（三）物流运输需求规律

物流运输需求是以拥有一定货运量的全体需求者为对象，并表示在不同的运价与全体需求者间对运输工具需求量的关系，只要在每一运价条件下，求出各需求者需求量的总和，即得市场总需求量。物流运输需求变化规律如表 1-1 所示。

表 1-1　物流运输市场需求变化规律

运价(P)	甲需求量($Q_{\text{甲}}$)	乙需求量($Q_{\text{乙}}$)	丙需求量($Q_{\text{丙}}$)	总需求量(Q_d)
50	2	1	3	6
40	4	2	5	11
30	6	3	7	16
20	8	6	10	24
10	10	10	12	32

已知 $Q_d=f(P)$，用反函数表示，则需求函数为：

$$P=\phi(Q_d)$$

式中：P——运价；

Q_d——需求量。

在其他条件不变的情况下，若物流运输市场运价下跌，则需求者对物流运输服务的需求量将会增加，反之则减少，我们把这种现象称为物流运输需求规律，如图 1-1 所示。

物流运输需求的变动是指运价以外其他条件发生变动而导致整条需求曲线的位移，亦即由非价格因素发生变化而引起的运输需求曲线的位移，如图 1-2 所示。

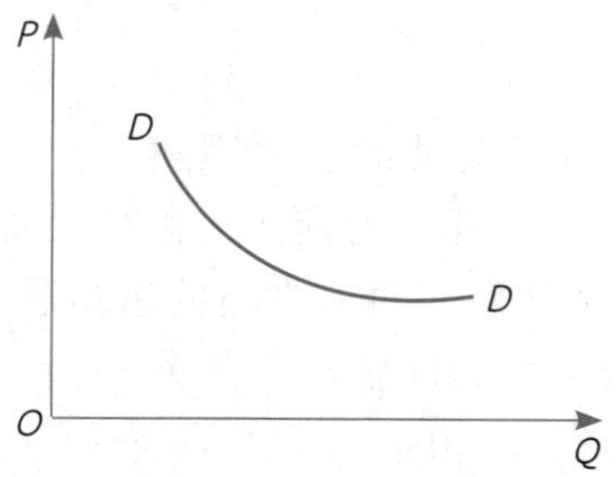

图 1-1　物流运输需求规律

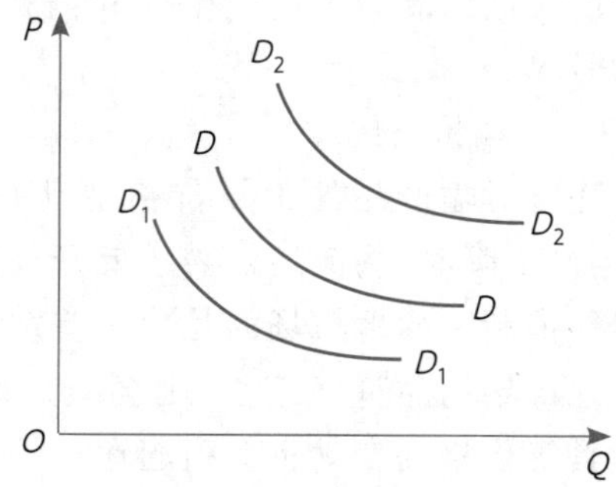

图 1-2　物流运输需求的变动

物流运输需求量的变动是指需求者对于运输的需要量，因运价涨落而发生的变化，其变动是沿一条既定的需求曲线从某一点移至另一点，如图 1-3 所示。

（四）物流运输需求的价格弹性

物流运输需求受多种因素影响，而且不同影响因素的变化对物流运输需求的影响程度也不同。在这种情况下，物流运输需求的价格弹性系数可以较好地反映因运价变动而引起需求量变化的程度，用公式表示如下：

$$E_d = \frac{\Delta Q/Q}{\Delta P/P}$$

式中：E_d——运输需求弹性；

Q——运输需求量；

P——影响运输需求的价格因素；

ΔQ——运输需求量的变化值；

ΔP——价格因素的变化值。

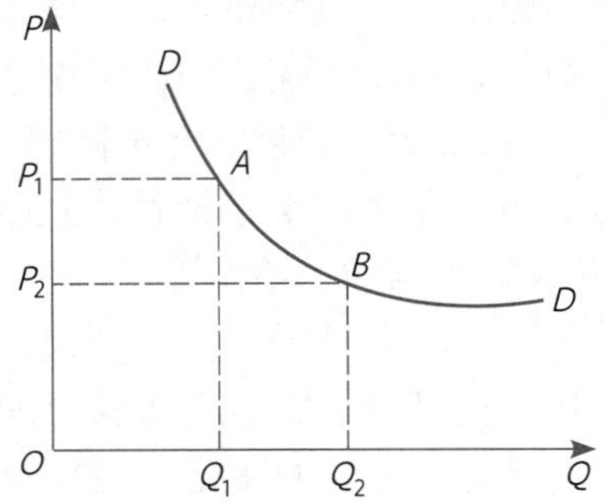

图 1-3　物流运输需求量的变动

如果运价变化同需求量变化呈负相关，则弹性系数符号为负号，为了正确确定提高企业经济效益的价格策略，应根据弹性系数 E_d 的绝对值大小来采取不同的价格策略。若 $|E_d|>1$，则采取降价策略来提高企业营业收入；若 $|E_d|<1$，则采取提价策略来提高企业营业收入；若 $|E_d|=1$，则采取提价与降价的方法都不影响企业营业收入和经济效益。

物流运输需求的价格弹性往往取决于货物的价值。价值小的货物，价格弹性较大；价值大的货物，价格弹性较小。价格弹性的大小还同货物的季节性以及市场供求状况有关。当某种货物急于上市推销，或某种货物不能久存时，货主情愿选择运价高但速度快的运输方式，尽快地把货物运往市场。

二、物流运输供给

物流运输供给是指物流运输市场上运输服务的供给者在不同的运输条件下所需提供的运输服务的数量。物流运输供给包含四个方面的内容：运输供给量、运输方式、运输布局和运输行业管理体制。

（一）物流运输供给的特征

1. 物流运输服务的不可储存性

由于物流运输服务不能储存，物流运输企业一般以储存运输服务能力来适应市场变化。但物流运输服务能力的储存相当复杂，储存不当会造成巨大的经济浪费；而物流运输服务需求的波动性变化使这一问题更加复杂。运输有旺季、淡季之分，按淡季的需求准备服务能力，就不能适应旺季的运输需求；反之，按旺季的需求准备，在淡季又会造成运力的浪费。

2. 物流运输供给的不平衡性

物流运输供给的不平衡性主要表现在：第一，受运输市场价格和竞争状况的影响，当运输市场需求旺盛时，刺激运力投入；当运输市场需求萧条时，迫使运力退出市场。在需求旺季时，运价呈上升趋势，运输企业大量购买运输工具和资源，使运力不断增加，市场可能达到饱和甚至超饱和；相反，运力过剩和运价长期处于低水平状况，必然使运输业处于不景气状态。因此，保持合理的运力规模是提高运输工具利用率和满足运输市场需求的必要条件。第二，运输需求的季节不平衡性，导致运输供给出现高峰和低谷的悬殊变化。第三，经济和贸易发展的不平衡性，导致运输供给在不同国家和地区之间的不平衡性。第四，运输需求在往返方向上存在着不平衡性，按重载方面准备运输能力，则有较多回程空载浪费，从而造成运输供给不平衡。

3. 物流运输供给的成本转移性

运输业可以在成本增加较少的情况下，在需求允许时，增加供给量，但伴随而来的是运输条件的恶化，运输服务质量的下降，使本该由运输企业承担的成本转移到客户身上。运输供给的成本转移性还体现在运输活动所带来的空气、水、噪音等环境污染，能源的过度消耗和交通堵塞等成本消耗也转移到社会外部的成本中去。

智慧运输新视界：打造数字智能智慧运输服务体系

4. 物流运输供给的可替代性与不可替代性

公路、铁路、水运、航空、管道等不同运输行业中的运输服务商之间存在一定的可替代性。这种可替代性构成了运输业者之间竞争的基础。同时，由于运输需求具有时间、空间、方向、方便等方面的要求，使不同运输方式之间和同一运输方式中的可替代性受到了一定的限制，这种限制又使得运输供给形成一定程度的垄断。运输供给的替代性和不可替代性导致了运输供给之间既存在竞争，也存在垄断。

（二）影响物流运输供给的主要因素

1. 国家（地区）经济发展状况

一个国家（地区）的经济发展状况必然会影响物流运输供给。如果国家工农业发展迅速，经济建设高速发展，对运输的需求就会增加，相应的运输供给量也会增加。

2. 政策的倾斜方向

国家以能源、交通为重点，则对运输业的发展有利。例如，我国目前铁路、公路和航空运输设施建设的投资很大，运输能力迅速增加，已经基本能够适应国民经济发展的要求。

3. 运输工具造价与科技发展

机车车辆制造业、造船业与汽车工业以及航空工业的技术进步，使运输工具成本降低，技术更精，质量更好，必然会吸引大量订单，从而促进运输业的发展。如果运输工具生产成本高，则从经济利益考虑，势必减少订购量。这是影响运输供给的主要因素之一。

4. 市场价格因素

运输产品价格是影响运输供给的重要因素。在其他条件不变的情况下，运输供给量与运价呈正相关的关系。生产要素价格和生产技术状况是导致运输成本变动的主要动因。生产要素价格上涨必然导致运输成本增加，进而引起运输供给量的减少。运输相关市场如运输工具市场的价格也将影响到运输供给。

5. 技术因素

生产技术的进步意味着运输能力的提高或运输成本的下降，其结果是能够在原运价水平上，增加运输供给量。

6. 军事需要

军事需要包括铁路车辆、商船和民航飞机等在内的各种运输工具，这些都是一国战时军事力量的补充。

（三）物流运输供给规律

在其他条件不变的情况下，若运输市场运价下跌，则运输服务的供给量会减少；反之则会增加，这称为物流运输供给规律，如图 1-4 所示。

物流运输供给的表示方法与物流运输需求相同，也可用供给表与供给曲线及供给函数来表示。

物流运输供给曲线是一条由左下方向右上方延伸的平滑曲线，在线上任何一点表示一定运价与一定运输供给量的关系。在一般条件下，运价上涨，运输供给量增加；运价下跌，运输供给量减少。

物流运输供给的变动是因运价以外的其他条件发生变化，使整条供给曲线向右或向左移动，如图 1-5 所示。

物流运输供给量的变动是由于运价的变化所引起的供给量的增加或减少。这种增减是在同一供给曲线上某一点的移动。如图 1-6 所示，*SS* 为供给曲线，由 *A* 点移至 *B* 点，其供给量由 Q_1 增至 Q_2，是因为价格由 P_1 提高到 P_2。

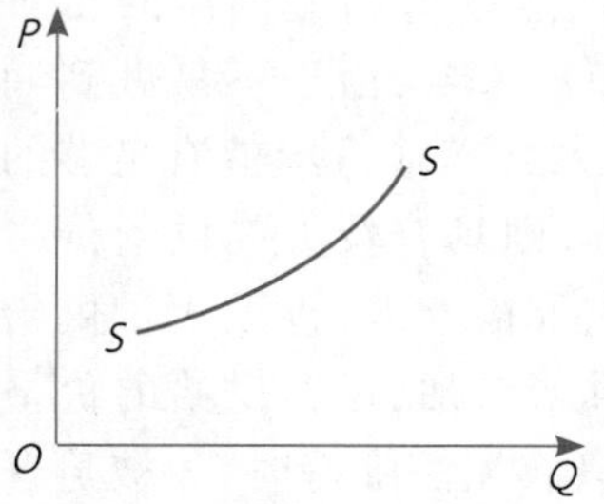

图 1-4　物流运输供给规律

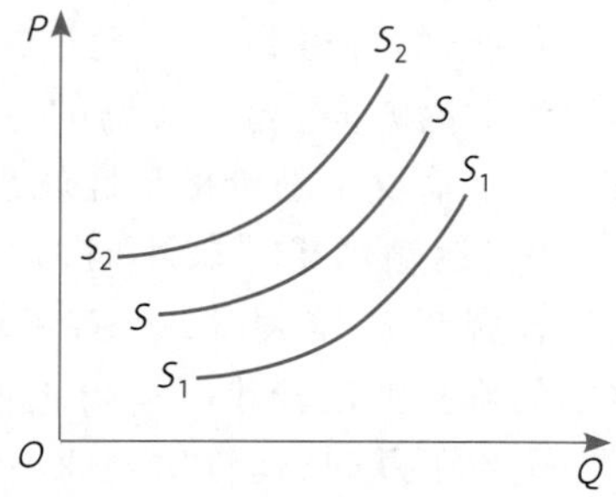

图 1-5　物流运输供给的变动

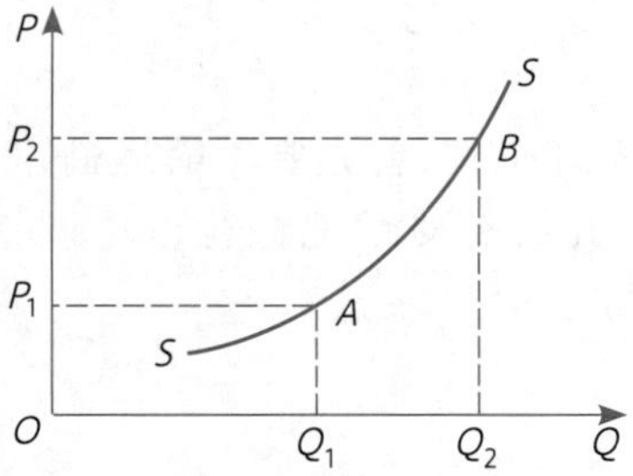

图 1-6　物流运输供给量的变动

（四）物流运输供给的价格弹性

物流运输供给的价格弹性是指在其他条件不变的情况下，运价变动所引起的供给量变动的灵敏程度。用公式表示为：

$$E_{S}=\frac{\Delta Q/Q}{\Delta P/P}$$

式中：E_{S}——运输供给的价格弹性；

Q——运输需求量；

P——影响运输供给的价格因素；

ΔQ——运输需求量的变化值；

ΔP——价格因素的变化值。

由于运价同运输供给同方向变动，所以，运输供给弹性为正值。这样，运输供给对运价变化的反应可以用运输供给的价格弹性的大小来衡量。$E_{S}>1$，运输供给量富有弹性；$E_{S}<1$，运输供给量缺乏弹性；$E_{S}=1$，运输供给量是单位弹性。

一般来说，如果运输生产要素适应运输需求的范围大，在运输市场上便于灵活配置，则运输供给的价格弹性就大；如果运输生产要素适应运输需求的范围小，专用性强，较难转移到其他货物运输市场，则运输供给的价格弹性就小。能够根据价格的变动灵活调整运输供给的运输产业，运输供给的价格弹性大；反之，难于调整运输供给的运输产业，运输供给的价格弹性就小。如果一种运输服务增加运输供给的成本较高，则运输供给的价格弹性就小；反之，如果增加运输供给的成本不大，则运输供给的价格弹性就大。

运输供给的价格弹性的大小，与考察期的长短、运输市场上供需的相对状况、运价波动的方向、运输市场的范围等有关。从短期来看，由于不易做到调整运输供给，运输供给的价格弹性就小。但从长期来考察，运输供给就有足够的价格弹性。当运输需求量较小时，运输市场供给过剩，则具有较大的供给价格弹性；当运输需求量较大时，运输市场供给紧张，即使价格上涨，也无大量供给投入，供给的价格弹性较小。运价上涨时，刺激运输供给增加，运输供给的价格弹性较大；运价下跌时，运输供给商不情愿退出市场，只有无法维持时，才被迫退出市场，所以运输供给的价格弹性较小。

三、物流运输市场的分类

为了做好物流运输的管理工作，首先要了解运输市场的分类，需要了解不同物流运输市场的经济特征，并有针对性地进行市场调查与分析研究。在物流运输市场中有以下几种分类方法：

（一）按行业划分

按行业划分，物流运输市场可分为铁路运输市场、水路运输市场、公路运输市场、航空运输市场、管道运输市场。这种分类可以用于研究不同运输方式之间的竞争，如综合运输、运价体系和各种运输方式之间的竞争等。

（二）按运输对象划分

按运输对象划分，物流运输市场可分为货运市场、客运市场、装卸搬运市场。货运市场对国民经济形态较为敏感，对安全质量和经济性等要求较高，而客运市场则与人民生活水平和国际交往有关，对运输的安全性、快速性、舒适性和方便性等要求较高。

（三）按运输范围划分

按运输范围划分，物流运输市场可分为国内运输市场（如铁路运输市场、江河运输市场、沿海运输市场、公路运输市场）和国际运输市场（如国际航运市场、国际航空运输市场等）。

（四）按供求关系划分

按供求关系划分，物流运输市场可分为买方运输市场和卖方运输市场。在供不应求时，形成运输卖方市场，货主和旅客的需要常常得不到满足，买票难，出门难，以运定产的现象经常发生，迫切需要扩大运输生产能力。而供过于求时，形成运输买方市场又会有大量的运输供给闲置而得不到充分利用。买方市场与卖方市场的经营环境不同，运输企业所采取的经营管理策略也不同。

（五）按运输需求的弹性划分

按运输需求的弹性划分，物流运输市场可分为富有弹性的运输市场和缺乏弹性的运输市场。在富有弹性的运输市场中，运价的变动对运输量的影响较大，运价是调整运输市场平衡的有力工具。

第四节 物流运输合理化

一、物流运输合理化的概念

物流运输合理化是指在一定的条件下以最少的物流运输成本而获得最大的效率和效益。物流运输合理化是一个动态过程，其趋势是从合理到更加合理。具体而言，物流运输合理化是指按照商品流通规律、交通运输条件、货物合理流向、市场供需情况，走最短的路程，经最少的环节，用最小的运力，花最少的费用，以最短的时间把货物从生产地运到消费地，也就是用最少的劳动消耗，运输更多的货物，取得最佳的经济效益。

物流运输合理化的影响因素很多，起决定性作用的因素有以下五方面。

（一）运输距离

在运输时，运输时间、货损、运费、运输周转量等各项运输技术经济指标，都与运输距离有一定比例关系。运距长短是运输是否合理的一个最基本的因素。缩短运输距离从宏观和微观来看都会给企业带来好处。

（二）运输环节

每增加一次运输环节，不但会增加起运的运费和总运费，还会增加运输的附属活动，如装卸、包装等，各项运输技术经济指标也会因此下降。所以，减少运输环节，尤其是减少同类运输工具的环节，对物流运输合理化有促进作用。

（三）运输工具

各种运输工具都有其使用的优势领域，对运输工具进行优化选择，根据运输工具特点进行装卸运输作业，最大限度地发挥所用运输工具的作用，是物流运输合理化的重要手段。

（四）运输时间

运输是物流过程中需要花费较多时间的环节之一，尤其是远程运输，在全部物流时间中，运输时间占绝大部分。所以，缩短运输时间对整个流通时间的缩短有决定性的作用。此外，运输时间短，有利于运输工具的加速周转，充分发挥运力的作用，有利于加快货主的资金周转，有利于提高运输线路通过能力，从而有利于物流运输合理化。

（五）运输费用

运费在全部物流费用中占很大比例，运费高低在很大程度上决定整个物流系统的竞争能力。实际上，无论对货主还是对物流经营企业，运输费用的降低，都是物流运输合理化的一个重要目标。运费的高低，也是各种物流运输合理化实施效果的最终判断依据之一。

二、不合理物流运输

不合理物流运输是在现有条件下可以达到而未达到的运输水平，从而造成了运力浪费、运输时间增加、运费超支等问题的运输形式。目前我国存在的主要不合理物流运输有：

（一）返程或起程空驶

空车无货载行驶，是不合理物流运输最主要的形式。当然，在实际运输组织中，有时候需要调运空车，从管理上不能将其看成不合理物流运输。但是，因调运不当、货源计划不周、不采用运输社会化而形成的空驶，则是不合理物流运输的表现。造成空驶的不合理物流运输主要有以下几种原因：

第一，能利用社会化的运输体系而不利用，却依靠自备车送货提货，这往往出现单程重车、单程空驶的不合理运输。

第二，由于工作失误或计划不周，造成货源不实，车辆空去空回，形成双程空驶。

第三，由于车辆过分专用，无法搭运回程货，只能单程实车，单程空回。

（二）对流运输

对流运输，亦称"相向运输""交错运输"，是指同一种货物，或彼此间可以互相代用而又不影响管理、技术及效益的货物，在同一线路上或平行线路上作相对方向的运送，而与对方运程的全部或一部分发生重叠交错的运输。已经制定了合理流向图的产品，一般必须按合理流向的方向运输，如果与合理流向图指定的方向相反，也属对流运输。

在判断对流运输时需注意的是，有的对流运输是不很明显的隐蔽对流。例如，不同时间的相向运输，从发生运输的那个时间看，并没有出现对流，可能作出错误的判断，所以，要注意隐蔽的对流运输。

（三）迂回运输

迂回运输是舍近求远的一种运输，是可以选取短距离进行运输却选择路程较长的路线进行运输的一种不合理运输形式。迂回运输有一定复杂性，不能简单处之。只有当计划不周、地理不熟、组织不当而发生的迂回运输，才属于不合理运输。如果最短距离有交通阻塞、道路情况不好，或有对噪音、排气等的特殊限制而不能使用时发生的迂回运输，不能称为不合理运输。

（四）重复运输

本来可以直接将货物运到目的地，但是，在未达目的地之处或目的地之外的其他场所将货卸下，再重复装运送达目的地，这是重复运输的一种形式。重复运输的另一种形式是，同品种货物在同一地点一面运进，同时又向外运出。重复运输增加了非必要的中间环节，延缓了流通速度，增加了费用，增大了货损。

（五）倒流运输

倒流运输是指货物从销售地或中转地向产地或起运地回流的一种运输。倒流运输的不合理程度要甚于对流运输，其原因在于，往返两程的运输都是不必要的，形成了双程的浪费。倒流运输也可以看成是隐蔽对流的一种特殊形式。

（六）过远运输

过远运输是指调运物资舍近求远，近处有资源不调运而从远处调运，造成了可采取近程运输而未采取，从而拉长货物运距的浪费现象。过远运输占用运力时间长，运输工具周转慢，物资占压资金时间长。此外，还易出现货损，增加费用支出。

（七）运力选择不当

运力选择不当是未选择各种优势运输工具而不正确地利用运输工具造成的不合理现象，常见的有以下形式：

1. 弃水走陆

在同时可以利用水路运输及公路运输时，不利用成本较低的水路运输或水陆联运，而选择成本较高的铁路运输或汽车运输，使水路运输优势不能发挥。

2. 火车、大型船舶的过近运输

不是火车及大型船舶的经济运行里程却利用这些运力进行运输。其主要不合理之处在于，火车及大型船舶起运及到达目的地的准备、装卸时间长，且机动灵活性不足，在过近距离中利用，发挥不了运速快的优势。相反，由于装卸时间长，反而会延长运输时间。另外，和小型运输设备相比较，火车及大型船舶装卸难度大，费用也较高。

3. 运输工具承载能力选择不当

不根据承运货物数量及重量选择运输工具，造成过分超载、损坏车辆，或货物不满载、浪费运力的现象。尤其是“大马拉小车”现象发生较多。由于装货量小，单位货物运输成本必然增加。

（八）托运方式选择不当

对于货主而言，托运方式选择不当是指可以选择最好的托运方式而未选择，造成运力浪费及费用支出加大的一种不合理运输。例如，应选择整车托运却采取零担托运，或应当选择直达托运却选择了中转托运，或应当选择中转托运却选择了直达托运等，都属于这一类型的不合理运输。

上述各种不合理运输形式都在特定条件下表现出来，在进行判断时必须注意其不合理的前提条件，否则就容易出现判断失误。例如，同一种产品，商标不同，价格不同，所发生的对流运输不能绝对看成不合理，因为其中存在着市场机制引导的竞争，优胜劣汰。如果强调因为表面的对流运输而不允许运输，就会起到保护落后、阻碍竞争的消极作用。此外，在实践中，必须将不合理运输放在物流系统中做综合判断。如果不做系统分析和综合判断，很可能出现“效益背反”现象。也就是说，单从一种情况来看，避免了不合理，做到了合理，但它的合理却使其他部分出现不合理。因此，只有从系统角度综合进行判断，才能有效避免“效益背反”现象，从而优化整个物流运输系统。

三、物流运输合理化的有效措施

长期以来，人们在生产实践中探索了不少物流运输合理化的途径，积累了不少经验，这些经验在一定时期内和一定条件下取得了显著实效。具体措施包括以下几个方面：

（一）提高运输工具实载率

实载率有两个含义：一是单车实际载重与运距之乘积和标定载重与行驶里程之乘积的比率，在安排单车、单船运输时，它是作为判断装载合理与否的重要指标；二是车船的统计指标，即一定时期内车船实际完成的货物周转量（以 t km 计）占车船载重吨位与行驶千米之乘积的百分比。在计算时，车船行驶的千米数不但包括载货行驶，也包括空驶。

提高实载率的意义在于：充分利用运输工具的额定能力，减少车船空驶和不满载行驶的时间，减少浪费，从而求得物流运输合理化。

当前，国内外开展的“配送”形式，优势之一就是将多家需要的货和一家需要的多种货实行配装，以达到容积和载重的充分合理运用。比起以往自家提货或一家送货车辆大部分空驶的状况，这是运输合理化的一个进展。在铁路运输中，采用整车运输、合装整车、整车分卸及整车零卸等具体措施，都是提高实载率的有效措施。

（二）采取减少动力投入，增加运输能力的有效措施求得合理化

这种合理化的要点是少投入、多产出，走高效益之路。运输的投入主要是能耗和基础设施的建设，在设施建设已定型和完成的情况下，尽量减少能源投入，是少投入的核心。做到了这一点，就能大大节约运费，降低单位货物的运输成本，达到合理化的目的。

国内外在这方面的有效措施有：

1. “满载超轴”

其中“满载”的含义就是充分利用货车的容积和载重量，多载货，不留空间不空驶；“超轴”的含义就是在机车能力允许的情况下，多加挂车皮。我国在客运紧张时，也采取加长列车、多挂车皮的办法，在不增加机车的情况下增加运输量。

2. 水路运输拖排和拖带法

竹、木等物资的运输，利用竹、木本身浮力，不用运输工具载运，采取拖带法运输，可省去运输工具本身的动力消耗，从而获得运输合理化；将无动力驳船编成一定队形，用拖轮拖带行驶，可以比船舶载乘运输运量大，求得合理化。

3. 顶推法

这是我国内河货运采取的一种有效方法，是将内河驳船编成一定队形，由机动船顶推前进的航行方法。其优点是航行阻力小，顶推量大，速度较快，运输成本很低。

4. 汽车挂车

汽车挂车的原理和船舶拖带、火车加挂基本相同，都是在充分利用动力能力的基础上，增加运输能力。

（三）发展社会化的运输体系

发展社会化的运输体系是运输合理化非常重要的措施。当前,火车运输的社会化运输体系已经较完善,而在公路运输中,小生产方式非常普遍,是建立社会化运输体系的重点。在社会化运输体系中,各种联运体系是社会化运输水平较高的方式,联运方式充分利用面向社会的各种运输系统,通过协议进行一票到底的运输,有效打破了一家一户的小生产,受到了欢迎。我国在利用联运这种社会化运输体系时,创造了“一条龙”货运方式。对产、销地及产、销量都较稳定的产品,事先通过与铁路、交通等部门签订协议,规定专门收、到站,专门航线及运输路线,专门船舶和泊位等,有效保证了许多工业产品的稳定运输,取得了很大成绩。

（四）开展中短距离铁路公路分流、“以公代铁”的运输

这一措施的要点,是在公路运输经济里程范围内,或者经过论证,超出通常平均经济里程范围,尽量采用公路运输。这种运输合理化的表现主要有两点:一是对于比较紧张的铁路运输,用公路分流后,可以得到一定程度的缓解,从而提高这一区段的运输通过能力;二是充分利用公路运输门到门和在中途运输中速度快且灵活机动的优势,实现铁路运输服务难以达到的水平。

目前,我国“以公代铁”在杂货、日用百货运输及煤炭运输中较为普遍,一般在 200 km 以内,有时可达 700~1 000 km。例如,经过认真的技术经济论证,山西煤炭外运用公路代替铁路运至河北、天津、北京等地是合理的。

（五）尽量发展直达运输

直达运输是追求运输合理化的重要形式,它通过减少中转过载换载,从而提高运输速度,节省装卸费用,降低中转货损。直达运输的优势,在一次运输批量为一整车时表现最为突出。此外,在生产资料、生活资料运输中,通过直达运输,建立了稳定的产销关系和运输系统,也有利于提高运输的计划水平,从而提高运输效率。

特别要提的是,如同其他合理化措施一样,直达运输的合理性也是在一定条件下才会有所表现,不能绝对认为直达运输一定优于中转。这要根据客户的要求,从物流体系总体出发做综合判断。从客户需要量看,批量大到一定程度,直达运输是合理的;批量小到一定程度,中转运输是合理的。

（六）配载运输

配载运输是指充分利用运输工具载重量和容积,合理安排装载的货物及载运方法以求得合理化的一种运输方式。配载运输也是提高运输工具实载率的一种有效形式。

配载运输往往是轻重商品的混合配载,在以重质货物运输为主的情况下,同时搭载一些轻质货物。例如,海运矿石、黄沙等重质货物,可以在舱面捎运木材、

毛竹等;铁路运矿石、钢材等重物上面可以搭运轻质农副产品等。在基本不增加运力投入、基本不减少重质货物运输情况下,搭运轻质货物,因而效果显著。

(七)"四就"直拨运输

"四就"直拨运输是指减少中转运输环节,力求以最少的中转次数完成运输任务的一种形式。一般批量到站或到港的货物,首先要进入分配部门或批发部门的仓库,然后再按程序分拨或销售给客户。这样一来,往往出现不合理运输。

"四就"直拨运输,首先是由管理机构预先筹划,然后就厂或就站(码头)、就库、就车(船)将货物分送给用户,而不需再入库了。

(八)采用特殊运输技术和运输工具

采用特殊运输技术和运输工具是运输合理化的重要途径。例如,专用散装及罐车,解决了粉状、液状物运输损耗大,安全性差等问题;袋鼠式车皮、大型半挂车解决了大型设备整体运输问题;"滚装船"解决了车载货的运输问题,集装箱船比一般船只能容纳更多的箱体,集装箱高速直达车船加快了运输速度等,都是通过采用先进的科学技术和运输工具实现合理化。

(九)通过流通加工,使运输合理化

有不少产品由于自身形态及特性问题,很难实现运输的合理化,如果进行适当加工,就能够有效解决合理运输问题。例如,将造纸材在产地预先加工成干纸浆,然后压缩体积运输,就能解决造纸材运输不满载的问题;轻质产品预先捆紧包装成规定尺寸,就可以提高装载量;水产品及肉类产品预先冷冻,就可以提高车辆装载率,并降低运输损耗。

第五节 物流运输系统认知实训项目

实训项目一　某省(地区)交通运输网现状调研分析

任务实施:网络货物运输经营许可申请

【工作任务】

调研某省交通运输网络现状,并写出分析报告。

【训练目标】

(1) 了解该省(地区)不同运输方式的线路里程及分布特征;

(2) 了解该省(地区)不同运输方式物流运输站场的规模和经营;

(3) 了解该省(地区)运输市场的供求状况和价格体系。

【训练准备】

（1）教师指导并帮助学生确定调研报告的大纲；

（2）教师向学生提供学校的纸质和电子参考资料来源；

（3）教师向学生提供相关政府和行业网站；

（4）教师指导并帮助学生开展校外调研和资料收集活动。

【训练步骤】

（1）学生拟定报告大纲和工作计划，征求教师的意见；

（2）学生在教师指导下查询和收集资料；

（3）撰写报告初稿，交教师审阅；

（4）学生根据教师意见修改报告；

（5）学生向教师陈述自己的报告内容和分析观点。

【注意事项】

请将自己编辑的调研报告用 A4 页面打印，格式为：上下、左右边距为 2.5 cm；一级标题用小二号黑体字，二级标题用三号宋体字，三级标题用四号宋体字，其他标题用小四号加粗宋体字，正文用小四号宋体字。行距为 1.5 倍行距，字间距为标准间距。

【训练评价】

教师根据学生的事前计划、活动过程表现、调研报告格式和内容、观点陈述等情况，按照表1-2的要求评定成绩。

表 1-2　项目调研与分析能力考核表

<table>
<tr><td>被考评人</td><td colspan="5"></td></tr>
<tr><td>考评人</td><td colspan="5"></td></tr>
<tr><td>考评内容</td><td colspan="5">物流运输系统项目调研与分析能力</td></tr>
<tr><td rowspan="10">考评标准</td><td>内　容</td><td>分值</td><td>自我评价</td><td>小组评议</td><td>实际得分</td></tr>
<tr><td>项目资信能力</td><td>10</td><td></td><td></td><td></td></tr>
<tr><td>项目策划与组织能力</td><td>15</td><td></td><td></td><td></td></tr>
<tr><td>项目实施与控制能力</td><td>15</td><td></td><td></td><td></td></tr>
<tr><td>项目检查与调整能力</td><td>15</td><td></td><td></td><td></td></tr>
<tr><td>报告撰写能力</td><td>15</td><td></td><td></td><td></td></tr>
<tr><td>陈述与答辩能力</td><td>10</td><td></td><td></td><td></td></tr>
<tr><td>沟通与反馈能力</td><td>10</td><td></td><td></td><td></td></tr>
<tr><td>团队合作能力</td><td>5</td><td></td><td></td><td></td></tr>
<tr><td>信息技术运用能力</td><td>5</td><td></td><td></td><td></td></tr>
<tr><td colspan="2">合　计</td><td>100</td><td></td><td></td><td></td></tr>
</table>

续表

分项能力考评标准	A 级:能又快又好地完成工作任务,并能指导别人完成工作任务(100%) B 级:能又快又好地完成工作任务(90%) C 级:能熟练地完成工作任务(80%) D 级:能独立地完成工作任务(70%) E 级:能在别人的指导下完成工作任务(60%)

注:1. 实际得分=自我评价 40%+小组评议 60%;

2. 考评满分为 100 分。60~74 为及格;75~84 为良好;84 分以上为优秀。

实训项目二　某省(地区)的运输市场供求状况调研分析

【工作任务】

调研某省(地区)的运输市场供求状况,并写出分析报告。

【训练目标】

(1) 了解该省(地区)的运力供给情况;

(2) 了解该省(地区)的货物运输的规模、构成和特点;

(3) 了解该省(地区)各种运输方式的价格和定价方式;

(4) 综合了解该省(地区)的运输市场现状。

【训练准备】

(同本章实训项目一)

【训练步骤】

(同本章实训项目一)

【注意事项】

(同本章实训项目一)

【训练评价】

(同本章实训项目一)

实训项目三　某工商企业运输管理模式调研分析

【工作任务】

调研某工商企业运输管理模式,并写出分析报告。

【训练目标】

(1) 了解工商企业运输运作模式;

(2) 了解工商企业自营运输的决策理由和观点;

(3) 了解工商企业外包运输的决策理由和观点;

(4) 了解工商企业的运输与其供应链和物流管理的一体化现状。

【训练准备】

（同本章实训项目一）

【训练步骤】

（同本章实训项目一）

【注意事项】

（同本章实训项目一）

【训练评价】

（同本章实训项目一）

同步测试

一、选择题

1. 公路运输主要承担的货运是（　　）。

A. 远距离、大批量　　B. 近距离、大批量

C. 近距离、小批量　　D. 远距离、小批量

2. 下列（　　）不属于运输系统构成要素。

A. 运输经济状况　　B. 运输节点

C. 货主与运输参与者　　D. 运输线路

3. 物流系统合理化的关键是（　　）。

A. 物流系统信息整合　　B. 存储合理化

C. 强化物流管理　　D. 运输合理化

二、基本概念

物流运输管理　物流运输原理　物流运输系统　物流运输市场　物流运输合理化

三、思考题

1. 物流运输的作用体现在哪些方面？
2. 物流运输方式有哪些分类方法？各种分类方法下有哪些运输方式？
3. 物流运输系统的构成要素有哪些？为什么公众也是运输参与者？
4. 物流运输需求的特征有哪些？影响物流运输需求的主要因素是什么？
5. 物流运输供给的特征有哪些？影响物流运输供给的主要因素是什么？
6. 物流运输合理化的影响因素有哪些？
7. 我国存在的主要的不合理运输形式有哪些？
8. 物流运输合理化的有效措施有哪些？

02 Chapter

第二章

公路货物运输管理实务

知识目标：

- 掌握公路货物运输的类型
- 掌握公路货物运输技术装备与设施的组成
- 掌握公路运输的成本结构与市场竞争特点
- 掌握公路货运车辆的选择方法
- 掌握公路运输服务和车辆的获得途径
- 掌握车辆更新的影响因素和更新策略
- 掌握公路货物运输组织方法与技术
- 掌握公路货物运输费用的计算方法
- 掌握公路零担货物运输业务流程和作业

技能目标：

- 能进行车辆的选择、获得与更新决策
- 能进行车辆折旧的计算
- 能制订货物的装载计划
- 能计算行驶时间和确定路线
- 能采用一定的方法进行运输路线和时间排程的安排
- 能计算公路货物运输费用
- 能进行公路零担货物运输现场作业

素养目标：

- 立足本职、爱岗敬业，确保公路货物运输组织精准无误
- 了解我国公路货物运输发展，培养职业自豪感和认同感

● 思维导图

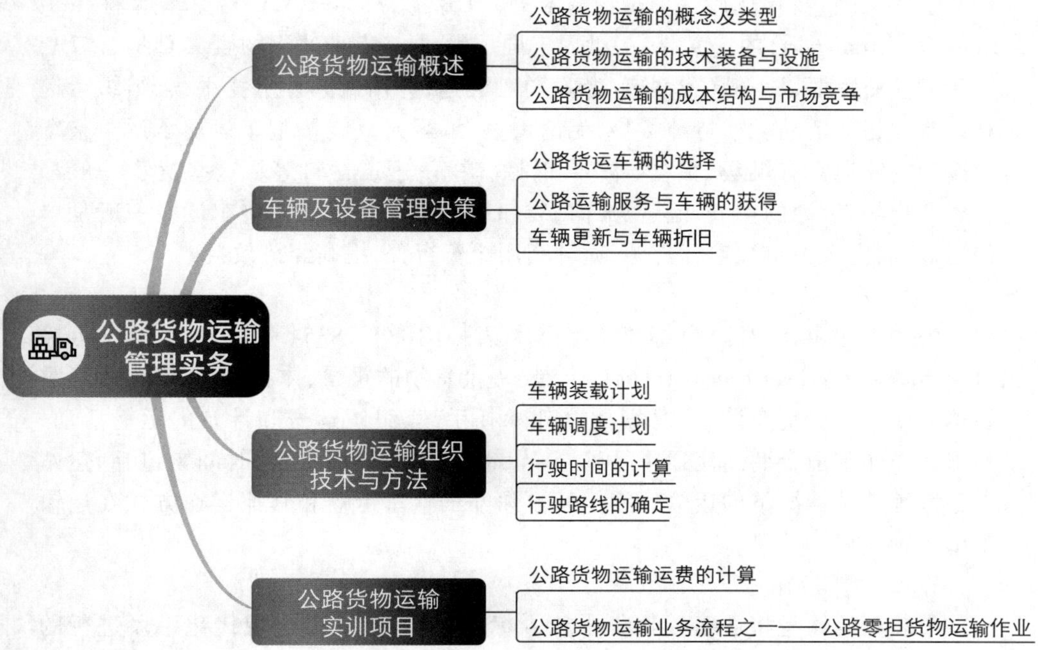

公路货物运输是现代物流的运输方式之一。我国公路线路总长约 485 万公里,2016 年公路运输完成的货运量占整体货运量的 77.6%,货物周转量占 33.9%。在一些工业发达国家,公路运输的货运量、周转量在各种运输方式中都名列前茅,因此,公路货物运输在整个运输领域中占有重要的地位,并发挥着越来越重要的作用。

第一节 公路货物运输概述

一、公路货物运输的概念及类型

从广义上来说,公路货物运输是指利用一定的载运工具(汽车、拖拉机、畜力车、人力车等)沿公路实现货物空间位移的过程。从狭义上来说,公路运输即指汽车运输。物流运输中的公路货物运输专指汽车货物运输。

按照不同的划分标准,公路货物运输可划分为不同的类型。

公路货物运输的概念及其类型

(一)按托运批量大小分类

公路货物运输可分为整车运输、零担运输、集装箱运输和包车运输

1. 整车运输

中华人民共和国国家标准《物流术语》(GB/T 18354-2021)对整车运输(full-truck-load transport)的定义是:一批属于同一发(收)货人的货物且其重量、体积、形状或性质需要以一辆(或多辆)货车单独装运,并据此办理承托手续、组织运送和计费的运输活动。如特种货物,无论重量,承运人只能按整车运输承运。整车运输的货物通常有煤炭、粮食、木材、钢材、矿石、建筑材料等。这些货物一般都是大宗货物,货源的构成、流量、流向、装卸地点都比较稳定。整车运输一般是单程运输,故应大力组织空程货源,充分利用全车行程,提高经济效益。

2. 零担运输

中华人民共和国国家标准《物流术语》(GB/T 18354-2021)对零担运输(less-than-truck-load transport)的定义是:一批货物的重量、体积、形状和性质不需要单独使用一辆货车装运,并据此办理承托手续、组织运送和计费的运输活动。零担运输非常适合商品流通中品种繁杂、量小批多、价高贵重、时间紧迫、到达站点分散等特殊情况下的运输。零担运输弥补了整车运输和其他运输方式在运输零星货物方面的不足。

3. 集装箱运输

集装箱运输是将适箱货物集中装入标准化集装箱,采用现代化手段进行的货物运输。

4. 包车运输

包车运输是指应托运人的要求,经双方协议,把车辆包给托运人安排使用,并按时间或里程计算运费的货物运输。

(二) 按运送距离分类

公路货物运输可分为长途运输与短途运输

1. 长途运输

运距在 25 km 以上的为长途运输。长途运输是在各种类型和不同等级的公路上进行的运输。与铁路货物运输相比,长途公路货物运输具有迅速、简便、直达的特点;与短途公路货物运输相比,长途公路货物运输具有运输距离长、周转时间长、行驶线路较固定等特点。

2. 短途运输

运距为 25 km 及 25 km 以下的为短途运输。短途公路货物运输具有的特点是:运输距离短,装卸次数多,车辆利用效率低;点多面广,时间要求紧迫;货物零星,种类复杂,数量忽多忽少等。

(三) 按货物的性质及对运输条件的要求分类

公路货物运输可分为普通货物运输与特种货物运输

1. 普通货物运输

被运输的货物本身的性质普通,在装卸、运送、保管过程中没有特殊要求的,称为普通货物运输。普通货物分为一等、二等、三等三个等级。

2. 特种货物运输

被运输的货物本身的性质特殊，在装卸、运送、保管过程中需要特定条件、特殊设备来保证其完整无损的，称为特种货物运输。特种货物运输又可分为长、大、笨重货物运输，危险货物运输，贵重货物运输和鲜活易腐货物运输。

（四）按货物运送速度分类

公路货物运输可分为一般货物运输、快件货物运输和特快专运

一般货物运输即普通速度运输，或称慢运；快件货物运输的速度从货物受理当日15时起算，运距在300 km内24 h运达，运距在1 000 km内48 h运达，运距在2 000 km内72 h运达；特快专运是指按托运人要求在约定时间内运达。

二、公路货物运输的技术装备与设施

公路货物运输的技术装备与设施主要由公路运输车辆、公路和货运站组成。

（一）公路运输车辆

公路运输车辆按其载运功能可以分为载货汽车、牵引车和挂车。

1. 载货汽车

载货汽车是指专门用于运送货物的汽车，又称载重汽车。载货汽车按其载重量的不同可分为微型（最大载重量≤0.75 t）、轻型（0.75 t<最大载重量≤3 t）、中型（3 t<最大载重量≤8 t）、重型（最大载重量>8 t）四种。目前在我国，中型载货汽车是主要车型，数量较多。

载货汽车的车身具有以下几种形式：

（1）敞车车身。是载货汽车车身的主要形式之一，它适用于运送各种货物。

（2）厢式车身。可以提高货物安全性，多用于运送贵重物品。自卸汽车适用于运送散装货物，如煤炭、矿石、沙子等。

（3）专用车辆。仅适于装运某种特定的用普通货车或厢式车装运效率较低的货物。它的通用性较差，往往只能单程装运，运输成本高。专用车辆如汽车搬运车、水泥车、油罐车、混凝土搅拌车、冷藏车等。

2. 牵引车和挂车

（1）牵引车。亦称拖车，是专门用以拖挂或牵引挂车的汽车。牵引车可分为全挂式和半挂式两种。

（2）挂车。本身没有发动机驱动，它是通过杆式或架式拖挂装置，由牵引车或其他的汽车牵引行驶。而只有与牵引车或其他汽车一起组成汽车列车方能构成一个完整的运输工具。挂车有全挂车、半挂车、轴式挂车（无车厢）以及重载挂车等类型。半挂车与半挂式牵引车一起使用，它的部分重量由牵引车的底盘承受；全挂车则由全挂式牵引车或一般汽车牵引；轴式挂车是一种单轴车辆，专用于运送长、大货物；重载挂车是大载重量的挂车，它可以是全挂车，也可以是半挂车，专用于运送笨重特大货物，其载重量可达300 t。由于挂车结构简单，保养方便，而且自重小，在运输过程中使用挂车可以提高运送效率，在公路运输中应用较广。

（二）公路

为行驶汽车而按照一定技术规范修建的道路（包括城市道路），称为公路。公路是一种线型构造物，是汽车运输的基础设施，由路基、路面、桥梁、涵洞、隧道、防护工程、排水设施与设备，以及山区特殊构造物等基本部分组成。此外，还需设置交通标志、安全设施、服务设施及绿化带等。

（三）货运站

公路运输货运站的主要功能包括货物的组织与承运、中转货物的保管、货物的交付、货物的装卸，以及运输车辆的停放、维修等。简易的货运站点仅有供运输车辆停靠与货物装卸的场地。

三、公路货物运输的成本结构与市场竞争

公路货物运输的成本结构，包括较高的可变成本和较低的固定成本。其中，可变成本占70%～90%，固定成本占10%～30%，对于公路系统的公共投资是形成这种低固定成本结构的主要原因。因此，公路运输可以用增加或减少在用汽车数量的办法来适应短期内运量的变化。此外，公路运输的站场也可以为众多的汽车运输企业或个人使用。每个汽车运输从业者对场站的投资比较少，也是其固定成本较低的一个原因。所以，公路运输的成本大部分属于日常运行支出，即燃油、工资、车辆磨损和维修费用等组成的可变成本。公路运输的这种成本结构，使得它的规模经济效益不太明显，这也是那些小型汽车运输从业者能够保持竞争力的主要原因。

公路运输的低固定成本特点，使得进入汽车运输业不会受到太大的资金限制，因而汽车运输从业者众多，从而导致汽车运输业的内部竞争十分激烈。对于商业性汽车运输公司（或个人）而言，这种竞争既来自其他商业性汽车运输公司（或个人），也来自企事业单位的自备运输系统。对于大多数旅客运输、普通货物运输而言，竞争几乎表现为自由市场竞争形态。但对于特种货物运输、零担货物运输、集装箱运输而言，竞争却表现为垄断竞争或寡头垄断形态，因为完成这类运输任务，需要投资较高的专用车辆、装卸设备、专用场站及具有丰富装运经验的专业人员。

第二节 车辆及设备管理决策

一、公路货运车辆的选择

（一）车辆的选择

任何载货车辆，基本要求都是载货安全、经济，使用方便。在选择车辆的时

候，最好选择有代表性的一个全天运营情况作为基础，列明需要的特征。应该对几种不同车辆的性能和适应性进行评估，考虑哪一种车辆有充足的运载能力来适应一般性的工作条件，并考虑和比较可测量的工作量、车辆的特征、运载能力，以及购买价格等因素。总之，车辆是一种工具，人们应当选择和设计适用于工作的车辆。选择车辆时，应该考虑的因素包括：车辆的类型、车身的类型、驾驶舒适程度及装卸设备的类型。

1. 车辆的类型

新的《汽车和挂车类型的术语和定义》(GB/T 3730.1—2001)将货车归入商用车大类，并将货车细分为普通货车、多用途货车、全挂牵引车、越野货车、专用作业车、专用货车。货车按其结构可大概分为三大类：

(1) 一般货车。一般货车指驾驶室与车体本身固定连接在一起的车辆，大致分为两类：框式和倾卸式，这两类车体又包含了全密式、半密式、开放式三种。

(2) 密斗货车。密斗货车与货柜车的不同是车架和拖车头是一体的。一辆密斗货车包括车底和车头、货斗、升降板几个部分。密斗货车可以分为以下吨数类型：① 小型货车，5.5 t或以下；② 中型货车，7.5 t、8.0 t、8.5 t、9.0 t、9.95 t、10 t、13 t；③ 重型货车，16 t、24 t、30 t。

(3) 集装箱车。集装箱车分为三部分：车架、车头、集装箱。集装箱车的吨数类型一般分为38 t及44 t两种。

2. 车身的类型

车身类型有以下几种：

(1) 平板车。最简单从而最便宜的车身类型是平板台车或平板车。它可以从各个方向装卸货物，然而，平板车对货物几乎不提供保护。对货物的保护一般是用绳子绑扎起来，或用布包起来(一种费时间的操作)，或者在车板周围设置阻碍物。平板的高度必须满足装卸货物的要求。

(2) 箱车。箱车虽然减少了车辆的有效载荷，但是，给易受损的货物提供了保护。箱体结构根据隔热、防水以及强度的要求而设计。由于装卸货物较困难，一般从车的后面、帘门或边门装卸。

(3) 边开箱车。由于边门或边盖布可以掀开，显示出整个厢车内部，因此，它克服了箱式车不易装卸货物的缺点，改善了装载货物的条件。另外，顶端也可以开口，仍然保留了货物控制的优点并能够防御恶劣天气，而且这种车身重量轻于箱式车身。

(4) 可卸车厢。可卸车厢的特点是带有支撑腿，从而车厢与主车可分离，完成装载作业。这种类型的车厢有几个优点：① 提高了车辆的利用率，因为只有车身等待装卸货物，而主车可带动其他车厢在运途中；② 节省了司机的时间，因为缩短了装卸等待的时间；③ 从容安排仓库的装卸工作量，因为可以提前装货。

(5) 牵引杆拖车厢。牵引杆拖车有很多优势，一个单卡车和一个牵引杆拖车厢是通常的配置。当卡车运货时，拖车厢可以卸下来。由于车辆的最大长度比铰接挂车的16.5 m还要长，因此可运送体积增加了。牵引杆拖车厢能够运送大体积、小重量的产品,如床或鞋。储物柜的容量可达 120 m^3,比特制的低轮铰接车的 100 m^3 还要大。当向前走时,牵引杆组合同单车一样灵活。这是因为拖车的车轮是沿着单车牵引车辆的牵引路线在走,从而角度并不如铰接车的那样陡。因此,当倒车时这种组合不是特别灵活。为了改善倒车时的操作,拖车厢经常分离,和牵引车的前端相接,从而使得在狭窄的地方可以更好地控制。对货物空间的改善可以通过减少拖车厢和牵引车辆的间隙来获得。这些"紧密相连的"的组合可以使间隙降低到 0.15 m。当牵引杆组合和可卸车身系统结合起来时,会显著改善车辆的利用,并且可以节约运营。

除基础车辆配置外,还有自卸车以及冷冻车等特殊车辆,它们是基于以上变化后,为特殊使用者而设计的。

3. 驾驶的舒适度

首先要考虑的是驾驶座以及脚踏板和其他驾驶控制杆的位置。座位的型号也需要根据运营环境认真考虑。例如,一个长途行车司机就比一个担任本地运输工作、活动半径较小的司机需要更舒适的座位。如果司机需要夜间驾驶,那么必须添设睡眠设施,这种设施可在驾驶室后面的储物柜内,或在驾驶室内。另外,还要仔细考虑温度控制,在冬天供热,在夏天有空调。最后,还应考虑提供优良的音响设备。

4. 装卸设备的类型

同车身的设计一样,使用适当的装卸设备可以减少装卸时间。用来改善车辆装卸效率的设备的种类越来越多。在选择最适合的装卸设备时,要考虑特定载荷以及减少装卸时间和人工成本等方面的因素。

装卸设备的发展带来了集约化装载,避免了一个个货物分别装卸的过程。这样的设备包括托盘装载设备、尾部吊运设备、电动装货、传送带、可动的底板、车载起重机等。

最简单、使用最广泛的装卸设备是托盘。托盘是按一定规格制成的单层或双层平板载货工具。但是,并不是所有的客户都备有装卸托盘的设备。

由于尾吊机可以在车辆的底盘下折叠起来,因此尾吊机固定在车辆上,通常置于车的后部。它们采用液压装置,并不与地面装卸冲突,而且也适合可卸式车厢。

传送带或移动板能使货物运进车厢和移入车厢内。它们通常有两条或两条以上的轨道,较重的货物也可以用手滚动。轨道可以是固定的,也可以是可拆卸的便携装置。另外,这些装置可以是电动的,以便更快地装卸货物。

最后,对于较笨重的货物,可使用建在装卸平台上的起重机,以便更快地进行装卸。

(二)确定车辆

在确定车辆时,应该考虑以下因素:

1. 要运输的货物

产品的类型通常决定了底盘和车辆平台。重量轻且体积大的货物需要长轴距底盘和大的平台，重的货物则需要较短的轴距。

2. 业务状况

年营运里程数显示了所需的车辆有耐用性要求；是长途工作或短途运输，或二者兼有；刹车、启动和稳定的行驶的情况；是否有司机在车中生活的要求；更换政策；预期寿命。这些因素都需要考虑成本和维修要求。

3. 车辆类型

车辆类型分为单卡车和铰接车，根据不同货物，应做出合理选择。

4. 车身类型

产品的类型决定了使用箱式、边开厢还是平板车等不同车型。易变质的产品，尤其是食品一般要求用箱式或边开厢车型，将货物在车厢内保护起来。还有一些产品则需要具有额外冷藏设计和构造的车型。

大部分商业车辆是按订单制造的。这要求运营管理者确定具体要求，如发动机与齿轮箱、车轴与缓冲装置、刹车与轮胎。

有可能将以上各种不同类型组合在一起，成为一个完全不同的车辆配置，来适应特殊的使用。如选择空气缓冲装置适用于易受震动而损坏的产品。

（三）车辆重量的额定

货车有各种不同的重量额定，重要的有以下几种：

1. 未装货重量

未装货重量即车自重，包括车身以及运营中通常使用的零部件，但不包括水、燃料、散装工具、设备，以及电池等加入车辆的重量。

2. 装货重量

装货重量即单卡车和载荷的总重量，包括燃料重量、司机的重量。

3. 最大限重

最大限重是车辆设计的最大重量，也是允许运营的最大限重，一般在车辆铭牌或显示牌上标明。在一些国家，可能车辆设计的运营最大限重大于法定的允许重量。

4. 拖车总重

拖车总重即拖车组合的总重量，包括载荷、燃料和司机的重量。

5. 组合总重

组合总重即铰接车的总重量，包括载荷、燃料和司机的重量。

6. 运行车辆自重

运行车辆自重即在驾驶状态下车辆的重量，包括油、水和燃料的重量，但不包括载荷。

7. 空重

空重即在驾驶状态下车辆的重量，包括司机的重量。为了计算可利用的重量,必须用装货重量(或拖车总重或组合重量)减去空重。计算结果就是货物、托盘和其他任何包装材料的总重量,拖车总重或组合总重不能超过有关的法律限制。

8. 车轴重量

车轴重量是指即使总毛重低于法定最大重量,单独的车轴也可能超载。因此当计划多次卸货时,要特别小心。卸下来的货物减少了毛车辆重量,但可能增加单独的车轴重量。这将导致卸货后,车轴重量超过法定限制。因此可以通过计划装载货物来避免,从而需要在卸货后,花费时间重新安排装载。

表 2-1 表示确定车辆参数核对清单。

表 2-1　确定车辆参数核对清单

最大化	最小化
货物载重(重量或立方)	车辆重量
可靠性	建造成本
服务能力	最优化
燃料效率	生产力
安全工作	花费的资本

二、公路运输服务与车辆的获得

(一)公路运输服务的获得途径

1. 整体运输外包

运输外包是指公司向运输市场购买全部或部分运输生产和服务。运输外包决策的核心问题是公司是否拥有自己的运输车辆。

许多企业发现将其运输工作外包出去更为经济,这有两个主要原因。

第一个原因是车辆的利用率。衡量车辆利用率的一个尺度就是车辆能力使用的比例。只有当车辆每次离站时都满载,才能达到 100%的利用率。送货的地点越近,越容易进行计划,从而达到完全使用。当客户地点很远、特别是远离市中心时,就很难达到这一点。

另外,当距离较远,车辆的利用能力将会受损,每单位成本也将大大提高。车辆的利用率反映了每单位运送的成本,因此要求有适当的货运量让运营更加有效率。

第二个原因是一般管理成本。运输职能要有效地进行,需要仓库提供支持。仓库的数量和地点对运输成本有显著的影响。运输覆盖的地域越大,就需要越多的仓库。同样,交付时间越短,就要求有更多的仓库。当额外的仓库出现后,就需要干线长途行车来将产品从一个地点运到另一个地点。在这样的系统中,一般管理成本会很高,而且还要投入一些公司不愿承担的资本支出。

外包运输有两种方式。一是,一个运输服务提供商能够运输很多不同公司的产品,从而使车辆更好地得到使用,运输成本更低,即所谓的分享使用或一般运输。二是,运输服务提供商经营一套专用服务,仅仅运输一个客户的产品,即所谓的专用使用或合同运输。

2. 部分运输外包

如果不需要外包整个运输运营,那么也许有必要部分外包。很多企业季节性运输需求变化大,解决方法之一,就是使用自己的车队处理平常的需求,必要时租赁其他的车辆满足高峰需求。如果企业发现使用自己的运输难以到达某一特殊的地域,那么也可以以地域为基础外包部分运营。如果预期租赁车辆的成本可能稍高于完全使用自己拥有的车辆的成本,那么就存在一个使用自有车辆并结合部分外包的最优成本方案。

3. 第三方运输

第三方运输的服务现在已经发展到包括完全的配送、包装等环节。第三方运输的优点如下:

(1) 能够适应季节性需求变化。

(2) 能够进行多种货物和路线的运输。

(3) 承运人可以提供更为有效的服务。

(4) 管理车辆和司机的责任从公司管理层转移到第三方运输,这使公司管理层能更专注于自己的领域。

(5) 减少对运输的投资。

(6) 缓和劳资关系。

第三方运输可能导致运输过程的某些环节失去控制,从而影响客户服务。因此,对运输运营的控制不能完全“外部化”给第三方运输,例如业绩反馈、客户沟通应作为公司鲜明的服务手段并紧紧地控制在自己手里。

(二) 车辆获得的基本途径

车辆获得的方法有四种:购买、租用、合同租用或运营租赁、融资租赁。

1. 购买

如果车辆能够得到很好的利用,并且有效地保养,那么这样就比较经济,应该购买而非租赁或租用。

2. 租用

租用有两种类型:短期和长期。如果一辆车被短期租用,那就意味着承租方租金相对比较高,仅需通知租约即可终止,并不受任何处罚。当企业需要额外的车辆时,例如满足季节性用车需求,则可采用短期租用方法。长期租用是指企业有长期(一般一年以上)的运输业务需求,运输业务量也较稳定时,但基于财务成本压力、资产结构限制或技术力量不足等原因未购买自有车辆,而选择长时期租用外部车辆的运输服务获得方式。

3. 合同租用或运营租赁

合同租用是长期租用的一种特殊形式，通常除了提供车辆以外，还有其他服务。一般来说，当经营者租用车辆时，提供商负责维修车辆，并且当车辆发生任何原因不能驾驶时，提供临时的更换。同时也提供司机，当司机休假或生病时，更换司机。另外，合同租用的优点还有减少某些管理工作，如保险、劳动纠纷等。

从财务的角度看，合同租用车辆可以改善现金流，资产负债表上没有负债，预算准确，以及当需要时，可以用较低的资本投入获得更多的车辆。合同租用或运营租赁的核心就是租用的车辆属于资产负债表外事项，并且没有作为资产资本化。

4. 融资租赁

融资租赁是不需要支付车款而获取车辆的一种方法。租赁公司通常根据车辆类型来确定租赁期，一般在2~5年之间。通常的做法是融资租赁公司购买车辆，资本、利息、一般管理费用和利润加起来，分摊到租赁期。支付可以按月，也可以按季。如果需要在期限届满前终止，那么就不得不向租赁公司进行支付结算，而且必须找第三方继续租赁或购买车辆。融资租赁的核心就是租赁的车辆"在"资产负债表上，并作为资产资本化。

三、车辆更新与车辆折旧

（一）车辆更新

经营者的车辆更新政策是车队管理的关键部分。经营车队时，不计划更新和不为此建立后备资金是不明智的。如果忽略了更新计划，那么经营成本情况和利润的获得将会受到严重的影响。更新计划应包括的因素是：车辆的使用寿命和成本的折旧；未来更新的资本成本；更新的时间；投资的评估。

如不使用，汽车的使用寿命比较长。然而，购买车辆就是为了使用并会因此发生成本。成本是车辆更新政策的一个主要因素，这是因为在某一时点上，更新车辆可能比继续使用并保养它更为便宜，即在新车辆上投资比花钱修理已有车辆要更经济。在这种情况下，成本和时间以及里程数都有关系。一方面，车辆的运营时间越长，则它所花费的维修费用越多；车辆跑的里程数越多，增加的每千米所花的维修费用越高。另一方面，随着车辆不断提取折旧，每期折旧额将减小。因此，要在维修费用和资本成本之间权衡。

在选择车辆更新政策时，常犯两种错误。一种是车辆更新得太早了，此时二手车的买主会占便宜。另一种更常见的错误就是车辆更新得太晚了。虽然车辆使用寿命很长，但在延长使用寿命的过程中，由于车辆经常出毛病，维修费用也很高，从而产生服务质量下降、收入减少，以及其他问题。

因此，更新时间的确定，第一步就是量化成本随时间和里程数的变化趋势。为了做出一个行之有效的更新决策，很有必要分析折旧成本和维修成本之间的关系，如图2-1所示。

（二）车辆折旧

从财务的视角来看，必须假设一辆车有确定的寿命，而且应该每年对其进行重新估值，以反映它在各年中真实的剩余价值。不过，每年对车辆重新评估并不现实，况且磨损依赖于使用程度，因此，很难采取这样的措施。实际上，车辆的零部件会随使用的增加而磨损，如发动机部分，而另一些会随年限而自然损耗，如车身。以下详细介绍两种计算折旧的常用方法：直线折旧法和双倍余额递减折旧法。

1. 直线折旧法

假设车辆有 x 年寿命，每年折旧为其原始购价的 $1/x$。它的缺点是没有考虑车辆购价的通货膨胀因素，以及 x 年末折旧后的车辆有剩余价值。

例如一辆价值 30 000 元的车，其使用寿命有 5 年，如图 2-2 所示，无残值，则每年折旧率为 1/5，即每年6 000 元。计算过程如表 2-2 所示。

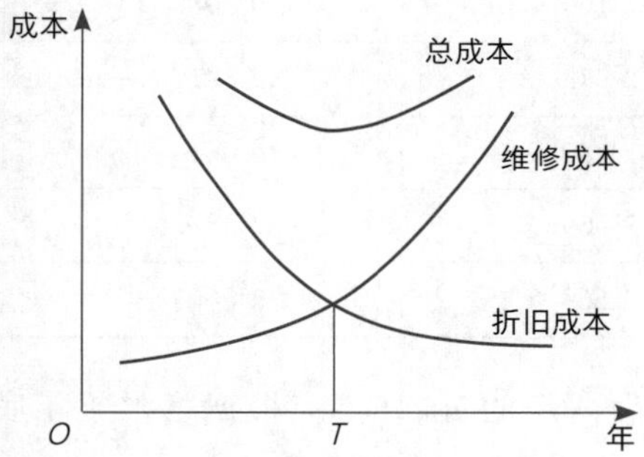

图 2-1　折旧成本与维修成本之间的关系

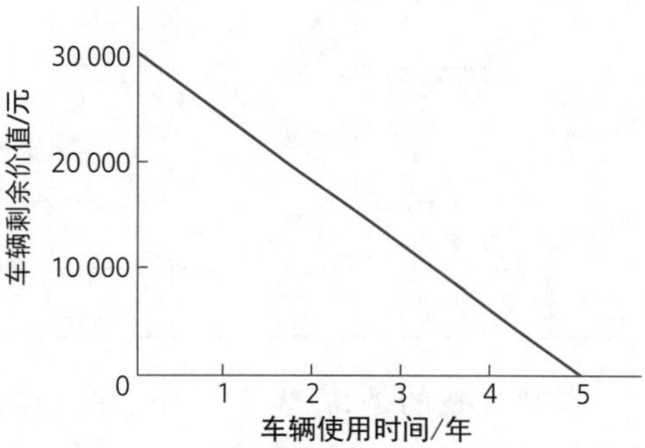

图 2-2　直线折旧法

表 2-2　折 旧 计 算　　单位：元

年份	余值	折旧值	累计折旧
0	30 000	—	—
1	24 000	6 000	6 000
2	18 000	6 000	12 000
3	12 000	6 000	18 000
4	6 000	6 000	24 000
5	—	6 000	30 000

2. 双倍余额递减折旧法

双倍余额递减折旧法是根据每一期期初账面净值和双倍直线法的折旧率计算车辆折旧的一种方法。每年的折旧值为上年底的剩余价值乘以双倍直线折旧率来进行折旧，并在车辆折旧年限到期的最后两年，将车辆资产净值扣除预计净残值后的余额平均摊销。

【例 2-1】一辆价值 30 000 元的卡车，假定使用寿命为 8 年，无残值。如果按照直线折旧法，每年应折旧车辆原值的 12.5%；按照双倍余额递减法，每年应折旧车辆余值的 25%。因此，第一年折旧为 30 000 元的 25%，即 7 500 元，余值为30 000元-7 500 元=22 500(元)。第二年折旧为22 500元的 25%，即 5 625 元。依次类推。计算过程见表 2-3。

表 2-3 折 旧 计 算　　单位:元

年份	余值	折旧值	累计折旧
0	30 000	0	0
1	22 500	7 500	7 500
2	16 875	5 625	13 125
3	12 656	4 219	17 344
4	9 492	3 164	20 508
5	7 119	2 373	22 881
6	5 339	1 780	24 661
7	2 669. 5	2 669. 5	27 330. 5
8	0	2 669. 5	30 000

需要注意的是，在表 2-3 中，在计算最后两年的折旧时，应根据第六年年底的折旧值 5 399 元÷2=2 669. 5(元)得出。

这种方法提供了资产更真实的价值。如图 2-3 所示，当车辆较新时，折旧得快，而且 8 年折旧完后，车辆仍有剩余价值。

不管使用哪种方法，假定都是出于财务上的考虑，而非实用的目的。图 2-3 显示了折旧成本和维修成本之间的关系，从而也可以确定更新车辆在理论上的最优点。然而，图 2-3 也显示，在一段时期内，总成本的变化特别小。在这段时期内，有必要考虑具体车辆的实际情况，具体如下：

(1) 车辆的使用——里程数、时间。

(2) 车辆的可获得性。

(3) 二手车辆的市场的情况。

(4) 对备用车辆的需要。

(5) 燃料的经济性——任何变化。

(6) 更适应未来需要的车辆的可获得性。

(7) 改变车队构成的机会——不同于更新。

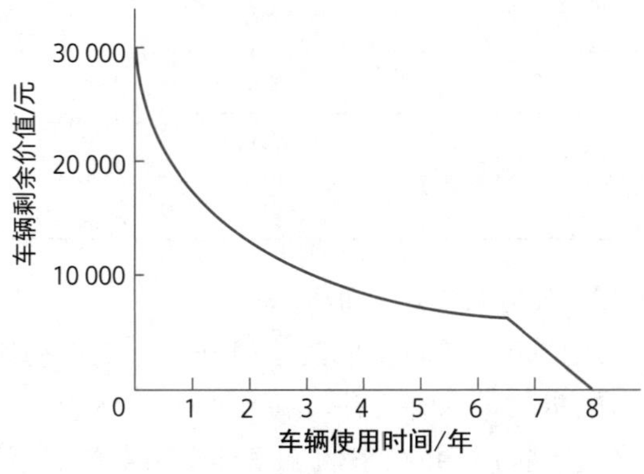

图 2-3 双倍余额递减折旧法

（8）司机的舒适度是否发生改变——激励司机的机会。

（9）翻新时重新使用质量仍合格的部件及相对而言未破损的车辆零部件，需要对车辆重新评估。

第三节 公路货物运输组织技术与方法

货物运输组织方法直接影响货物运输速度与运输费用。在各种运输方式竞争激烈的条件下，做好货物运输组织工作显得尤为重要。公路货物运输组织方法应在掌握一定货源的基础上，根据货物结构的不同，合理调配和使用车辆，做到车种适合货种，标重配合货重。

智慧运输新视界：智慧运输如何打通城市配送“最后一公里”

一、车辆装载计划

（一）装载作业计划制订的影响因素

决定采用本地配送作业计划或是长途运输作业计划，有很多限制因素。这包括：

1. 人员特性

人员特性包括可获得的人力、所持许可证、培训水平、工作时长、倒班的模式等。

2. 车辆特性

车辆特性包括车辆的数量及型号、车队的组合、维修要求、运货能力、运载容积等。

3. 客户特性

客户特性包括订单模式、客户地点到仓库的距离、送货地点的交通限制、营业时间、白天/夜晚送货、返回时装货与否等。

4. 公司特性

公司特性包括客户服务策略、经营策略、车辆使用策略等。

5. 产品特性

产品特性包括仓库的特征、返回时装货的策略、管理目标等。

6. 环境特性

环境特性包括公路等级、气候条件、法律限制等。

7. 路线和时间安排

路线和时间安排包括采用的技术、法律要求等。

（二）制订装载计划的作业流程

制订装载计划的作业流程如图 2-4 所示。

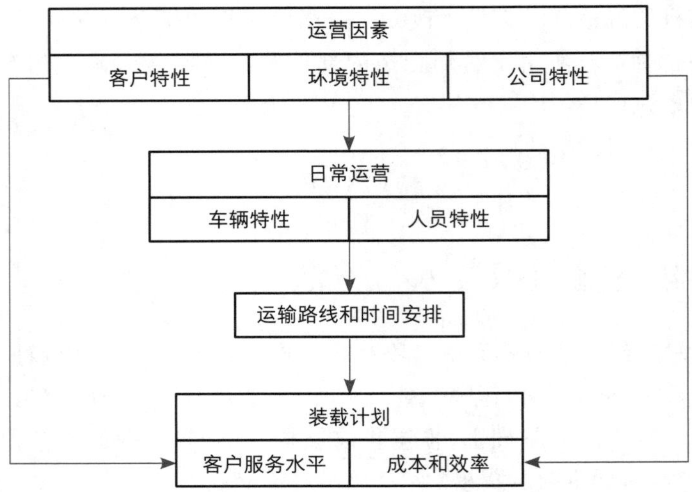

图 2-4　装载计划作业流程

从总体上讲，车辆装载计划应达到以下目标：

第一，车辆额载重量的最大化（通过收入最大化，以及将车装满及回程载运）。

第二，车辆利用最大化（使每辆车装货行驶次数最大化）。

第三，距离最小化（最小化送货路线中的重复）。

第四，花费时间最小化（最小化等待时间）。

第五，满足客户在成本、服务及时间方面的要求，满足在车辆载重量和司机工作时间方面的法律规定。

二、车辆调度计划

不管是送货给本地的还是外地的客户，在零售的配送中，车辆的调度安排都要符合最优路线和最大载重量原则。通常货物是从固定的仓库供给，并且各个客户的地点都是已知的。对车辆利用的限制有工作时间、每日行车的总距离，以及单日内所能达到的送货点数等。较好的车辆调度方案应当是满足顾客要求的最优路线方案，并在不违反有关法律要求的情况下使企业资源利用最大化。

（一）车辆调度计划的限制条件

首先应对所有可行的路线进行调查分析，并注意以下限制条件：一天内对每一个客户的送货次数受到限制；一天内可调动的车辆的总数受到限制；每一车辆都有固定的运输能力；每一个客户对送货的要求是已知的；对任一客户的送货量都应小于车辆的载运能力。

（二）车辆调度计划的假设条件

行车路线安排应使行车的总里程数最小或总时间最短。车辆调度基于如下假设：车辆的容量受到限制（体积和重量）；司机的时间受到限制；每一份订单都有确定的一个送货点,有相应的驾驶时间用以到此仓库或从此仓库到下一个客户;每一份订单都包括货物的特定数量,有客户规定的送货/收货时间。

(三)车辆调度计划的车辆荷载量计算

车辆的荷载量采用订单累加的方法来计算:计算从仓库到客户仓库的运输时间,加上司机在客户的接货点所花费的时间,如果没有超过司机可用的总时间,并且车辆没有超过容量,就增加下一个地理上较近的订单。根据第二个订单,再计算从第一个客户到第二个客户的时间,加上司机在此客户的接货点所花费的时间……

继续此计算过程,直到最后一张订单时的累加结果接近或达到某一限制条件,即达到或接近了司机的可用总时间或车辆的载荷上限。

重复上述过程,直到所有的订单分配完毕,或者所有现有的车辆全部满载。车辆调度计划还应该考虑多次往返或昼夜不间断运输的可能性。当载荷达到了车辆的满载限制或者司机的驾驶时间极限,而其他资源条件并没有完全使用时,就应考虑上述做法。如果司机的驾驶时间达到了极限,但并没有充分利用载重量时,就可以增加额外的订单,充分利用车辆的荷载量,司机也可被安排2天或更多的工作日来完成送货。

三、行驶时间的计算

行驶时间的计算

为了计算仓库和客户之间或者至下一个客户之间的行驶时间,一般采用表2-4所示不同等级公路的平均速度来计算。每个公司都会根据自己的经验确定标准驾驶速度,或者通过其他研究得到标准驾驶速度,来计算行驶时间。

表 2-4　平均速度表

公路类型	地　段	平均速度/km · h^{-1}
高速公路(M)	城市	55
	农村	65
一级公路[A(T)]	城市	48
	农村	55
二级	城市	32
	农村	40
三级	城市	24
	农村	32
四级及以下	城市	20
	农村	24

表 2-4 中的速度考虑了在连接点、山路,以及弯曲处和城市中的拥挤处的时间拖延。图 2-5 显示了从仓库到五个运输点(客户 1、客户 2、客户 3、客户 4、客户 5),并返回仓库的送货路线。

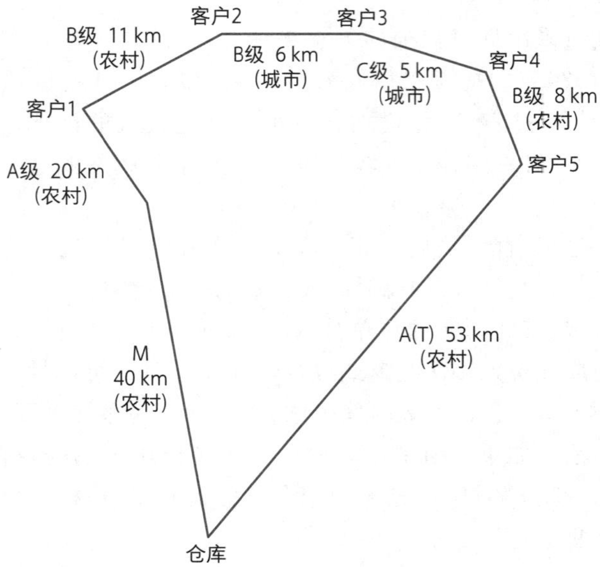

图 2-5 送货路线

行驶时间的计算如表 2-5 所示。

表 2-5 行驶时间计算结果表

		里程数/km	速度/km·h^{-1}	时间/min
高速公路(M)	农村	40	65	37
二级公路	农村	20	40	30
三级公路	农村	11	32	21
三级公路	城市	6	24	15
四级公路	城市	5	20	15
三级公路	农村	8	24	20
一级双行道[A(T)]	农村	53	55	58
合 计				196

四、行驶路线的确定

在本地的送货中,通常使用三种路线。一是弧形路线。把离仓库不同距离的客户以互不交叉的弧线连接起来。二是区域型路线。将在一个集中区域内的客户以互不交叉的线连接起来。三是放射形路线。以互不交叉的放射线将与仓库不同距离的客户连接起来。如图 2-6 所示。

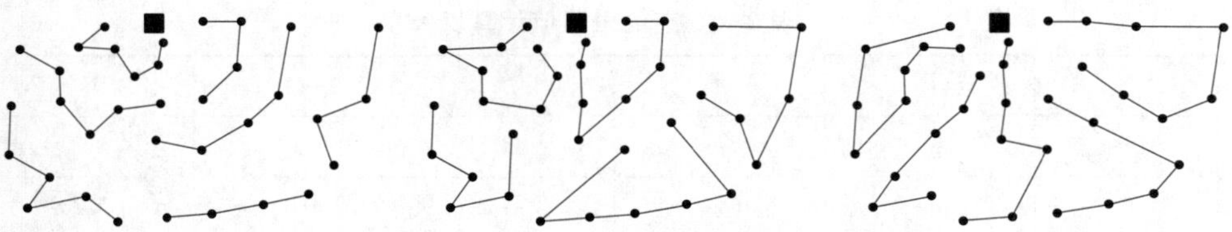

图 2-6 送货路线类型

采用何种路线类型取决于以下因素：一是建立时间安排的技术；二是地域的地理特征和道路特色；三是订单的规模相对于车辆的容量。

不同类型的路线有着不同的特征，很显著的就是弧形路线总的里程更长，这是因为在弧形路线的安排下，仓库距第一个客户以及最后一个客户之间的距离之和明显要大于其他两种路线类型。

如图 2-7 所示，从仓库 O 要运送货物给客户 A 和 B。第一条路线是从 O 到 A，再返回 O，然后再从 O 到 B，再返回 O，总距离为 $a+a+b+b=2a+2b$；第二条路线是从 O 到 A 到 B，再到 O，总距离为 $a+b+x$。将客户结合考虑，在第二种方案下走行路线的节约里程数是：$(2a+2b)-(a+b+x)$，即 $a+b-x$，关于这个公式，要注意以下几方面：

（1）它从不为负。因为三角形的第三条边总是小于其他两条边之和，因此，它最小为零。

（2）将客户连接起来，增加了节约。

（3）客户之间的距离越近，而且它们距离仓库越远，那么节约就会越大。

（4）这个方法也可以用时间来代替距离计算。

例如，如图 2-8 所示，需要安排从仓库 O 送货给四个客户 A、B、C、D。任何路程不得超过 75 km。

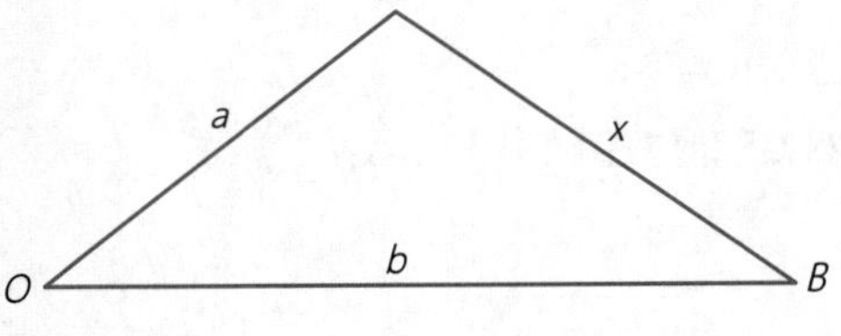

图 2-7 路线图

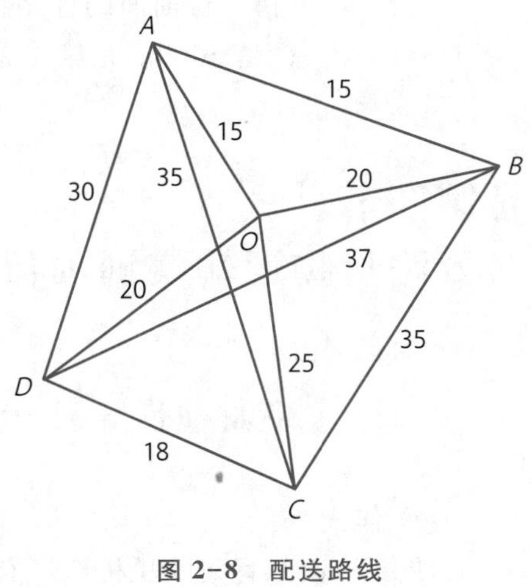

图 2-8 配送路线

解:第一步,计算对任一客户的节约里程值,如表 2-6 所示。

表 2-6 节约里程值计算表

	O	*A*	*B*	*C*	*D*
A	—	—	20	5	5
B	—	—	—	10	3
C	—	—	—	—	27
D	—	—	—	—	—

第二步,从最大的节约值开始,将客户连接在一起,直到达到一个限制。从最大节约值 27 开始,连接客户 *C* 和 *D*。距离 *O*—*C*—*D*—*O*,和为 63 km,没有超过限制。选择下一个最大的节约值,为 20,将 *A*、*B*、*C* 和 *D* 连在一起,距离 *O*—*A*—*B*—*C*—*D*—*O*,超过了 75 km,不予采纳。选择另一个最大的节约值 10,将 *B*、*C* 和 *D* 连接在一起,距离 *O*—*B*—*C*—*D*—*O*,超过了 75 km,仍然不采纳。选择另一个最大的节约值 5,将 *A*、*C* 和 *D* 连接在一起,距离 *O*—*A*—*C*—*D*—*O*,大于 75 km,不采纳。

第三步,选择第一条路线 *O*—*C*—*D*—*O*。

第四步,划掉 *C* 和 *D* 之间的行和列,计算结果如表 2-7 所示。

表 2-7 计 算 结 果

	O	*A*	*B*	*C*	*D*
A	—	—	20	5	5
B	—	—	—	10	3
C	—	—	—	—	27
D	—	—	—	—	—

第五步,重新进行前面的程序,从最大的 20 开始,将 *A* 和 *B* 连接在一起,距离 *O*—*A*—*B*—*O* 是 50 km,是第二条路线。

第四节 公路货物运输实训项目

任务实施:甩挂运输作业

实训项目一 公路货物运输运费的计算

【工作任务】

任务 1:山东青岛一星机床厂有一批仪器设备,重量 2.2 t,运往山西太原,试计算运价。

任务 2:江西南昌有一批稻谷,重量 70 t,运往广东深圳,试计算运价。

任务 3:安徽合肥有一批板材,重量 20 t,目的地是江苏徐州,试计算运价。

任务 4:货物和运输情况如表 2-8 所示,试计算运价。

表 2-8 货物运输情况

序号	货物名称	重量	始发地	目的地
1	化工	20 t	江西 玉山	浙江 台州
2	石材	18 t	江西 玉山	浙江 湖州

任务 5:苏朗在呼和浩特长途汽车运输公司工作。有位客户要求运送一批散装膨润土,共 50 t,始发地是呼和浩特,目的地是天津塘沽,没有回程货物。客户要求运到费用为 95 元/t。如果按照公路货物运输的计费要求计算运费,请确定这批货物可以承运吗?

【相关知识】

一、货物的基本运价

(一) 货物基本运价的概念

(1) 整批货物基本运价,指一等整批普通货物在等级公路上运输的每 t km 运价。对整批货物运输在计算运费的同时,按货物重量加收吨次费。

(2) 零担货物基本运价,指零担普通货物在等级公路上运输的每千克千米运价。

全国汽车货物基本运价平均按 0. 27 元/t · km 控制。华东、中南、华北地区省份货物基本运价可按 0. 26~0. 27 元安排;东北、西北、西南地区省份按 0. 28~0. 29 元安排。对少数边远山区和运输成本较高的省、自治区,执行本地区基本运价高限尚有困难的,可适当提高,但不得超过 0. 30 元。

(3) 包车运价。计时包车货运计费时间以小时为单位,起码计费时间为4 h;使用时间超过 4 h,按实际包用时间计算。整日包车,每日按 8 h 计算;使用时间超过 8 h,按实际使用时间计算。时间尾数不足半小时舍去,达到半小时按 1 h 计算。包车运输以元/t · h 为计费单位。

(二) 确定货物基本运价

(1) 普通货物。普通货物运价实行分等计价,以一等货物为基础,二等货物加 15%,三等货物加 30%。

(2) 特种货物运价。特种货物运价包括如下几种。

大长笨重货物运价:一级长大笨重货物运价在整批货物基本运价的基础上加成40%~60%;二级长大笨重货物运价在整批货物基本运价的基础上加成60%~80%;普通车运输特种货物,执行特种货物运价。

危险货物运价:一级危险货物运价在整批(零担)货物基本运价的基础上加成 60%~80%;二级危险货物运价在整批(零担)货物基本运价的基础上加成

40%～60%。

贵重、鲜活货物运价：贵重、鲜活货物运价在整批(零担)货物基本运价的基础上加成40%～60%。

使用罐车、冷藏车及其他具有特殊构造和专门用途的专用车运输专项货物时，在整车货物基本运价的基础上加成30%。特种车辆运价和特种货物运价两个价目不准同时加成使用。

(3) 快速货运运价。快速货运运价按计价类别在相应运价的基础上加成40%。

二、货物运输计费重量的确定

(1) 一般货物。无论整批、零担货物，计费重量均按毛重计算。整批货物吨以下计至100 kg，尾数不足100 kg的，四舍五入。零担货物起码计费重量为1 kg。重量在1 kg以上，尾数不足1 kg的，四舍五入。

(2) 轻质货物。轻质货物指每平方米重量不足333 kg的货物。

装运整批轻质货物的高度、长度、宽度，以不超过有关道路交通安全规定为限度，按车辆标记吨位计算重量。零担运输轻质货物以货物包装最长、最宽、最高部位尺寸计算体积，按每平方米折合333 kg计算重量。

(3) 包车运输按车辆的标记吨位计算。

(4) 货物重量一般以起运地过磅为准。起运地不能或不便过磅的货物，由承托运双方协商确定计费重量。

(5) 散装货物，如砖、瓦、砂、石、土、矿石、木材等，按体积由各省、自治区、直辖市统一规定重量换算标准计算重量。

三、货物运输计费里程的确定

(一) 里程单位

货物运输计费里程以km为单位，尾数不足1 km的，按1 km计算。

(二) 里程确定

(1) 货物运输的营运里程，按交通部和各省、自治区、直辖市交通行政主管部门核定、颁发的"营运里程图"执行。"营运里程图"未核定的里程由承、托双方共同测定或经协商按车辆实际运行里程计算。

(2) 货物运输的计费里程，按装货地点至卸货地点的实际载货的营运里程计算。

(3) 因自然灾害造成道路中断，车辆需绕道行驶的，按实际行驶里程计算。

(4) 城市市区里程按当地交通主管部门确定的市区平均营运里程计算；当地交通主管部门未确定的，由承运人和托运人双方协商确定。

四、运费计算公式

(一) 整批货物运费计算

整批货物运费＝吨次数×计费重量+整批货物运价×计费重量×计费里程+货物运输其他费用

(二) 零担货物运费计算

零担货物运费＝计费重量×计费里程×零担货物运价+货物运输其他费用

（三）包车费用计算

包车费用=包车时间×包用车辆吨位×包车运价（元/t·h）

（四）专线货物运输费用的计算

在各地的专线货物运输中，由于计费里程是固定的，所以，运价单位是元/t。如上海到北京的零担货物运价是500元/t。专业货物运输运费的计算公式为：

运费=（货物计费重量×运价率）+（货物计费重量×运价率×加成率）。

五、公路运输其他费用的确定

（一）调车费

（1）应托运人要求，车辆调往外省、自治区、直辖市或调离驻地临时外出驻点参加营运，调车往返空驶者，可按全程往返空驶里程、车辆标记吨位和调出省基本运价的50%计收调车费。在调车过程中，由托运人组织货物的运输收入，应在调车费内扣除。

（2）经承运人和托运人双方共同协商，可以核减或核免调车费。

（3）经铁路、水路调车，按汽车在装卸船、装卸火车前后行驶里程计收调车费；在火车、在船期间包括车辆装卸及待装待卸时，每天按8小时、车辆标记吨位和调出省计时包车运价的40%计收调车延滞费。

（二）延滞费

（1）发生下列情况，应按计时运价的40%核收延滞费：① 因托运人或收货人责任引起的超过装卸时间定额、装卸落空、等装待卸、途中停滞、等待检疫的时间；② 应托运人要求运输特种或专项货物需要对车辆设备改装、拆卸和清理延误的时间；因托运人或收货人造成不能及时装箱、卸箱、掏箱、拆箱、冷藏箱预冷等，使车辆在现场或途中停滞的时间。延误时间从等待或停滞时间开始计算，不足1小时者，免收延滞费；超过1小时及以上，以半小时为单位递进计收，不足半小时进整为半小时。车辆改装、拆卸和清理延误的时间，从车辆进厂（场）起计算，以半小时为单位递进计算，不足半小时进整为半小时。

（2）由托运人或收、发货人责任造成的车辆在国外停留延滞时间（夜间住宿时间除外），计收延滞费。延滞时间以小时为单位，不足1小时进整为1小时。延滞费按计时包车运价的60%～80%核收。

（3）执行合同运输时，因承运人责任引起货物运输期限延误，应根据合同规定，按延滞费标准，由承运人向托运人支付违约金。

（4）装货落空损失费。应托运人要求，车辆开至约定地点装货（箱）落空造成的往返空驶里程，按其运价的50%计收装货（箱）落空损失费。

（5）道路阻塞停运费。汽车货物运输过程中，如果发生自然灾害等不可抗力造成道路阻滞，无法完成全程运输，需要就近卸存、接运时，卸存、接运费用由托运人负担。已完运程收取运费；未完运程不收运费；托运人要求回运，回程运费减半；应托运人要求绕道行驶或改变到达地点时，运费按实际行驶里程核收。

（6）车辆处置费。应托运人要求，运输特种货物、非标准箱等需要对车辆改装、拆卸和清理所发生的工料费用，均由托运人负担。

（7）车辆通行费。车辆通过收费公路、渡口、桥梁、隧道等发生的收费，均由托运人负担。其费用由承运人按当地有关部门规定的标准代收代付。

（8）运输变更手续费。托运人要求取消或变更货物托运手续，应核收变更手续费。因变更运输，承运人已发生的有关费用，应由托运人负担。

六、汽车货物运输运杂费的结算

（1）货物运杂费在货物托运、起运时一次结清，也可按合同规定的预付费用方式，随运随结或运后结清。如果托运人或者收货人不支付运费、保管费，以及其他运输费用，承运人对相应的运输货物享有留置权，但当事人另有约定的除外。

（2）运费尾数以元为单位，不足一元时四舍五入。

（3）货物在运输过程中因不可抗力灭失，未收取运费的，承运人不得要求托运人支付运费；已收取运费的，托运人可以要求返还。

七、收款办法

（1）预收费用方式，是指托运人在货物运输之前将运杂费预付给承运人，在结算时多退少补。

（2）现金结算方式，是指按每次实际发生的运杂费总额向托运人收取现金。

（3）托收结算方式，是指承运人先垫付运杂费，定期凭运单回执汇总所有费用总额，通过银行向托运人托收运费。

（4）预交转账支票方法。

【训练目标】

掌握公路货物运输运费计算公式和计算方法，了确公路货物运输运费计算的程序，会根据公路运输业务计算运费。

【训练准备】

（1）单据准备：公路里程表；公路货物运输参考价目表；货物分类表。

（2）训练地点：教室或实训室。

【训练步骤】

1. 整车货物运费的计算训练

（1）确定货物的种类和基本运价。

（2）确定货物的计费重量。

（3）确定货物的计费里程。

（4）确定货物运输的其他费用。

2. 零担货物运费的计算训练

（1）确定零担货物的种类和基本运价。

（2）确定零担货物的计费重量。

（3）确定零担货物的计费里程。

（4）确定零担货物运输的其他费用。

3. 包车费用的计算训练

（1）确定货物的种类和基本运价。

（2）确定货物的计费里程。

(3) 确定货物运输的其他费用。

【注意事项】

(1) 运费计算是公路运输中比较重要的内容。训练时,按步骤仔细计算。

(2) 公路货物运输的运费计算没有绝对统一的标准,要根据具体情况具体分析。

【训练评价】

公路货物运输运费的计算技能训练评价表,如表 2-9 所示。

表 2-9 公路货物运输运费的计算技能训练评价表

<table>
<tr><td>被考评人</td><td colspan="5"></td></tr>
<tr><td>考评人</td><td colspan="5"></td></tr>
<tr><td>考评内容</td><td colspan="5">公路货物运输运费的计算</td></tr>
<tr><td rowspan="5">考评
内容</td><td>内 容</td><td>分值</td><td>自我评价</td><td>小组评议</td><td>实际得分</td></tr>
<tr><td>掌握运费核算的程序</td><td>25</td><td></td><td></td><td></td></tr>
<tr><td>了解运费计算的具体要求</td><td>25</td><td></td><td></td><td></td></tr>
<tr><td>会计算公路货运的运费</td><td>25</td><td></td><td></td><td></td></tr>
<tr><td>能准确地计算货运业务的运费</td><td>25</td><td></td><td></td><td></td></tr>
<tr><td colspan="2">合 计</td><td>100</td><td></td><td></td><td></td></tr>
<tr><td>分项能力
考评标准</td><td colspan="5">A 级:能又快又好地完成工作任务,并能指导别人完成工作任务(100%)
B 级:能又快又好地完成工作任务(90%)
C 级:能熟练地完成工作任务(80%)
D 级:能独立地完成工作任务(70%)
E 级:能在别人的指导下完成工作任务(60%)</td></tr>
</table>

注:1. 实际得分=自我评价 40%+小组评议 60%;

2. 考评满分为 100 分,60~74 分为及格,75~84 分为良好,84 分以上为优秀。

实训项目二 公路货物运输业务流程之一——公路零担货物运输作业

【工作任务】

在校外公路货运站实习基地或校内真实模拟货运站参加生产实训,达到熟悉零担货物运输的作业流程,清楚各作业的内容要点,能够进行零担货物运输过程中各岗位的实际操作。

【相关知识】

零担货物运输业务流程如图 2-9 所示。

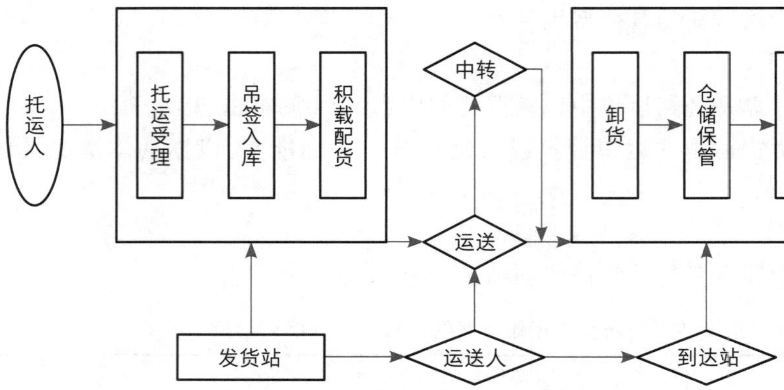

图 2-9　零担货物运输业务流程

一、托运受理

托运受理是指零担货物承运人根据营运范围内的线路、站点、运距、中转车站、各车站的装卸能力、货物的性质及受运限制等因素接受零担货物，办理托运手续。

（一）托运受理的必备条件

（1）公布办理零担货物运输的线路、站点（包括联运、中转站点）、班期及里程运价。

（2）张贴托运须知、包装要求和限运规定等。

（二）托运受理的方法

托运受理可根据受理零担货物的数量、运距以及车站作业能力等，采用不同的受理制度和方法，如随时受理制、预先审批制、日历承运制等，或站点受理、上门受理、预约受理等。

（1）随时受理制。随时受理制度是指托运日期无具体的规定，在营业时间内，发货人均可随时将货物送到托运站办理托运。随时受理制为货主提供了很大的方便，但也有其局限性，如事先不能组织货源，缺乏计划性。因此，货物在库时间长，设备利用率低。在实际零担货物运输中，随时受理制常被作业量小的货运站、急运货运站以及始发量小中转量大的中转货运站采用。

（2）预先审批制。预先审批制是指发货人事先向货运站提出申请，车站再根据各个发货方向及站别的运量，结合站内设备和作业能力加以平衡，分别指定日期进货集结，组成零担班车。

（3）日历承运制。日历承运制是指货运站根据零担货物流量和流向规律，编写承运日期表，事先公布，发货人按规定日期来站办理托运手续。采用日历承运制可以有计划、有组织地进行零担货物运输，便于将去向和到站比较分散的零担货流合理集中，组织直达零担班车，可以均衡安排货运站每日承担零担货物的数量，合理使用货运设备，便于物资部门安排生产和物资调拨计划，提前做好货物托运准备工作。

二、审核运单

承运人接到托运单后应进行认真审核，检查各项内容是否正确，如确认无

误,则在运单上签章,表示接受托运。审核运单的具体要求如下:

(1) 检查核对托运单的各栏有无涂改,对涂改不清的应重新填写。

(2) 审核到站与收货人地址是否相符,以免误运。

(3) 对货物的品名和属性进行候选人鉴别,注意区别普通零担与笨重零担(同时注意它的长、宽、高能否适应零担货班的装载及起运站、中转站、到达站的装卸能力等),还要区别普通物品与危险品(如属危险品则应按危险品运输规定办理)。

(4) 对一批货物多种包装的应认真核对,详细记载,以免错提错交。

(5) 对托运人在声明事项栏内填写的内容应特别注意货主的要求是否符合有关规定,能否承担。

(6) 核对货物品名、件数、包装标志,是否与托运单相符。

(7) 注意是否夹带限制运输货物或危险货物,做到逐件清点件数,防止发生差错。

(8) 对体积大、笨重的零担货物,要区别终点站,体积大的货物不超过零担班车车厢的长度、宽度和高度;中途站体积大的货物不超过零担车后门宽度和高度;笨重零担货物,不超过发站和到站的自有或委托装卸能力。

(9) 单件重量,一般在人力搬运装卸的条件下,以不超过 40 kg 为宜。笨重零担货物应按起运、中转、到达站的起重装卸能力受理。

三、检查货物包装

货物包装是货物在运输、装卸、仓储、中转过程中保护货物质量必须具备的物质条件。货物包装的优劣直接关系到运输质量和货物自身的安全,这就必须按货物的特性和要求进行包装,达到零担货运的货物包装的规定。如发现应包装的货物没有包装或应有内包装而只有外包装的,应请货主重新包装。对包装不良或无包装但不影响装卸及行车安全的,经车站同意可予以受理,但应请货主在托运单中注明包装不良状况及损坏免责事项。对使用旧包装的应请货主清除旧标志、旧标签。检查货物包装时要按"看、听、闻、摇"的要求做。

(1) 看。看包装是否符合相关规定要求,有无破损、异迹;笨重货物外包装是否用醒目标记标明重心点和机械装卸作业的起吊位置。

(2) 听。听有无异声。

(3) 闻。闻有无不正常的气味。

(4) 摇。摇一摇检查包装内的衬垫是否充实,货物在包装内是否晃动。

四、过磅量方、检货司磅

(一) 过磅量方

货物重量是正确装载、凭以核算运费和发生事故后正确处理赔偿费用的重要依据。因此,必须随票过磅量方,做到准确无误。货物重量分实际重量、计费重量和标定重量。

(1) 实际重量。货物的实际重量是根据货物(包括包装在内)过磅后的毛重来确定的。

(2) 计费重量。计费重量分为不折算重量和折算重量,不折算重量就是货物的实际重量。关于折算重量的计算可参考相关规定。

（3）标定重量。标定重量是对特定的货物执行统一计费重量。

同一托运人一次托运轻浮和实重两种货物至同一到站者，可以合并称重或合并量方折重计费（不能拼装者例外）。过磅或量方后，应将重量或体积填入托运单内。一张托运单的货物分批过磅、量方时，应将每批重量和长、宽、高体积尺寸记在托运单内，以备查考，然后将总重量和总体积填入托运单并告货主。

零担货物过磅量方后，司磅、收货人员应在托运单上签字证明并指定货位将货物搬入仓库，然后在托运单上签注货位号，加盖承运日期戳，将托运单留存一份备查，另一份交还货主，持其向财务核算部门付款开票。

（二）验货司磅

以杠杆式台秤、地秤过秤，使用前应进行检查。

（1）摆放平稳，四角着实，台板保持灵活。

（2）将游砣移至零点时，横梁保持平衡。

（3）标尺与增砣的比率必须一致。

（4）地秤的台板与秤枢间必须保持平衡、灵活。

往衡器上放置或取下货件时，必须关闭制动器。过秤时不准触动调整砣、砣盘，禁止以其他物品代替增砣。

五、扣贴标签、标志

零担标签、标志是建立货物本身与其运输票据间的联系，是标明货物本身性质，也是理货、装卸、中转、交付货物的重要识别凭证。标签的各栏必须认真详细填写，在每件货物的两端或正侧两面明显处各扣（贴）一张。标签、货票式样如表 2-10所示。

表 2-10　公路汽车行李、包裹、零担货物标签

<table>
<tr><td>车次</td><td></td></tr>
<tr><td>起站</td><td></td></tr>
<tr><td>到站</td><td></td></tr>
<tr><td>票号</td><td></td></tr>
<tr><td>总件数</td><td></td></tr>
<tr><td colspan="2">站发</td></tr>
<tr><td colspan="2">年　月　日</td></tr>
<tr><td colspan="2">公路汽车行李、包裹、零担标签</td></tr>
<tr><td colspan="2">站　　至　　站</td></tr>
<tr><td>票号</td><td>总件数</td></tr>
<tr><td></td><td></td></tr>
<tr><td colspan="2">站　　年　月　日</td></tr>
</table>

扣贴标签的步骤为：首先，检查每件货物是否都有货物标识；其次，运单和货物标识内容是否完全一致。

六、货物入库

（一）零担货物仓库

零担货物仓库要具备良好的通风条件和防潮防火能力，要有一定的灯光设备，要具备安全保卫能力。一般情况下，仓库或货棚应设置在站台上，以便提高装卸效率。货物站台可以分为直线型和阶梯型，直线型又可分为一列式和双列式，如图 2-10 所示。

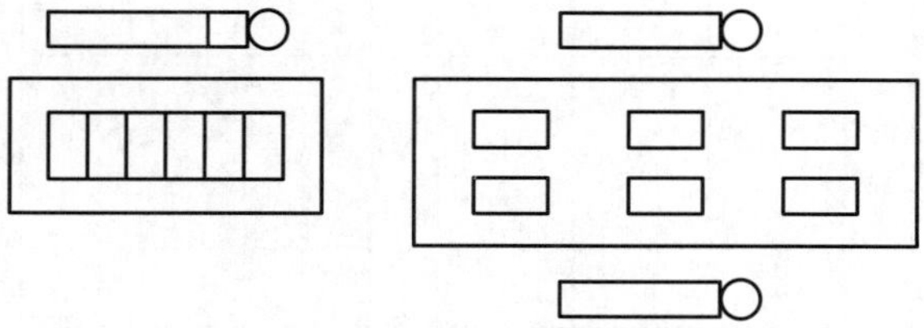

(a) 一列式　　(b) 双列式

图 2-10　零担货物仓库的直线型货位配置方法

（二）零担货物入库

1. 验收入库注意事项

（1）未办理托运手续的货物，一律不准进入仓库。

（2）认真核对运单、货物，坚持照单验收入库。

（3）货物必须按流向堆码在指定的货位上。

（4）一批货物不要堆放两处，库内要做到层次分明，留有通道，互不搭肩，标签向外，箭头向上。

（5）露天堆放的货物要注意下垫上盖。

2. 检查仓库四周

经常检查仓库四周，不可将有碍货物安全的物品堆放在仓库周围，保持仓库内外整洁。

3. 以票对货

货物在仓库待运期间，要经常进行检视核对，以票对货，票票不漏。

七、货物配载装车

（一）零担货物配载装车的原则

（1）中转先运、急件先运、先托先运。

（2）尽量采用直达方式，必须中转的货物要合理安排流向。

（3）充分利用车辆载货量和容积。

（4）严格执行货物混装限制的规定。

（5）加强预报中途各站的待运量，并尽可能使同站装卸的货物质量及体积相适应。

（二）配载装车准备工作

（1）按车辆容载量、货物的形状和性质进行合理配载，填制配装单和货物交接单，汽车零担货物交接清单如表 2-11 所示。填单时应按货物先远后近、先重后

表2-11　汽车零担货物交接清单

××省汽车零担货物交接清单

No000001

本次	起运号	
	到达站	
	里程(km)	

车属单位＿＿＿＿　车号(自编号)＿＿＿＿　司机(随车理货员)＿＿＿＿

序号	受理站	中转站	终点站	运单号	货票号	托运单位	收货单位	货物名称	货物类别	包装	件数	重量(kg)		备注
												实际重量	计费重量	
1														
2														
3														
4														
5														
6														
7														
8														
9														
10														
11														
12														
合计				票							件			

起运站发货人＿＿＿＿制单　年　月　日　到达站收货人＿＿＿＿　年　月　日

第×联　××××

说明：1. 汽车零担货物交接清单由零担货物起运站开具，作为货物起运装车以及起运站与承运人、承运人与中转站及到达站进行货物交接时的有效凭证。同一到达站（中转站）的货物开具一份汽车零担货物交接清单。

2. 汽车零担货物交接清单一式四联，第一联为起运站存查；第二联为报核，作为起运站财务结算运费、站务费的核算依据；第三联为运费核算，随车同行到达站签收后作为承运人收取运费的核算依据；第四联为到达站存查。

轻、先大后小、先方后圆的顺序填写，以便按单顺序装车，对不同到达和中转的货物要分单填制。

（2）将整理后各种随货单证分附于交接清单后面。

（3）按单核对货物堆放位置，做好装车标记。

（三）装车

（1）检查零担车车体、车门、车窗是否良好，车内是否干净。

（2）将贵重物品放在防压、防撞的位置。

（3）装车完毕后要复查货位，以免错装、漏装。

（4）驾驶员（或随车理货员）清点随车单证并签章确认。

（5）检查车辆关锁及捆扎情况。

八、卸车交货

（一）零担货物交货注意事项

（1）不能以白条、信用交付货物。

（2）交付货物时，收货人应持有货物运单和有关证明文件。

（3）如果凭电话通知交付，除应有收货人的货物运单外，还要有货运站认可的提货经办人在货物运单上的签字。

（4）如果收货人委托他人提货，则应有收货人向车站提供的盖有与收货人名称相同的印章的委托书，经车站认可后，由代提货人在货物运单上签章交付。

（二）零担货物交货的步骤

零担货物到站后，对普通到货零担及中转零担分别理卸，并根据仓库情况，将货物按流向卸入货位。

（1）车辆到站后，车站货运员向驾驶员索要货物交接单和有关单证。

（2）货运员向卸车人员说明有关要求和注意事项。

（3）卸车完毕，货运员和驾驶员办理交接手续，迅速发布到货公告或到货通知书，催促收货人前来提货。

【训练准备】

（1）人员准备。将学生分组，每组 11 人，构成如下：托运人 1 人；受理托运组 2 人，其中核对运单 1 人，检查货物包装 1 人；验货司磅组 1 人；吊签入库组 2 人，其中扣、贴货物标签、标志 1 人，货物入库 1 人；配货装车组 2 人；到站卸货和货物交付组 2 人；收货人 1 人。

（2）单据准备：公路货物丙种运单各联、货物标签、配装单和零担货物交接单。

（3）机械器具准备：磅秤一台、零担货运车辆一辆、叉车一辆和货物若干件。

（4）训练地点：公路零担货运站或模拟公路零担货运站。

【训练步骤】

公路零担货物运输作业技能训练步骤如图 2-11 所示。

【注意事项】

（1）在零担货运站训练时，听从安排，注意安全。

（2）在训练时，注意来往的车辆和装卸机械，不要在货场内玩耍，追逐打闹。

（3）在各项作业的操作中，按要求进行。

（4）训练时注意各种单据的流转。

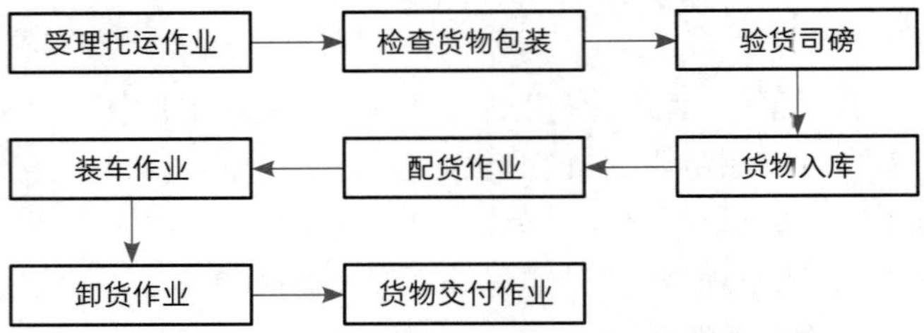

图 2-11　公路零担货物运输作业技能训练步骤

【训练评价】

公路零担货物运输作业技能训练评价表如表 2-12 所示。

表 2-12　公路零担货物运输作业技能训练评价表

被考评人					
考评人					
考评内容	公路零担货物运输作业				
考评标准	内　　容	分值	自我评价	小组评议	实际得分
	核对运单仔细，认真	10			
	司磅准确	10			
	熟练检查货物包装	10			
	标签填写正确	10			
	货物入库堆垛合理	20			
	按要求将货物装车、卸车	20			
	交付货物手续正确	20			
	合　　计	100			
分项能力考评标准	A 级：能又快又好地完成工作任务，并能指导别人完成工作任务（100%） B 级：能又快又好地完成工作任务（90%） C 级：能熟练地完成工作任务（80%） D 级：能独立地完成工作任务（70%） E 级：能在别人的指导下完成工作任务（60%）				

注：1. 实际得分 = 自我评价 40%+小组评议 60%；

2. 考评满分为 100 分，60～74 分为及格，75～84 分为良好，84 分以上为优秀。

【训练建议】

选择的零担货运车以中型厢式货车为主。

同步测试

一、填空题

1. 公路货物运输按托运批量大小可分为________、________、集装箱运输和包车运输。
2. 汽车运输业的成本结构，包括________和________。
3. 车辆获取的基本方法有________、________、________和________四种。
4. 货物运输组织方法直接影响到货物运输速度与________。
5. 在本地的送货中通常使用三种路线，分别是________、________和________。其中________路线总的里程数更多。
6. 使用铰接车组织长途行车作业的两种主要方法是________和________。
7. 公路特种货物运输一般分为________、________和________三大类。

二、问答题

1. 汽车运输有哪些优缺点？其主要功能是什么？
2. 在选择车辆时应该考虑哪些因素？
3. 与普通公路货物运输相比较，公路超限货物运输具有哪些特殊性？
4. 零担货运的作业程序包含哪些环节？

三、计算题

某公司有一辆送货车，成本为 50 000 元，寿命 10 年，采用双倍余额递减折旧法，每年折旧 20%，公司有该类型车辆维修成本的历史记录，如下表所示。请在考虑折旧和维修成本的情况下，决定公司应在使用几年后更换该车辆最为经济？

公司所使用类型车辆维修成本历史记录表

使用年限/年	1	2	3	4	5	6	7	8	9	10
维修成本/元	900	1 800	2 700	3 600	4 500	5 400	6 300	7 200	8 100	9 000

03 Chapter

第三章 水路货物运输管理实务

知识目标：

- 掌握水路货物运输的概念及其类型
- 掌握水路货物运输的技术装备和设施
- 理解水路货物运输的主要经营特点
- 了解水路货物运输的优缺点
- 掌握班轮货物运输的业务程序
- 了解班轮货物运输使用的主要单证
- 掌握班轮货运单证流程
- 了解水路货物运输费用的构成

技能目标：

- 能够组织和管理班轮货物运输
- 能够填制和处理班轮运输使用的主要单证
- 能够填制和管理水路货物运输合同
- 能够计算水路货物运输运费

素养目标：

- 了解我国水路货物运输发展，培养职业自豪感和认同感
- 培养遵纪守法和责任担当，确保水路货物运输费用计算准确无误

● 思维导图

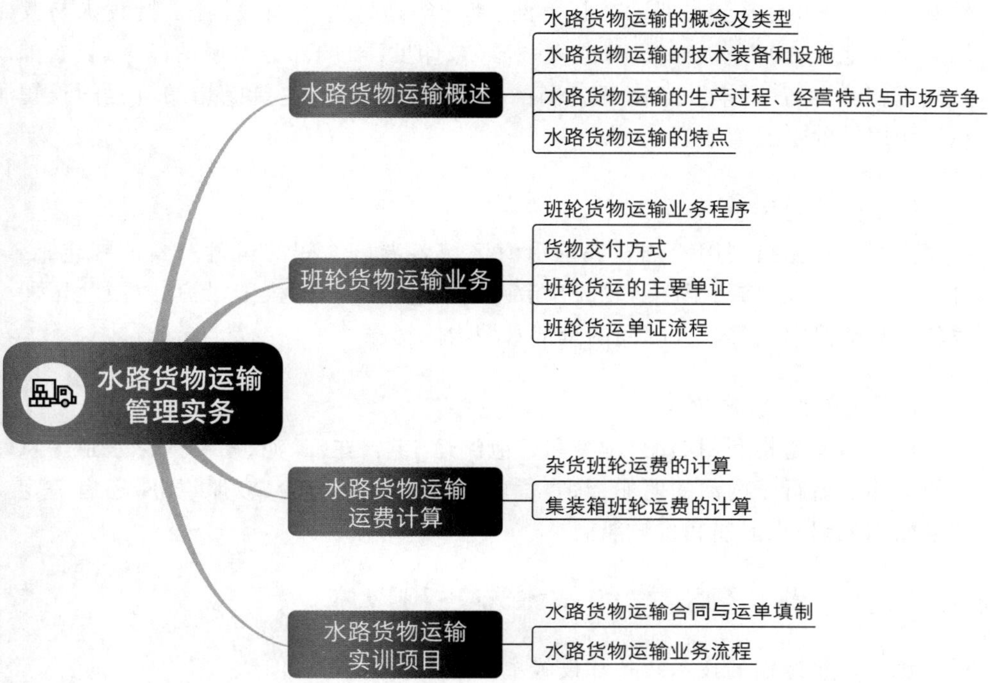

水路运输系统是指由船舶、航道和港口组成的运输系统，其是综合运输系统的重要组成部分。水路货物运输具有运输批量大、运输成本低、占地少、投资少、劳动生产率高等优点，特别适合于大宗货物的长途运输，海上运输尤其是远洋运输是国际贸易的主要运输形式。

第一节 水路货物运输概述

一、水路货物运输的概念及类型

水路货物运输是指利用船舶、排筏和其他浮运工具，在江、河、湖、海及人工水道等运送货物的一种运输方式。

水路货物运输按其航行的区域，大体上可划分为远洋运输、沿海运输和内河运输三种类型。

（一）远洋运输

远洋运输通常是指除沿海运输以外所有的海上运输，在实际工作中又有“远洋”和“近洋”之分。前者是指我国与其他国家或地区之间,经过一个或几个大洋的海上运输,如我国至非洲、欧洲、美洲、澳洲等地区的运输;后者是指我国与其他国家或地区之间,只经过沿海或太平洋(或印度洋)的部分水域的海上运输,如我国至朝鲜半岛、日本及东南亚各国的运输。这种区分主要以船舶航程的长短和船舶周转的快慢为依据。

(二)沿海运输

沿海运输是指利用船舶在我国沿海区域各港口之间的运输。其范围包括:自辽宁的鸭绿江口起,至广西壮族自治区的北仑河口止的大陆沿海,以及我国所属的诸岛屿沿海及其与大陆间的全部水域内的运输。

(三)内河运输

内河运输是指利用船舶、排筏和其他浮运工具,在江、河、湖及人工水道上从事的运输。航行于内河的船舶,除客货轮、货轮、推(拖)轮、驳船以外,还有一定数量的木帆船、水泥船和机帆船。

二、水路货物运输的技术装备和设施

水路货物运输的技术装备和设施主要包括船舶和港口。

(一)船舶

船舶是水路货物运输的载运工具。船舶大致可分为集装箱船、散装货船、油船、液化气船、冷藏船、运木船、滚装船、载驳船、驳船、双体船、水翼船、气垫船等。船舶的主要性能包括重量性能和容积性能,重量性能包括排水量和载重量,其中排水量的大小是载重能力高低的基础;容积性能包括货舱容积和船舶登记吨位。货舱容积可用散装舱容(能够装散装货的货舱容积)、包装舱容(能够装载包装货物的货舱容积)及舱容系数(货舱容积与其载重量之比)度量,而船舶登记吨位是指按吨位丈量规范检定的吨位,由总吨位和净吨位组成。

(二)港口

港口是水路货物运输的另一个重要设施。中华人民共和国国家标准《物流术语》(GB/T 18354-2021)对港口(water port)的定义是:位于江、河、湖、海或水库等沿岸,由一定范围的水域和陆域组成的且具有相应的设施设备和条件开展船舶进出、停靠,货物运输、物流等相关业务的区域。它主要由公共部门提供或建造。当然,水路运输大货主也常投资建设港口设施,这些自用设施是专门为满足货主的特定需要而设计建造的。

港口主要由港口水域和港口陆域两部分构成。港口水域指港界之内的水上面积,它是供船舶进出港以及在港内运转、锚泊和装卸作业使用的。港口水域包括港内水域和港外水域。一般将港池以外的部分称为港外水域,包括进出港航道和港外锚地;而将港池内的水面部分称为港内水域,包括港内航道、港内锚地、码头前沿水域和船舶调头区等。港口陆域指港口范围内的陆地面积,包括码头、泊位、仓库、堆场、铁路、道路、装卸区等。其中,码头是供船舶停靠、旅客上下、货物装卸的人工建筑物。码头前沿线即为港口的生产线,也是港口水域和港口陆域的交接线。泊位是指供船舶停泊的位置,一个泊位即可供一艘船只停泊。通常一个码头要同时停泊几艘船只,即应具备多个泊位。

近几十年来,港口的主要改进集中在货物装卸搬运的机械化方面,这在内河港口尤为突出。能高效地装卸大量散装货物已成为一个港口对航道上的其他港口保持竞争优势的必不可少的条件,也是水路运输与其他运输方式进行竞争所必需的条件。为此,港口要配备起重机、叉车等机械设备。对某些货物,如谷物、石油和煤,还需要更先进的装载设备,如装载机和铁路货车卸载设备。

港口还要便于联运货物转运,为此,港口还应具有铁路和公路运输设施。例如,要有通往港口终端的铁路支线和进港高速公路。

由于水路货运工具的载运量较大,所以港口要有货物储存设备。储存区不断接收由公路和铁路运来的大量货物。待积存到足够数量后,再由驳船或船舶运走。反之,船只到达港口后,货物先卸载储存,稍后再调派相当数量的铁路车辆或货运汽车将货物运走。

此外,船舶在航线上航行还离不开海图、航标、灯塔等设施,供船舶增补燃料、淡水和生活物资的设施,以及发生事故后的救助打捞设施等。

三、水路货物运输的生产过程、经营特点与市场竞争

(一)水路货物运输的生产过程

一批货物通过港口装到船上,船舶载着这些货物运到另一港口,再从船上卸下、储存或直接提走,这样就完成了一个水运生产过程。

(二)水路货物运输的经营特点

水路货物运输(尤其是海运)的主要经营特点有:

(1) 船舶等固定资产设施投资巨大,投资回收周期长,水路货物运输企业总资产中固定资产比例远高于其他企业,而且船舶资产的专用性高。

(2) 国际化经营且竞争激烈,同时还要面临其他运输方式的竞争。

(3) 兴衰循环,运费收入不稳,经营波动性大。

(4) 舱位无法存储,出现舱位不足或过剩时难以调整。

(5) 要遵守法律。包括国家法律、国际公约和国际惯例。

(三)水路货物运输的市场竞争

水路货物运输企业的基本成本构成是高的可变成本和低的固定成本。与汽车运输及航空运输相似,水路货物运输企业不需要为自己准备线路。大自然提

供了水道，而政府则负责维护、改善和管理水道。水路货物运输企业只在使用政府提供的设施时付使用费，如船闸费、码头费、燃料税等。这些使用费与运量直接相关，属于可变成本。

水路货物运输业并不完全是劳动密集型产业，因为水路运输的主要是散装货物，可以进行机械化装卸。燃料消耗方面，船只虽然每千米要消耗更多的燃料，但由于其运量较大，故单位周转量消耗的燃料较少。因此，水运业是燃油消耗更为经济的一种运输方式。水路货物运输企业的成本还应包括保险费用，它用来应付自然灾害所造成的损失。水路货物运输企业可以用保险金补偿损失，否则，自己要直接承担事故造成的全部经济损失。

水路货物运输业面临的竞争主要来自外部，即与铁路和管道业的竞争。水路货物运输业在散装干货如谷物、煤炭等的运输方面和铁路竞争；在散装液体（石油和石油制品）的运输方面，管道常常是水路货物运输的主要竞争对手。水路货物运输和汽车运输之间的竞争不大。在大多数情况下，汽车运输帮助水路货物运输克服了可达性受到限制的困难，起到了联系内陆地区和水道的纽带作用。

四、水路货物运输的特点

（一）水路货物运输的优点

第一，可以利用天然水道，线路投资少。

第二，船舶沿水道浮动运行，可实现大吨位运输，降低运输成本。对于非液体商品的运输而言，水路货物运输是运输成本最低的方式。

第三，江、河、湖、海相互贯通，水路货物运输可以实现长距离运输。

（二）水路货物运输的缺点

第一，船舶平均航速较低。

第二，船舶航行受气候条件影响较大，如某些地区在冬季常会出现断航。

第三，可达性较差。如果托运人或收货人不在航道上，就要依靠汽车运输或铁路运输进行转运。

第四，同其他运输方式相比，水路货物运输（尤其海洋运输）对货物的载运和搬运有更高的要求。

（三）水路货物运输的功能

根据水路货物运输的上述特点，在综合运输体系中，水路货物运输的功能主要是：

第一，承担大批量货物，特别是散装货物运输。

第二，承担原料、半成品等低价货物运输，如建材、石油、煤炭、矿石、粮食等。

第三，承担国际贸易运输，是国际商品贸易的主要运输工具之一。

第二节 班轮货物运输业务

中华人民共和国国家标准《物流术语》（GB/T 18354－2021）对班轮运输（liner transport）的定义是：在固定的航线上，以既定的港口顺序，按照事先公布的船期表航行的水上运输经营方式。班轮货物运输分为正规班轮运输与非正规班轮运输。正规班轮运输是以固定的船舶，按照以运行周期为依据编制的船期表靠离港日期组织运行，即定期定港班轮运输。非正规班轮运输是不定期、不定港、不定船的定线班轮运输，除固定的几个港口外，其余港口视货源情况而定是否停靠，事先不能编制一定期间的船期表。

班轮货物运输有时也称提单运输，因为在承运人和托运人之间仅用轮船公司签发的订有承运人与托运人双方权利和义务条款的提单处理运输中发生的问题。提单条款中明确规定，收发货人必须按照船期提交和接受货物，否则应赔偿承运人因此造成的损失。班轮货物运输的特点有：

智慧运输新视界：传统码头降本增效实现智能化转型

（1）承运人和货主之间不签订租船合同，仅按船公司签发的提单，处理运输中的有关问题。

（2）通常要求托运人送货至承运人指定的码头仓库交货，收货人在承运人指定的码头仓库提货。

（3）班轮承运人负责包括装、卸货物及理舱在内的作业，并负责全部费用。

（4）班轮运输一般有固定港口、固定航线、固定开航时间，不计滞期费、速遣费，运费相对比较稳定。

一、班轮货物运输业务程序

（一）揽货

揽货就是揽集货载，即从货主那里争取货源的行为。船公司为使自己经营的班轮运输船舶能在载重和舱容上得到充分利用，以期获得最好的经济效益，通常都会采取一些措施来招揽顾客。通常是对自己经营的班轮航线、船舶挂靠的港口及其到发港口时间制定船期表，并做广告宣传或者在各挂靠港设立分支机构等。揽货工作的质量，直接影响到班轮船公司的经营效益。

（二）订舱

订舱是指货物托运人或代理人向承运人（即船公司或其代理）申请货物运输，承运人对这种申请给予承诺的行为。班轮运输不同于租船运输，承运人与托运人之间不需要签订运输合同，而是以口头或传真的形式进行预约。只要承运人对这种预约给予承诺，并作出舱位安排，即表明承运人和委托人双方已建立了有关货物运输的关系。

（三）接受托运申请

货物托运人或代理人向船公司提出订舱申请后，船公司首先考虑其航线、港口、船舶、运输条件等能否满足发货人的要求，然后再决定是否接受托运申请。

（四）接货

传统的件杂货（也称“件杂货物”）不仅种类繁多，性质各异，包装形态多样，而且货物又分属不同的货主。如果每个货主都将自己的货物送到船边，势必造成装货现场的混乱。为了提高装船效率，加速船舶周转，减少货损，在杂货班轮运输中，对于普通货物的交接装船，通常采用由船公司在各装货港指定装船代理人，由装船代理人在各装货港的指定地点（通常是码头仓库）接受托运人送来的货物，办理交接手续后，将货物集中整理，并按货物的性质、包装、目的港及卸货次序进行适当的分类后进行装船，即“仓库收货，集中装船”。对于特殊货物，如危险品、冷冻货、贵重货、重大件货等，通常采取由托运人将货物直接送至船边交接装船的方式，即采取现装或直接装船的方式。

仓库在收到托运人的货物后，应注意认真检查货物的包装和质量，核对货物的数量，无误后即可签发场站收据给托运人。至此，托运人与承运人之间的货物交接即已结束。

（五）换取提单

托运人可凭经过签发的场站收据，向船公司或其代理换取提单，然后去银行结汇。

（六）装船

船舶到港前，船公司和码头计划室对本航次需要装运的货物制作装船计划，待船舶到港后，将货物从仓库运至船边，按照装船计划装船。

如果船舶系靠在浮筒或锚地作业，船公司或其代理人则用自己的或租用的驳船将货物从仓库驳运至船边再装船。

（七）海上运输

海上承运人对装船的货物负有安全运输、保管、照料的责任，并依据货物运输提单条款划分与托运人之间的责任、权利和义务。

（八）卸船

船公司在卸货港的代理人根据船舶发来的到港电报，编制有关单证，约定装卸公司，等待船舶进港后卸货；还要把船舶预定到港的时间通知收货人，以便收货人做好接收货物的准备工作。

与装船时一样，如果各个收货人都同时到船边接收货物，同样会使卸货现场十分混乱，所以，卸货一般采用“集中卸货，仓库交付”的方式。

（九）交付货物

在实际业务中，交付货物的过程是，收货人凭注明已经接受了船公司交付的货物并签章的提单交给船公司在卸货港的代理人，经代理人审核无误后，签发提货单交给收货人，然后收货人凭提货单前往码头仓库提取货物，并与卸货代理人办理交接手续。

交付货物时，除了要求收货人必须交出提单外，还必须要求收货人付清运费和其他应付的费用，如船公司或其代理人垫付的保管费、搬运费等费用，以及共同海损分摊和海滩救助费等。如果收货人没有付清上述费用，船公司有权根据提单上的留置权条款的规定暂不交付货物，直到收货人付清各项应付的费用后才交付货物。如果收货人拒绝支付应付的各项费用而使货物无法交付时，船公司还可以经卸货港所在地法院批准，对卸下的货物进行拍卖，以卖得的货款抵偿应向收货人收取的费用。

二、货物交付方式

货物交付方式

（一）船边交付货物

船边交货又称“现提”，是指收货人以提单在船公司卸货港的代理人处换取提货单后，凭提货单直接到码头船边提取货物，并办理交接手续的方式。收货人要求船边提货必须事先征得船公司或其代理人的同意。

船边交货适用于贵重货物、危险货物、冷冻货物、长大件货物，以及其他批量较大的货物。

（二）选港货物

选港货物是指货物在装船时尚未确定卸货港，待船舶启航后再由货主选定对自己最方便或最有利的卸货港，并在这个港口卸货和交付货物。在这种情况下，提单上的卸货港一栏内必须记明两个或两个以上的卸货港的名称。如“选择神户/横滨”或“选择伦敦/鹿特丹/汉堡”。而且，货物的卸货港也只能在提单上所写明的港口中选择。

货主托运选港货难免会给积载工作造成困难，因此，船公司对选港货要加收一定的附加费用。货物托运人应在办理货物托运时提出申请，而且还必须在船舶自装货港启航后，到达第一个选卸港前的一定时间以前（通常为 24 h 或 48 h），把已决定的卸货港通知船公司及被选定卸货港船公司的代理人，否则，船长有权在任何一个选卸港将货物卸下，并认为船公司已履行了对货物的运送责任。

（三）变更卸货港交付货物

变更卸货港交付货物是指在提单上所记载的卸货港以外的其他港口卸货和

交付货物。如果收货人认为,将货物改在提单上所载明的卸货港以外的其他港口卸货并交付对其更为方便有利时,可以向船公司提出变更卸货港的申请。船公司接到收货人提出的变更卸货港的申请后,必须根据船舶的积载情况,考虑在装卸上能否实现这种变更。比如,是否会发生严重的翻舱、倒载情况,在变更的卸货港所规定的停泊时间能否来得及将货物卸下,是否会延误船舶的启航时间等,之后才能决定是否同意收货人的这种变更申请。

因变更卸货港而发生的翻舱费、倒载费、装卸费,以及因变更卸货港产生的运费差额和有关手续费等,均由收货人负担。

由于变更卸货港交付货物与一般情况下交付货物不同,收货人在办理提货手续时,必须向船公司或变更后的卸货港的船公司代理人交出全套正本提单之后才能办理提货手续。

(四)凭保证书交付货物

在班轮运输中,有时因提单邮寄延误而出现提单到达的时间迟于船舶到港的时间(特别是装货港与卸货港间距离较短)的情况。这种情况的产生是由于提单失窃,或者是当船舶到港时作为押汇的跟单票据的提单虽已到达进口地银行,但是因为汇票的兑现期限的关系,收货人暂时还拿不到提单。在这些情况下,收货人无法交出提单来换取提货单提取货物,此时常由收货人开具保证书,以保证书交换提货单,然后持提货单提取货物。

保证书的内容一般包括:收货人保证在收到提单后立即向船公司或他的代理人交回提单,承担应由收货人支付的运费及其他费用的责任;对因未提交提单而提取货物所产生的一切损失均承担责任,并表明对于上述保证内容由有关银行与收货人一起负连带责任。

如果提单已经遗失,致使这种解除保证无法实现时,则应根据该国的法律规定,经过公告的形式宣布该提单失效,或经法院的免除效力的判决才能做到解除保证。

值得注意的是,近年来,国际航运中的诈骗活动不断增加,船公司或其代理人必须弄清楚提货人确实是有权支配货物的人,提供可靠的银行担保或相应数额的保证金,并承担船公司不凭提单交货可能产生的一切损失,否则,船公司不要轻易凭保证书交付货物。

三、班轮货运的主要单证

在班轮运输中,为了方便货物的交接,区分货方与船方之间的责任,需要用到许多单证。在这些单证中,有些受国际公约和各国国内法的约束,有些则是按照港口当局的规定和航运习惯而编制的。尽管这些单证种类繁多,而且因各国港口的规定会有所不同,但主要单证是基本一致的,并能在国际航运中通用。常用的单证主要有以下几种。

（一）托运单（Booking Note，B/N）

托运单是承运人或其代理人在接受发货人或货物托运人的订舱时，根据发货人的口头或书面申请，安排货物运输而制定的单证。托运单一经承运人确认，便作为承运人和托运人双方订舱的凭证。

（二）装货联单（Shipping Order S/O）

装货联单是由托运人按照订舱单的内容填制，交船公司或其代理人签章后，据以要求船公司将承运货物装船的凭证。

装货联单是国际航运中通用的单证，一般由三联组成：第一联为留底联，用于缮制其他货运单证；第二联为装货联；第三联为收货联，是船方接受货物装船后签发给托运人的收据。

对于传统件杂货物，装货清单的流转程序是船公司或其代理人接受托运后，将确定的载运船舶及编号填入订舱单，然后将装货清单发给托运人填写，填妥后交回船公司的代理人，经代理人审核无误后签章留下留底联，将装货联和收货联交给托运人前往海关办理出口货物报关手续，经海关审核准予出口，在装货联上加盖海关放行章，托运人便可持其要求船公司将货物装船承运。

对于集装箱货物，装货清单的流转程序是船公司或其代理人接受托运后，将确定的载运船舶及编号填入订舱单，然后将装货清单发给托运人填写，填妥后交回船公司的代理人，经代理人审核无误后签章留下留底联，将装货联和收货联交给托运人前往海关办理出口货物报关手续，经海关审核准予出口，在装货联上加盖海关放行章，然后托运人将盖有海关放行章的装货联交回船公司或其代理人，或代理人再将装货联送交码头，码头凭此将集装箱货物装船。

（三）装货清单（Loading List L/L）

装货清单是本航次船舶待装货物的汇总，装货清单由船公司或其代理人根据装货清单的留底联制作，制作的要求是将待装货物按目的港和货物性质归类，按照挂靠港顺序排列，编制出一张总表。

装货清单是船舶大副编制船舶积载图的主要依据。这份单证的内容是否正确，对积载的正确、合理与否具有十分重要的影响。

（四）载货清单（Manifest，M/F）

载货清单是本航次全船实际载运货物的汇总清单，它反映船舶实际载货情况。载货清单由船公司的代理人根据大副收据或提单编制，编好后再送交船长签字确认，编制的要求是将所装货物按照卸货港顺序分票列明。

（五）大副收据（Mate's Receipt，M/R）

大副收据又称收货单，指托运人将准备装船的货物运送到码头，承运人已收到货物并已装船的货物收据,由船上大副签发给托运人,是划分承、托双方责任的重要收据。

(六)装箱单(**Packing List,P/L**)

装箱单是在载运集装箱货物时使用的单证。装箱单上应详细记载集装箱内货物的名称、数量等,每个载货的集装箱都要制作这样的单据,它是根据已装进集装箱内的货物制作的。不论是货主自己装箱,还是由集装箱货运站负责装箱,集装箱装箱单都是记载每个集装箱内所装货物情况的唯一单据。

(七)码头收据(场站收据、港站收据)(**Dock Receipt,D/R**)

码头收据一般由发货人或其代理人根据公司已指定的格式填制,并跟随货物一起送至某装箱码头用场或码头仓库,由接受货物的人在收据上签字后交还给发货人,证明托运的货物已收到。

接受货物的人在签署码头收据时,应仔细审核收据上所记载的内容与运来的货物实际情况是否一致。如果货物的实际情况与收据记载的内容不一致,则必须修改。如果发现货物或包装有损伤情况,则一定要在收据的备注栏内批注货物或包装的实际情况。码头收据的签署,不仅表明承运人已收到货物,而且也明确表示承运人对收到的货物已经开始负有责任。

(八)提单(**Bill of Lading,B/L**)

中华人民共和国国家标准《物流术语》(GB/T 18354-2021)对提单(bill of lading)的定义是:用以证明海上货物运输合同和货物已经由承运人接收或者装船, 以及承运人保证据以交付货物的单证。

集装箱提单则是以码头收据换取,它同传统件杂货船舶运输下签发的提单不同,是一张收货待运提单。所以,在大多数情况下,船公司根据发货人的要求在提单上注明具体的装船日期和船名后,该收货待运提单也便具有了与已装船提单同样的性质。

(九)货物残损单(**Broken and Damaged Cargo List**)和货物溢短单(**Overlanded and Shortlanded Cargo List**)

货物残损单和货物溢短单是我国港口在卸货时使用的,作为卸货交接证明的单证。

货物残损单是在卸货完毕后,由理货员根据现场卸货过程中发现货物的各种残损情况,包括货物的破损、水湿、水渍、汗湿、油渍、污染等情况的记录汇总编制成的单据,是货物残损情况的证明。

货物溢短单是在卸货时,对每票货物所卸下的数量与载货清单上所记载的数量进行核对,如果有不相符(发生溢卸或短卸)的情况,待船舶卸货完毕、理清数字后,由理货组长汇总编制的单据,它表明货物溢出或短缺的情况。

（十）提货单（Delivery Order，D/O）

提货单是收货人或其代理人据以向现场（码头、仓库或船边）提取货物的凭证。

虽然收货人或其代理人提取货物是以正本提单为交换条件，但在实际业务中则是由收货人或其代理人先向船公司在卸货港的代理人交出正本提单，再由船公司的代理人签发一份提货单给收货人或其代理人，然后再到码头仓库或船边提取货物。

船公司或其代理人在签发提货单时，首先要认真核对提单和其他单证的内容是否相同，然后才详细地将船名、货物名称、件数、质量、包装标志、提单号、收货人名称等记载在提货单上，并由船公司或其代理人签字交给收货人到现场提货。若同意收货人在船边提货，亦应在提货单上注明。

提货单的性质与提单完全不同，它只不过是船公司或其代理人指令仓库或装卸公司向收货人交付货物的凭证而已，不具备流通或其他作用。为了慎重起见，一般都在提货单上记有“禁止流通”字样。

对集装箱货物，提取货物采用的是船公司签发的港口设备交接单。

四、班轮货运单证流程

班轮货运单证流程

班轮货运及主要货运单证流程如图 3-1 所示。

（1）托运人向船公司在装货港的代理人（也可直接向船公司或其营业所）提出货物装运申请，递交托运单，填好装货联单。

（2）船公司同意承运后，其代理人指定船名，核对 S/O 与托运单上的内容无误后，签发 S/O，将留底联留下后退还给托运人，要求托运人将货物及时送至指定的码头仓库。

（3）托运人持 S/O 及有关单证向海关办理货物出口报关、验货放行手续，海关在 S/O 上加盖放行图章后，货物准予装船出口。

（4）船公司在装货港的代理人根据留底联编制装货清单（L/L）送船舶。

（5）大副根据 L/L 编制货物积载计划交代理人分送理货、装卸公司等按计划装船。

（6）托运人将经过检验的货物送至指定的码头仓库准备装船。

（7）货物装船后，理货长将 S/O 交大副，大副核实无误后留下 S/O 并签发收货单（M/R）。

（8）理货长将大副签发的 M/R 转交给托运人。

（9）托运人持 M/R 到船公司在装货港的代理人处付清运费（预付运费情况下）换取正本已装船提单（B/L）。

（10）船公司在装货港的代理人审核无误后，留下 M/R，签发 B/L 给托运人。

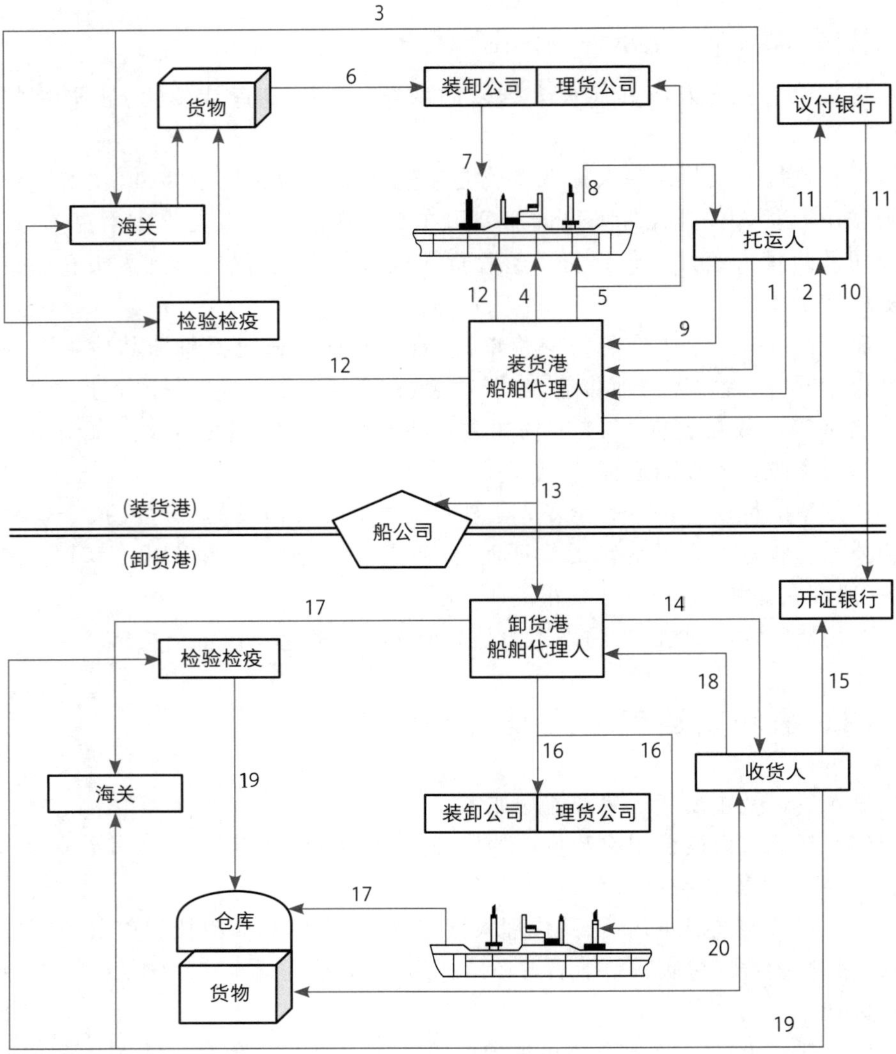

图 3-1　班轮货运单证流程

(11) 托运人持 B/L 及有关单证到议付银行结汇(在信用证支付方式下),取得货款,议付银行将 B/L 及有关单证邮寄开证银行。

(12) 货物装船完毕后,船公司在装货港的代理人编制好出口载货清单(M/F)送船长签字后向海关办理船舶出口手续,并将 M/F 交船随带,船舶启航。

(13) 船公司在装货港的代理人根据 B/L 副本(或 M/R)编制出口载货运费清单(F/M),连同 B/L 副本、M/R 送交船公司结算代收运费,并将卸货港需要的单证寄给船公司在卸货港的代理人。

(14) 船公司在卸货港的代理人接到船舶抵港电报后,将船舶到港日期通知收货人,做好提货准备。

(15) 收货人到开证银行付清货款取回 B/L(在信用证支付方式下)。

(16) 卸货港船公司的代理人根据装货港船公司的代理人寄来的货运单证,

编制进口载货清单及有关船舶进口报关和卸货所需的单证，约定装卸公司、理货公司，联系安排泊位，做好接船及卸货准备工作。

（17）船舶抵港后，船公司在卸货港的代理人随即办理船舶进口手续，船舶靠泊后即开始卸货。

（18）收货人持正本提单（B/L）向船公司在卸货港的代理人处办理提货手续，付清应付的费用后，换取代理人签发的提货单（D/O）。

（19）收货人办理货物进口手续，支付进口关税。

（20）收货人持提货单（D/O）到码头仓库或船边提取货物。

第三节 水路货物运输运费计算

一、杂货班轮运费的计算

（一）构成

班轮公司运输货物所收取的运输费用，是按照班轮运价表的规定计收的。班轮运价表一般包括说明及有关规定、货物分级表、航线费率表、附加费表、冷藏货及活牲畜费率表等。班轮运价表按结构可分为单项费率运价表和等级费率运价表，目前，我国海洋班轮运输公司使用的“等级费率运价表”，即将承运的货物分成若干等级，每个等级的货物有一个基本费率，称为“等级费率运价表”。

班轮运费包括基本运费和附加费两部分，前者是指货物从装运港到卸货港所应收取的基本运费，它是构成全程运费的主要部分；后者是指对一些需要特殊处理货物，或者突然事件的发生或客观情况变化等原因而需另外加收的费用。

（二）基本港与非基本港

基本港是指港口设备较好，货运量大，班轮公司按期挂靠的港口。运往基本港的货物，均按基本费率收取运费。非基本港指班轮公司不常挂靠的港口，去该港口货物要加收附加费。

（三）基本运费按班轮运价表规定的计收标准计收

在班轮运价表中，根据不同的货物，班轮运费的计算标准通常采用下列几种：

（1）按货物毛重（重量吨）计收，运价表中用“W”表示。按此法计算的基本运费等于计重货物的运费吨乘以运费率。

（2）按货物的体积（尺码吨）计收，运价表中用“M”表示。按此法计算的基本运费等于容积货物的运费吨乘以运费率。

上述计费的重量吨和尺码吨统称为运费吨,又称计费吨。按照国际惯例,容积货物是指每吨的体积大于 1.1 328m^3(40 ft^3)的货物;而我国的班轮运输公司使用的运价表中则将每吨的体积大于 1 m^3 的货物定为容积货物。

(3) 按毛重或体积计收,由船公司选择其中收费较高的作为计费吨,运价表中以"W/M"表示。

(4) 按货物价格计收,又称为从价运费。运价费内用"A · V"表示。从价运费一般按货物的离岸价格(FOB)的一定百分比收取。按此法计算的基本运费等于资物的 FOB 乘以从价费率,一般为 1%~5%。

(5) 在货物重量、尺码或价值三者中选择最高的一种计收,运价表中用"W/M or ad Val"表示。

(6) 按货物重量或尺码最高者,再加上从价运费计收。运价表中以"W/M plus ad Val"表示。

(7) 按每件货物作为一个计费单位收费,如活牲畜按"每头"(Per Head),车辆按"每辆"(Per Unit)收费。

(8) 临时议定价格,即由货主和船公司临时协商议定。此类货物通常是低价的货物或特大型的机器等。在运价表中此类货物以"Open"表示。

(四) 附加费

附加费是指在基本运费的基础上,加收一定百分比;或者是按每运费吨加收一个绝对值计算。

在班轮运输中,常见的附加费有下列几种:

(1) 超重附加费(Heavy Lift Additional)。货物单件重量超过一定限度而加收的费用。

(2) 超长附加费(long Length Additional)。单件货物长度超过规定长度而加收的费用。

各班轮公司对超重或超长货物的规定不一。我国中远公司规定每件货物达到 5 t 或 9 m 以上时,加收超重或超长附加费。超重货一般以吨计收,超长货按运费吨计收。无论是超重、超长或超大件,托运时都须注明。如船舶需转船,每转船一次,加收一次附加费。

(3) 选卸附加费(Optional Surcharge)。指装货时还不能确定卸货港,要求在预先提出的两个或两个以上港口中选择一港卸货,船方因此而加收的附加费。所选港口限定为该航次规定的挂港,并按所选港中收费最高者计算各种附加费。货主必须在船舶抵达第一选卸港前(一般规定为 24 h 或 48 h)向船方宣布最后确定的卸货港。

(4) 转船附加费(Transshipment Surcharge)。是指凡运往非基本港的货物,需转船运往目的港,船舶所收取的附加费,其中包括转船费(包括换装费、仓储费)和二程运费。但有的船公司不收此项附加费,而是分别另收转船费和二程运费,这样收取一、二程运费再加转船费,即通常所谓的"三道价"。

(5) 直航附加费(Direct Additional)。指运往非基本港的货物达到一定的数量,船公司可安排直航该港而不转船时所加收的附加费。一般直航附加费比转船附加费低。

(6) 港口附加费(Port Additional Or Port Surcharge)。指船舶需要进入港口条件较差、装卸效率较低或港口船舶费用较高的港口及其他原因而向货方增收的附加费。

(7) 港口拥挤附加费(Port Congestion Surcharge)。指有些港口由于拥挤,致使船舶停泊时间增加而加收的附加费。该项附加费随港口条件改善或恶化而变化。

(8) 燃油附加费(Bunker Surcharge Or Bunker Adjustment Factor, B. A. F)。指因燃油价格上涨而加收一绝对数或按基本运费的一定百分数加收的附加费。

(9) 货币贬值附加费(Devaluation Surcharge Or Currency Adjustment Factor, C. A. F)。指在货币贬值时,船方为保持其实际收入不致减少,按基本运费的一定百分比加收的附加费。

(10) 绕航附加费(Deviation Surcharge)。指因战争、运河关闭、航道阻塞等原因造成正常航道受阻,必须临时绕航才能将货物送达目的港需增加的附加费。

除以上各种附加费外,还有一些附加费需船货双方议定。如洗舱费、熏舱费、破冰费、加温费等,各种附加费是对基本运费的调节和补充,可灵活地对各种外界不测因素的变化作出反应,是班轮运价的重要组成部分。

附加费的计算一般有两种规定:一是以基本运费率的百分比计算;二是用绝对数字计算,取每运费吨增收若干元。

根据一般费率表规定:不同的商品如混装在一个包装内(集装箱除外),则全部货物按其中收费高的商品计收运费。同一种货物因包装不同而计费标准不同,但托运时如未申明具体包装形式时,全部货物均要按运价高的包装计收运费。同一提单内有两种以上不同计价标准的货物,托运时如未分列货名和数量时,计价标准和运价全部要按高者计算。

(五) 班轮运费的计算公式

1. 班轮运费的具体计算方法

先根据货物的英文名称,从货物分级表中,查出有关货物的计算等级及其计算标准;然后再从航线费率表中查出有关货物的基本费率;最后加上各项需支付的附加费率,所得的总和就是有关货物的单位运费(每重量吨或每尺码吨的运费),再乘以计费重量吨或尺码吨,即得该批货物的运费总额。如果是从价运费,则按规定的百分率乘 FOB 即可。

2. 计算公式

$$F = F_b + \sum S$$

在公式中,F 表示运费总额;F_b 表示基本运费;S 表示某一项附加费。基本运费是所运货物的数量(重量或体积)与规定的基本费率的乘积。即:

$$F_b = f \times Q$$

在公式中,f 表示基本费率;Q 表示货运量(运费吨)。

$\sum S$ 是指各项附加费的总和。在多数情况下,附加费按基本运费的一定百分比计算,其公式为:

$$\sum S = (S_1 + S_2 + \cdots S_n) \times F_b = (S_1 + S_2 + \cdots S_n) \times f \times Q$$

式中 S_1、S_2、S_n 为各项附加费,用百分数表示。

【例 3-1】 上海运往肯尼亚蒙巴萨港口的"门锁"(小五金类)一批计 100 箱。每箱尺寸为 20 cm×30 cm×40 cm。每箱重量为 25 kg。当时燃油附加费为 40%。蒙巴萨港口拥挤附加费为 10%,中国—东非航线等级费率见表 3-1。

表 3-1 中国—东非航线等级费率表 单位:元

货名	计算标准	等级(Class)	费率(Rate)
农业机械	W/M	9	404.00
棉布及棉织品	M	10	443.00
小五金及工具	W/M	10	443.00
玩具	M	20	1 120.00
基本港口:路易港(毛里求斯)、达累斯萨拉姆港(坦桑尼亚)、蒙巴萨港(肯尼亚)等			

该批货物运费计算方法为:

(1) 查阅货物分级表。门锁属于小五金类,其计收标准为 W/M,等级为 10 级。

(2) 计算货物的体积和重量。

100 箱的体积为:$(20\times30\times40)\times100\times10^{-6} = 2.4\ m^3$。

100 箱的重量为:$25\times100 = 2.5\ t$。

由于 $2.4\ m^3$ 的计费吨小于 2.5 t,因此计收标准为重量。

(3) 查阅表 3-1,10 级费率为 443 元,则基本运费为:

$$443\times2.5 = 1\ 107.5(元)$$

(4) 附加运费为:

$$1\ 107.5\times(40\%+10\%) = 553.75(元)$$

(5) 上海运往肯尼亚蒙巴萨港 100 箱门锁,其应付运费为:

$$1\ 107.50+553.75 = 1\ 661.25(元)$$

二、集装箱班轮运费的计算

基本上分为两个大类,一类是沿用件杂货运费计算方法,即以每运费吨为单位（俗称散货价），另一类是以每个集装箱为计费单位（俗称包箱价）。

包箱费率（Box Rate）是以每个集装箱为计费单位，常用于集装箱交货的情况，即 CFS-CY 或 CY-CY 条款，常见的包箱费率有以下三种表现形式：

（1）FAK 包箱费率（Freight for All Kinds）——即对每一集装箱不细分箱内货类，不计货量（在重量限额之内）统一收取运价。

（2）FCS 包箱费率（Freight for Class）——即按不同货物等级制定的包箱费率，集装箱货物的等级划分与件杂货运输分法一样，仍是 1～20 级，但是集装箱货物的费率级差大大小于件杂货费率级差，一般等级低的货物集装箱运输收费高于件杂货运输，等级高的货物集装箱运输低于件杂货运输；同一等级的货物，重量集装箱运价高于体积货运价。在这种费率下，拼箱货运费计算与件杂货运输一样，根据货物名称查得等级，计算标准，然后去套相应的费率，乘以运费吨，即得运费。

（3）FCB 包箱费率（Freight for Class 或 Basis）——这是按不同货物等级或货类，又按计算标准制订的费率。

任务实施：
班轮运输
运费计算

第四节 水路货物运输实训项目

实训项目一　水路货物运输合同与运单填制

【工作任务】

请根据下列水路货物运输业务填写水路运单。

任务 1：2019 年 7 月 28 日，南海公司与能强建材公司在海口市签订水路货物运输合同，约定南海公司派“津浩”轮承运建材公司 2 000 t 煤，从厦门港运至三亚港，运价 40 元/t，“津浩”轮拟于 7 月 30 日抵港受载，装港 4 天，合同还对船舶在港时间、滞期费和违约责任等做了规定。合同未尽事宜，由双方协商解决，或按交通部颁布的运输规则处理。

任务 2：上海海天服装有限公司在青岛购得一批衬衫，价值 10 万元，交由青岛港运抵上海港。货物共 100 件，每件约重 27.5 kg。

任务 3：山东化工公司与一家私营企业中天化工公司签订了一份合同，合同约定由山东化工公司向对方供应 7 t 苯甲酸钠。由烟台港发运，到站宁波港，收货人为中天化工公司，货物包装为桶装，共 30 件，价值 13.2 万元。

【相关知识】

一、水路货物运输合同格式

水路货物运输合同格式如表 3-2 所示。

表 3-2　水路货物运输合同格式

本表经承运人签盖运输合同专用章后，具有月度运输合同效力，有关承运人与托运人、收货人之间的权利、义务关系和责任界限，按《水路货物运输规则》及运杂费用的有关规定办理。

月度水路货物托运计划表

______年______月

起运地：　　　　　提出日期______年____月____日　　　　　编号：

货名	到达港(地)	换装港(地)		收货人	托运量		核定量		备注
		第一	第二		重量	体积	重量	体积	
特约事项									

提出计划单位：　　　　　托运人(签章)　　　　　承运人(签章)

地址：　　　　　电话：

说明：双方当事人在托运计划表上签字盖章后，合同成立，托运人应同时送交填好的货物运单。

二、水路货物运输合同样本

根据《中华人民共和国合同法》和海上运输管理规定的要求，×××(简称甲方)向×××运输公司(简称乙方)，计划托运货物，乙方同意承运，特签订本合同，共同遵守，互相制约，具体条款经双方协商如下：

(一) 运输方法

乙方调派吨位船舶一艘(包括船舶吊货设备)，应甲方要求由__港运至__港，按现行包船运输规定办理。

(二) 货物集中

甲方应按乙方指定时间，将货物于__天内集中于港，货物集齐后，乙方应在5天内派船装运。

(三) 装船时间

甲方联系到达港同意安排卸货后，经乙方落实并准备接收集货(开集日期由乙方指定)。装船作业时间为自船舶抵港已靠好码头时起于__小时内装完货物。

(四) 运到期限

船舶自装货完毕办好手续时起于__小时内将货物运到目的港。否则按货规

第 3 条规定承担滞延费用。

（五）起航联系

乙方在船舶装货完毕起航后，即发报通知甲方做好卸货准备。如需领航时亦通知甲方按时派引航员领航，费用由__方负担。

（六）卸船时间

甲方保证乙方船舶抵港锚地，自下锚时起于__小时内将货卸完。否则甲方按超过时间向乙方交付滞延金每吨 0.075 元。在装卸货过程中，因天气影响装卸作业的时间，经甲方与乙方船舶签证，可按实际影响时间扣除。

（七）运输质量

乙方装船时，甲方应派员监装，指导工人按章操作，装完船封好舱，甲方可派押运员（免费一人）随船押运。乙方保证原装原运，除因船舶安全条件所发生的损失外，运送货物的数量和质量均由甲方自行负责。

（八）运输费用

按省水运货物一级运作率以船舶载重吨位计，货物运费__元，空驶费按运输费用的 50%计，全船运费为__元，一次计收。

港口装船费用，按省港口收费规则有关费率计收。卸船等费用，由甲方直接与到达港办理。

（九）费用结算

本合同经双方签订后，甲方应先付给乙方预付运输费用__元。乙方在船舶卸完后，以运输费用凭据与甲方一次结算，多退少补。

（十）附则

本合同甲乙双方各执正本一份，副本×份。并向工商行政管理局登记备案。如有未尽事宜，按照《中华人民共和国合同法》及国家有关规定处理。

三、水路货物运输合同的签订

水路货物运输合同，除短途驳运、摆渡零星货物，双方当事人可以即时结清外，均应当采用书面的形式。大宗物资运输，可按月签订货物运输合同。对其他按规定必须提送月度托运计划的货物，经托运人和承运人协商同意，可以按月签订货物运输合同或以货物运单作为运输合同。零星货物运输和计划外的整批货物运输，以货物运单作为运输合同。

按月度签订的货物运输合同，经双方在合同上签认后，合同即告成立。如承运人、托运人双方无须商定特约事项的，可以用月度托运计划表代替运输合同，经双方在计划表上签认后，合同即告成立。在实际办理货物承托运手续时，托运人还应向承运人按批提出货物运单，作为运输合同的组成部分。以货物运单作为运输合同的，经承运人、托运人双方商定货物的集中时间、地点，由双方认真验收、交接，并经承运人在托运人提出的货物运单上加盖承运日期戳后，合同即告成立。货物运单的格式，江海干线和跨省运输由交通部统一规定；省（自治区、直辖市）内运输由省（自治区、直辖市）交通主管部门统一规定。

按月度签订的货物运输合同，应具备下列基本内容：

(1) 货物名称。

(2) 托运人和收货人名称。

(3) 起运港和到达港,海江河联运货物应载明换装港。

(4) 货物重量,按体积计费的货物应载明体积。

(5) 违约责任。

(6) 特约条款。

四、水路货物运输合同的履行

(一) 托运人应当承担的义务

(1) 托运的货物必须与货物运单记载的品名相符。

(2) 在货物运单上准确地填写货物的重量或体积。对起运港具备符合国家规定计量手段的,托运人应按照起运港核定的数据确定货物重量;对整船散装货物,托运人确定重量有困难时,可以要求承运人提供船舶水尺计量数,作为托运人确定的重量。对按照规定实行重量和体积择大计费的货物,应填写货物的重量和体积。对笨重长大货物,还应列出单件货物的重量和体积(长、宽、高)。

(3) 需要包装的货物,必须按照国家或国家主管部门规定的标准包装;没有统一规定包装标准的,应在保证运输安全和货物质量的原则下进行包装;需要随附备用包装的,应提供备用包装。

(4) 正确制作货物的运输标志和必要的指示标志。

(5) 在托运货物的同时,按照合同规定的结算方式付清运输费用。

(6) 实行保价运输的货物,应提出货物清单,逐项声明价格,并按声明价格支付规定的保价费。

(7) 国家规定必须保险的货物,托运人应在托运时投保货物运输险。对于每件价值在700元以上的货物或每吨价值在500元以上的非成件货物,托运人可在托运时投保货物运输险。

(8) 按规定必须凭证运输的货物,应当提供有关证件。

(9) 按照货物属性或双方商定需要押运的货物,应派人随船押运。

(10) 托运危险货物必须按危险货物运输的规定办理,不得匿报品名、隐瞒性质或在普通货物中夹带危险货物。

(二) 承运人应当承担的义务

(1) 应按商定的时间和地点调派适航、适载条件的船舶装运,并备妥相应的护货垫隔物料(但按规定应由托运人自行解决的特殊加固、苫垫材料及所需人工除外)。

(2) 对承运货物的配积载、运输、装卸、驳运、保管及交接工作,应谨慎处理,按章作业,保证货运质量。

(3) 对经由其他运输工具集中到港的散装运输、不计件数的货物,如果具备计量手段,应对托运人确定的重量进行抽查或复查。对按体积计收运输费用的货物,应对托运人确定的体积进行抽查或复查,准确计费。

(4) 对扫集的地脚货物,应做到物归原主;对不能分清货主的地脚货物,应按无法交付货物的规定处理。

（5）组织好安全及时运输，保证运到期限。

（6）按照船舶甲板货物运输的规定，谨慎配装甲板货物。

（7）按照规定的航线运输货物，到达后，应由到达港发出到货通知，并负责将货物交付给指定的收货人。

五、水路货物运输合同的变更和解除

（一）货物运输合同的变更或解除

有下列情况之一者，允许变更或解除货物运输合同：

（1）订立运输合同所依据的国家计划被变更或取消。

（2）由于不可抗力使运输合同无法履行。

（3）合同当事人一方由于关闭、停产、转产而确实无法履行合同。

（4）由于合同当事人一方违约，使合同履行成为不必要或不可能。

（5）在不损害国家利益和不影响国家计划的前提下，经当事人双方协商同意。

变更或解除货物运输合同应当采用书面形式，并应在货物发送前，由要求变更或解除的一方向对方提出。货物运输合同变更要求书如表3-3所示。

表 3-3　货物运输合同变更要求书

货物运输合同变更要求书

＿＿＿＿年＿＿＿月＿＿＿日

<table>
<tr><td rowspan="2">变更事项</td><td colspan="3">到达港（地）</td><td colspan="2">换装港（地）</td><td>收货人</td></tr>
<tr><td colspan="3"></td><td colspan="2"></td><td></td></tr>
<tr><td rowspan="5">原票据记载事项</td><td>起运港（地）</td><td>托运人</td><td>换装港（地）</td><td colspan="2">到达港（地）</td><td>收货人</td></tr>
<tr><td></td><td></td><td></td><td colspan="2"></td><td></td></tr>
<tr><td rowspan="2">货名</td><td rowspan="2">件数</td><td rowspan="2">包装</td><td colspan="2">托运人确定</td><td rowspan="2">承运日期</td></tr>
<tr><td>重量</td><td>体积</td></tr>
<tr><td></td><td></td><td></td><td colspan="2"></td><td></td></tr>
<tr><td>记事</td><td colspan="6"></td></tr>
</table>

提出变更单位：　　　　　　　　　　　　　　公章：

（二）货物运单作为运输合同的变更或解除

（1）货物发运前，承运人或托运人征得对方同意，可以解除运输合同。承运人提出解除合同的，应退还已收的运输费用，并付给托运人已发生的货物进港短途搬运费用；托运人提出解除合同的，应付给承运人已发生的港口费用和船舶待时费用。

（2）货物发运后，承运人或托运人征得对方同意，可以变更货物的到达港和收货人。同一运单的货物不得变更其中的一部分，并只能变更一次。对指令性运输计划内的货物要求变更时，除必须征得对方同意外，还必须报下达该计划的主管部门核准。由于航道或船闸障碍、海损事故、自然灾害、执行政府命令或军事行动，货物不能运抵到达港时，承运人可以到就近港口卸货，并及时通知托运人或收货人提出处理意见。合同中订有特约变更条款的，应按双方商定的变更条款办理。

六、水路货物运单

水路货物运单是承运人或其代理人在接受发货人或货物托运人的订舱时，根据发货人的口头或书面申请货物托运的情况，据以安排货物运输而制订的单证。该单证一经承运人确认，便作为承、托双方订舱的凭证。运单是运输合同的证明，是承运人已经接收货物的收据。

（一）水路货物运单内容

（1）承运人、托运人和收货人名称。

（2）货物名称、件数、重量、体积（长、宽、高）。

（3）运输费用及其结算方式。

（4）船名、航次。

（5）起运港、中转港和到达港。

（6）货物交接的地点和时间。

（7）装船日期。

（8）运到期限。

（9）包装方式。

（10）识别标志。

（11）相关事项。

（二）水路货物运单填制要求

（1）一份运单，填写一个托运人、收货人、起运港、到达港。

（2）货物名称填写具体品名，名称过繁的，可以填写概括名称。

（3）规定按重量和体积择大计费的货物，应当填写货物的重量和体积（长、宽、高）。

（4）填写的各项内容应当准确、完整、清晰。

（5）承运人接收货物应当签发运单，运单由载货船舶的船长签发的，视为代表承运人签发。

（6）运单签发后承运人、承运人的代理人、托运人、到达港港口经营人、收货人各留存一份，另外一份由收货人收到货物后作为收据签还给承运人。承运人可以视情况需要增加或者减少运单份数。

（三）水路货物运单

1. 水路货物运单范本

水路货物运单范本如表 3-4 所示。

2. 水路货物运单有关说明

（1）此货物运单主要适用于江、海干线和跨省运输的水路货物运输。

（2）水路货物运单、货票一式 6 份，顺序如下：

表 3-4　水路货物运单

本运单经承托双方签章后，具有合同效力，承运人与托运人、收货人之间的权利、义务关系和责任界限均按《水路货物运输规则》及运杂费用的有关规定办理。

________水路货物运单

月　　日

交接清单号码________　　运单号码________

<table>
<tr><td colspan="5">船名　　航次</td><td>起运港</td><td></td><td>到达港</td><td colspan="4"></td><td colspan="2" rowspan="4">到达日期

（承运人章）</td><td rowspan="4">收货人

（章）</td></tr>
<tr><td rowspan="3">托运人</td><td colspan="2">全称</td><td colspan="3"></td><td rowspan="3">收货人</td><td>全称</td><td colspan="4"></td></tr>
<tr><td colspan="2">地址、电话</td><td colspan="3"></td><td>地址、电话</td><td colspan="4"></td></tr>
<tr><td colspan="2">银行、账号</td><td colspan="3"></td><td>银行、账号</td><td colspan="4"></td></tr>
<tr><td rowspan="2">发货符号</td><td rowspan="2">货名</td><td rowspan="2">件数</td><td rowspan="2">包装</td><td rowspan="2">价值</td><td colspan="2">托运人确定</td><td colspan="2">计费重量</td><td rowspan="2">等级</td><td rowspan="2">费率</td><td rowspan="2">金额</td><td colspan="3">应收费用</td></tr>
<tr><td>重量（t）</td><td>体积（长、宽、高）（m）</td><td>重量（t）</td><td>体积（m³）</td><td>项目</td><td>费率</td><td>金额</td></tr>
<tr><td></td><td></td><td></td><td></td><td></td><td></td><td></td><td></td><td></td><td></td><td></td><td></td><td>运费</td><td></td><td></td></tr>
<tr><td></td><td></td><td></td><td></td><td></td><td></td><td></td><td></td><td></td><td></td><td></td><td></td><td>装船费</td><td></td><td></td></tr>
<tr><td></td><td></td><td></td><td></td><td></td><td></td><td></td><td></td><td></td><td></td><td></td><td></td><td></td><td></td><td></td></tr>
<tr><td></td><td></td><td></td><td></td><td></td><td></td><td></td><td></td><td></td><td></td><td></td><td></td><td></td><td></td><td></td></tr>
<tr><td></td><td></td><td></td><td></td><td></td><td></td><td></td><td></td><td></td><td></td><td></td><td></td><td></td><td></td><td></td></tr>
<tr><td></td><td></td><td></td><td></td><td></td><td></td><td></td><td></td><td></td><td></td><td></td><td></td><td></td><td></td><td></td></tr>
<tr><td colspan="2">合计</td><td></td><td></td><td></td><td></td><td></td><td></td><td></td><td></td><td></td><td></td><td></td><td></td><td></td></tr>
<tr><td colspan="7">运到期限（或约定）</td><td colspan="5" rowspan="2">托运人
（公章）

月　　日</td><td></td><td></td><td></td></tr>
<tr><td colspan="7"></td><td colspan="2">总计</td><td></td></tr>
<tr><td rowspan="2">特约事项</td><td colspan="6" rowspan="2"></td><td colspan="5" rowspan="2">承运日期

起运港承运人章</td><td>核算员</td><td colspan="2"></td></tr>
<tr><td>复核员</td><td colspan="2"></td></tr>
</table>

第一份，货票（起运港存查联）。

第二份，货票（解缴联）起运港→航运企业。

第三份，货票（托运人收据联）起运港→托运人。

第四份，货票（船舶存查联）起运港→船舶。

第五份，货票（收货人存查联）起运港→船舶→到达港→收货人。

第六份，货物运单（提货凭证）起运港→船舶→到达港→收货人→到达港存。

（3）除另有规定者外，属于港航分管的水路运输企业，由航运企业自行与托运人签订货物运输合同的，均使用航运企业抬头的水路货物运单。

（4）货物运单联需用厚纸印刷，货票各联用薄纸印刷，印刷墨色应有区别：解缴联为红色，收据联为绿色，其他各联为黑色。

（5）要印控制号码或固定号码。

（6）到达港收费，另开收据。

【训练目标】

知道水路货物运输合同的含义和内容。清楚水路货物运单在水路货物运输中的作用。掌握运单的内容，会填写运单。知道货票各联的作用。

【训练准备】

水路货物运输合同、水路货物运单、水运货票。

【训练步骤】

（1）填写运输业务的合同训练。

（2）填写货物运单训练。

【注意事项】

（1）合同的内容要完整，语言要简练。

（2）运单填写要清晰，改动处要签章。

【训练评价】

水路货物运输合同技能训练评价表如表 3-5 所示。

表 3-5　水路货物运输合同技能训练评价表

被考评人					
考评人					
考评内容	水路货物运输合同				
考评标准	内　　容	分值	自我评价	小组评议	实际得分
	合同的内容完整	25			
	合同条理清楚	25			
	运单填写完整	25			
	运单填写清晰	25			
合　　计		100			
分项能力考评标准	A 级：能又快又好地完成工作任务，并能指导别人完成工作任务（100%） B 级：能又快又好地完成工作任务（90%） C 级：能熟练地完成工作任务（80%） D 级：能独立地完成工作任务（70%） E 级：能在别人的指导下完成工作任务（60%）				

注：1. 实际得分＝自我评价 40%＋小组评议 60%；

2. 考评满分为 100 分，60～74 分为及格，75～84 分为良好，84 分以上为优秀。

实训项目二　水路货物运输业务流程

【工作任务】

广达公司和某建材公司在海口市签订水运合同，广达公司派“广运”轮承运该建材公司 2 000 t 煤，从厦门港运至三亚港，“广运”轮于 2019 年 8 月 6 日抵厦门港，于当日开始装煤，至次日装货完毕。经厦门理货公司理货，煤重量为 2 003 t，并由厦门港东渡装卸公司出具“水运货物交接清单”，“广运”轮于 8 月 8 日离开厦门港，并于 8 月 15 日从广州驶往三亚港。8 月 17 日，“广运”轮抵三亚港锚地，于 20 日靠三亚港 7 号码头卸煤，该建材公司收货时发现煤积水过多，即向“广运”轮提出异议。三亚港为此作出货运记录：“该轮煤在卸船过程中，湿水量比较严重。”“广运”轮大副亦在货运记录上注明：“厦门下雨 2 天及货主要求立即装煤，水分较大。”该建材公司委托三亚商检局进行水尺计重测算及水分化验。检验结果为，自“广运”轮船舱卸出的煤总重量为 1 946 t。“广运”轮大副在水尺计重记录表上签字认可。在这个水运业务中，涉及水路货物运输的很多作业内容。那么，在上述水路运输过程中哪些作业有错误呢？

【相关知识】

一、受理托运作业

发货人（货主、货运代理）在托运货物时，应按承运人的要求填写货物托运单，以此作为货物托运的书面申请。货物托运单是发货人托运货物的原始依据，也是承运人承运货物的原始凭证。根据客户的指令进行托运单的录入，主要包括：① 货物名称；② 重量、件数，按体积计费的货物应载明体积；③ 包装；④ 运输标志；⑤ 起运港和到达港，海江河联运货物应载明换装港；⑥ 托运人、收货人名称及其详细地址；⑦ 运费、港口费和有关的其他费用及其结算方式；⑧ 承运日期；⑨ 运到期限（规定期限或商定期限）；⑩ 货物价值；⑪ 双方商定的其他事项。

根据受理途径不同，受理方式可分为直接受理、电话受理、传真受理、网上受理四种。承运人接到托运单后，应进行认真审核。审核托运单，审查人员确认完所有受理的托运单后，方能处理下一步的工作。检查各项内容是否正确，如确认无误，则在托运单上签章，表示接受托运。

托运人应当及时办理港口、海关、检验、检疫、公安和其他货物运输所需的各项手续，并将已办理各项手续的单证送交承运人。因托运人办理各项手续和有关单证不及时、不完备或者不正确，造成承运人损失的，托运人应当承担赔偿责任。

二、装船作业的要求

（1）装船前，承运人应将船舱清扫干净，检查管系，准备好垫隔物料，港口经营人应准备好保障安全质量的防护措施。

（2）承运人与港口经营人在船边进行货物交接。对于按件承运的货物，港口经营人应为承运人创造计数的条件，工班作业结束后，承运人和港口经营人应办清当班交接手续。

（3）除承运人和港口经营人双方另有协议外，装船时应做到大票分隔，小票集中，每一大票货物应接单装船，一票一清，同一收货人的几票货物应集中在一起装船，每一大票货物或每一收货人的货物，装船开始及终了时，承运人应指导港口作业工作做好垫隔工作。

（4）装船作业时，承运人应派人看舱，指导港口作业人员按计划的装货顺序、部位装舱，堆码整齐。整船散装货物应按有关规定检验测定装前、装后水尺，并记录在货物交接清单上。如果发现货物残损，包装不合标准要求或破裂，标志不清等情况，应编制水路货运记录，如表 3-6 所示。

表 3-6　水路货运记录

货 运 记 录

编号：

<table>
<tr><td colspan="6">交　货　方</td><td colspan="6">接　货　方</td></tr>
<tr><td colspan="3">运/提单号码</td><td colspan="5">作业合同号码</td><td colspan="2">船名</td><td colspan="2">航次</td></tr>
<tr><td colspan="4">交接时间</td><td colspan="4">交接地点</td><td colspan="4">车号</td></tr>
<tr><td colspan="4">起运港</td><td colspan="4">中转港</td><td colspan="4">到达港</td></tr>
<tr><td colspan="3">货物名称</td><td colspan="3">包装方法</td><td colspan="3">识别标志</td><td colspan="3">集装箱号</td></tr>
<tr><td colspan="12">记录内容</td></tr>
</table>

交货方（签章）　　　　　　　　　　　　　　　　　接货方（签章）

年　月　日　　　　　　　　　　　　　　　　　　　年　月　日

（5）装船作业时，港口经营人要严格遵守操作规程和货运质量标准，合理使用装卸工具，轻搬轻放。做到不倒关、不浠舱、破包不装船、重不压轻、木箱不压纸箱、箭头向上、堆码整齐。散装货物应按承运人要求平舱。

（6）港口经营人应在每一票货物装完时，检查库场、舱口、作业线路有无漏装、掉件，发现漏装及时补装，发现掉件及时拣归原批。港口经营人对装船中洒漏的地脚货物，属于散装货物要随时收集进舱归原批；属于袋装货物应扫集整理、灌包，并通知承运人安排舱位，分别堆簇，并在货物交接清单内注明灌包地脚货物的件数。

（7）计划配装的货物，如果因故必须退装时，按下列规定办理：

① 必须按运单、货名、件数退装，不得将几张运单的货物，不分货名合并笼统退装若干件数。② 一张运单的货物全部退装，应将运单抽出，并在货物交接清单内划去。③ 一张运单的货物退装一部分时，应将退装的件数、吨数，按运单、货名编制货运记录，并在货物交接清单内注明实装件数、吨数；退装货物另行装船，由造成退装的责任方会同托运人进行处理。

(8) 货物装船时,如果发生实装数量与运单记载数量不符,承运人与港口经营人编制货运记录。港口经营人事后发现货物漏装,应另行办理托运手续,费用由责任方承担,并在运单特约事项中注明原承运船舶的船名、航次、原运单号码、原发货件数、原发货重量等。

(9) 装船完毕,通过港口库场装船的货物,由承运人和港口经营人在货物交接清单上签章;船边直接装船的货物,由承运人和托运人在货物交接清单上签章。未办妥交接手续,船舶不得启航。

(10) 货运记录和普通记录的编制,按《水路货物运输规则》办理。编制记录要认真、准确、客观地反映真实情况,以便作为处理事故、查询货物的依据。编制记录应遵守下列规定:

① 在交接或交付货物的当时编制,任何一方不得拒编,也不得事后要求补编。② 记录内各栏应逐项填写清楚,如果有更改,应由交接双方在更改处盖章。③ 一张运单或作业委托单有数种品名时,应分别写明情况。④ 内容应如实填写,不得凭想象或假设,不得用揣测、笼统词句。情况要记录得详细、准确、具体。

三、卸船作业

(一) 承运人应及时向港口经营人提供卸船资料

对船边直取的货物,承运人应事先通知收货人做好接运提货的准备工作。港口经营人根据承运人提供的资料,以及与作业委托人签订的作业合同,安排好泊位(浮筒、趸船)、库场、机械、工具、劳力,编制卸船计划。

(二) 承运人应派人指导卸货

港口作业人员应接受承运人指导,按实际识载顺序,按运单、标志卸船,整批货物卸船应做到一票一清。几票集中装船的零星货物,应做到集中卸船。承运人发现港口经营人混卸或违章操作,应予以制止,制止不听的应编制货运记录。

(三) 港口经营人应与承运人及时联系

卸船时,如在船上发现货物残损、包装破裂、翻钉、松钉、包装完整内有碎声、分票不清、标志不清、装舱混乱,以及积载不当等情况,港口经营人应及时与承运人联系,检查确认,编制货运记录证明,不得拒卸或原船带回。

(四) 港口经营人遵守操作规程和质量标准,合理使用装卸机具

在卸船时要做到不拖关、不挖井、不堆垛、不落水,分清原残、工残,并按双边交接的有关规定,在货物堆码、做关标准、理货计数等方面创造条件,使交接双方易于计数交接,做到理货数字一班一清、一票一清、全船数字清。每一张运单或一个收货人的货物卸完后,应由库场员复点核实。

(五) 承运人和港口经营人加强检查

承运人和港口经营人在卸船作业中,应随时检查舱内、舱面、作业线路有无漏卸货物或掉件,港口经营人应将漏卸、掉件和地脚货物按票及时收集归原批。卸船结束,港口经营人应将舱内、甲板、码头、作业线路、机具、库场的地脚货物清扫干净。

(六) 承运人与收货人办理交接手续

收货人船边直取货物,由承运人与收货人进行交接。卸船完毕,承运人和港

口经营人，或者承运人和收货人应在货物交接清单上签章。未办妥交接手续，船舶不得离港。

四、到达交付作业要求

（一）收货人接到到货通知后应及时提货

货物运抵到达港后，承运人应当在 24 h 内向收货人发出到货通知。到货通知的时间，采用信函通知的，以发出邮戳为准；采用电传、电报、传真通知的，以发出时间为准；采用数据电文形式通知的，收件人指定特定系统接收数据电文，以该数据电文进入该特定系统的时间为准。未指定特定系统的，以该数据电文进入收件人的任何系统的首次时间为准。承运人交付货物时，应当核对证明收货人单位或者身份以及经办人身份的有关证件。

（二）催提与不提取货物的处理

承运人发出到货通知后，应当每 10 天催提一次，满 30 天收货人不提取或者找不到收货人，承运人应当通知托运人，托运人在承运人发出通知后 30 天内负责处理该批货物。托运人未在规定期限内处理货物的，承运人可以将该批货物作无法交付货物处理。

（三）散装货物按重量交接，其他货物按件数交接

散装货物按重量交接的，承运人与托运人应当约定货物交接的计量方法，没有约定的应当按船舶水尺数计量。不能按船舶水尺数计量的，运单中载明的货物重量对承运人不构成其交接货物重量的证据。散装液体货物装船完毕，由托运人会同承运人按照每处油舱和管道阀门进行施封，施封材料由托运人自备，并将施封的数目、印文、材料品种等在运单内载明。卸船前，由承运人与收货人凭舱封交接。

（四）船边直取货物，由承运人向收货人交付

卸进港区的货物，收货人凭运单（提货凭证）以及进口作业委托单到港区提货。港口经营人应当认真核对提货单证，与收货人当场对货物的数量和质量进行交接。收货人收到货物无异议时，应在提货单证上签章。交接时发现货物短缺、残损，双方应及时编制货运记录。

承运人和港口经营人在交付货物时，如果发现标志脱落或模糊不清，应当查明收货人后方可交付。一张运单的货物分批交付时，应当在有关提货单证上逐次批注清楚；一张运单的货物分卸几个港区或几个库场，港口经营人在交付时应核对清楚，防止错交错转。

（五）不能交付的货物的处理

不能交付的货物按“关于港口、车站无法交付货物的处理办法”处理。

【训练目标】

掌握水路货物运输作业的流程及各个流程中作业项目的内容，并能操作各个岗位的作业内容。

【训练准备】

（1）人员准备：分成 4 组，每组 4~5 人，分别为受理托运组、装船组、卸船组、

货物到达交付组。循环训练,保证每人在每个岗位都进行训练。

(2) 单据准备:水路货物运单、水路货物运输合同、水路货运记录单、证明收货人单位或者身份以及经办人身份的有关证件。

(3) 机械器具准备:装卸车辆 1 台、运输的货物若干。

(4) 训练地点:货运码头。

【训练步骤】

水路货物运输作业流程如图 3-2 所示。

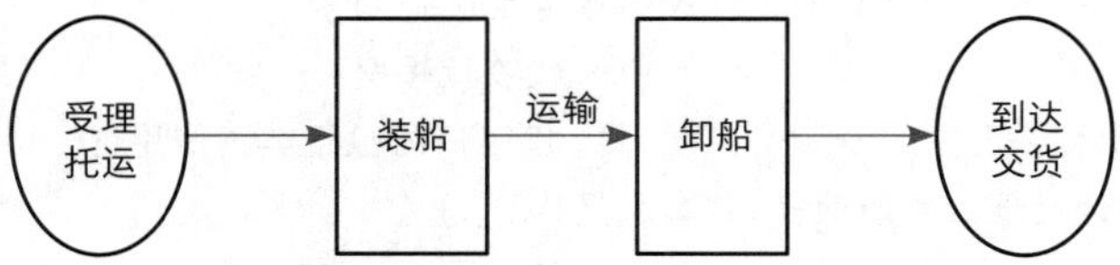

图 3-2 水路货物运输作业流程

【注意事项】

(1) 熟悉每个岗位的工作职责和工作要求,严格按照训练程序进行。

(2) 严格遵守岗位职责,一丝不苟。

(3) 单据填写规范、认真、熟练。

(4) 各项作业的操作规范,注意安全。

【训练评价】

水路货物运输作业技能训练评价表如表 3-7 所示。

表 3-7 水路货物运输作业技能训练评价表

<table>
<tr><td>被考评人</td><td colspan="5"></td></tr>
<tr><td>考评人</td><td colspan="5"></td></tr>
<tr><td>考评内容</td><td colspan="5">水路货物运输作业</td></tr>
<tr><td rowspan="5">考评标准</td><td>内　　容</td><td>分值</td><td>自我评价</td><td>小组评议</td><td>实际得分</td></tr>
<tr><td>受理作业的单据输入正确</td><td>25</td><td></td><td></td><td></td></tr>
<tr><td>装船作业操作规范</td><td>25</td><td></td><td></td><td></td></tr>
<tr><td>卸船作业按要求操作</td><td>25</td><td></td><td></td><td></td></tr>
<tr><td>货物交付作业认真、仔细</td><td>25</td><td></td><td></td><td></td></tr>
<tr><td colspan="2">合　　计</td><td>100</td><td></td><td></td><td></td></tr>
<tr><td>分项能力
考评标准</td><td colspan="5">A 级:能又快又好地完成工作任务,并能指导别人完成工作任务(100%)
B 级:能又快又好地完成工作任务(90%)
C 级:能熟练地完成工作任务(80%)
D 级:能独立地完成工作任务(70%)
E 级:能在别人的指导下完成工作任务(60%)</td></tr>
</table>

注:1. 实际得分=自我评价 40%+小组评议 60%;

2. 考评满分为 100 分,60~74 分为及格,75~84 分为良好,84 分以上为优秀。

【训练建议】

如果当地没有货运码头，可以在模拟货运码头只训练受理托运作业和到达交货作业。

同步测试

一、选择题

1. 下列业务中，不属于国际货运代理的业务是（　　）。

A. 报关　　B. 代收运输费

C. 为多式联运服务　　D. 代客户向银行申请信用证

2. 就国际货运代理的性质而言，其本质是（　　）。

A. 承运人　　B. 托运人

C. 运输中间人　　D. 运输人

3. 以下不属于国际货运代理作用的是（　　）。

A. 运输作用　　B. 专业服务作用

C. 沟通控制作用　　D. 咨询顾问作用

二、判断题

1. 古董等货物发生灭失或损害时，代理人需要赔偿。（　　）

2. 当托运人对货物的说明不清楚或不正确时，代理人可免除责任。（　　）

3. 进口货运代理业务流程中，审核提单后，就可签发提货单。（　　）

三、问答题

1. 水路货物运输的类型有哪几种？

2. 水路货物运输的技术装备和设施包括哪些？

3. 水路货物运输生产经营的主要特点有哪些？

4. 试说明班轮运输业务程序的工作流程。

5. 班轮运输的货物交付方式有哪几种？

6. 班轮运输的主要单证有哪些？

7. 试说明班轮货运的单证流程。

04 Chapter

第四章

铁路货物运输管理实务

知识目标：

- 掌握铁路货物运输的概念及其类型
- 了解铁路货物运输的技术装备和设施
- 理解铁路货物运输的成本构成与市场竞争特点
- 掌握铁路货物运输的特点
- 掌握铁路货物运输作业流程
- 了解铁路货运合同的签订、变更、解除和货运合同争议的调解、仲裁和诉讼
- 掌握铁路货物运到期限的计算方法
- 了解铁路货物运到逾期的概念
- 了解铁路货物运输费用构成及其核收依据
- 掌握铁路货物运输费用的计算程序
- 了解铁路货物运输杂费及其他费用
- 掌握铁路集装箱运输业务程序

技能目标：

- 能够计算铁路货物运到期限
- 能够计算铁路货物运输费用
- 能够填写铁路货物运输运单
- 能够进行铁路货物运输的包装

素养目标：

- 爱岗敬业,确保铁路货物运输组织的合规安全
- 培养工匠精神，增强安全防范和法律意识

● 思维导图

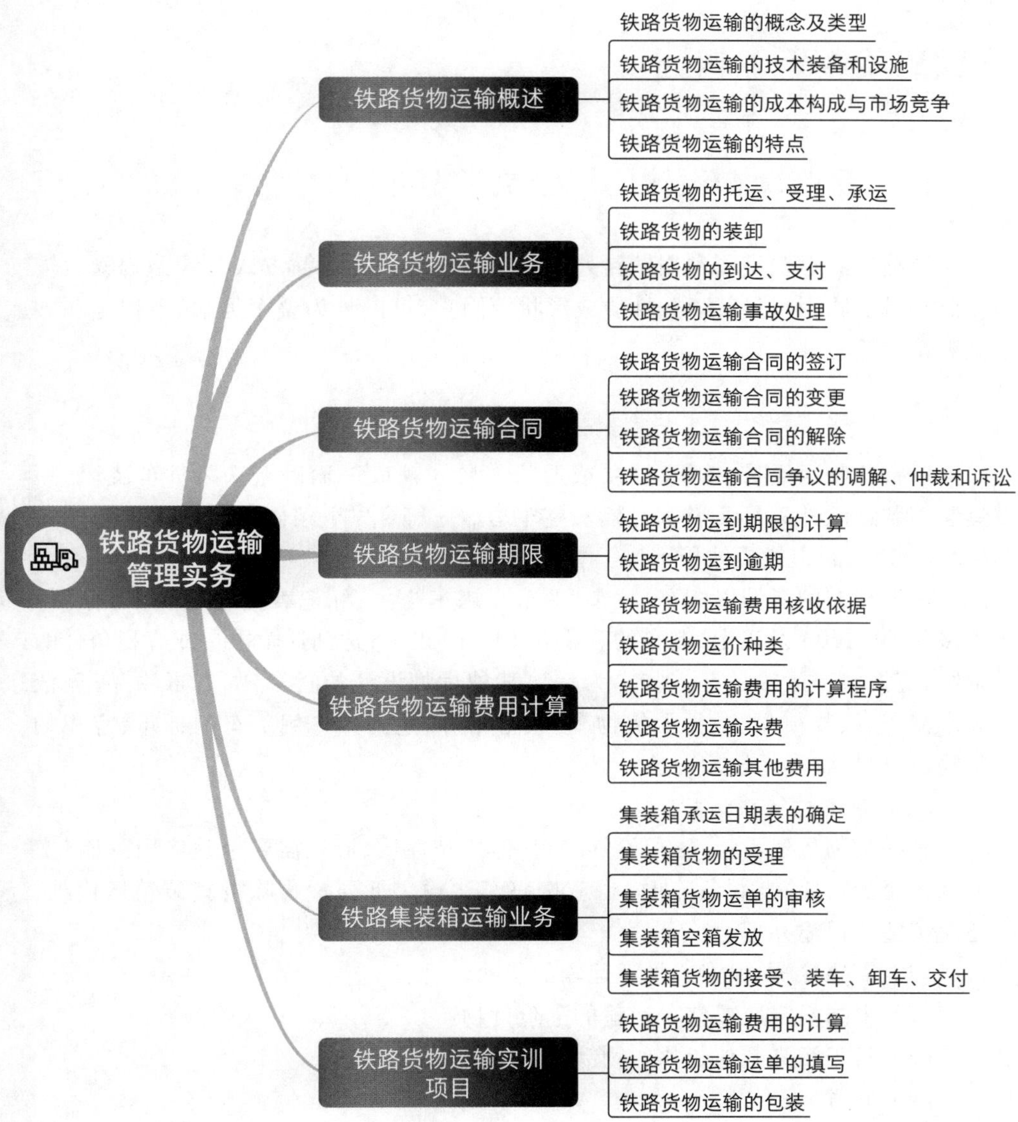

铁路运输具有适应性强、运输能力大、安全性高、运输速度快、能耗小、环境污染小、运输成本低等优点，适合于稳定的大宗货物运输，主要是中长途运输。我国铁路货物运输是陆地交通运输的主力，比其他运输方式具有更多的优越性。

第一节
铁路货物运输概述

一、铁路货物运输的概念及类型

铁路货物运输是指利用铁路列车运送货物的一种运输方式。铁路货物运输按照一批货物因重量、体积、性质或形状等因素，可以分为整车运输、零担运输和集装箱运输三种。

（一）整车运输

一批货物因重量、体积、性质或形状需要一辆或一辆以上铁路货车装运（用集装箱装运除外），即为整车运输。整车运输应符合以下条件：

1. 货物的重量或体积

我国现有的货车以棚车、敞车、平车和罐车为主，标记载重量（简称为标重）大多为 50 t、60 t 及以上，棚车的容积在 100 m^3 以上；达到这个重量或容积条件的货物，应按整车运输。有一些专为运输某种货物设计的货车，如有毒物品车、散装水泥车、散装粮食车、长大货物车、家畜车等，达到该专用货车的标重、容积的货物，也应按整车运输。

2. 货物的性质或形状

有些货物虽然重量、体积不够一车，但按其性质、形状需要单独使用一辆（宽大货物至少需要一辆）货车时，也应按整车运输。下列货物除按集装箱运输外，还应按整车运输办理：

（1）需要冷藏、保温或加温运输的货物。

（2）根据规定应按整车运输的危险货物。

（3）易于污染其他货物的物品。

（4）蜂蜜。

（5）不易计算件数的货物。

（6）未装容器的活动物。

（7）单件重量超过 2 t、体积超过 3 m^3 或长度超过 9 m 的货物（经发站确认不影响中转站和到站装卸作业的除外）。

（二）零担运输

一批货物的重量、体积、性质或形状不需要一辆铁路货车装运（用集装箱装运除外），即属于零担运输，简称为零担。

1. 零担运输的条件

为了便于装卸、交接和保管，有利于提高作业效率和货物安全，除应按整车运输办理的货物外，一件体积最小不小于 0.02 m^3（一件重量在 10 kg 以上的除外），每批件数不超过 300 件的货物，均可按零担运输办理。

2. 零担货物的分类

根据零担货物的性质和作业特点，零担货物可分为以下几种：

(1) 普通零担货物，简称普零货物或普零，即按零担办理的普通货物。

(2) 危险零担货物，简称危零货物或危零，即按零担办理的危险货物。

(3) 笨重零担货物，简称笨零货物或笨零，是指一件重量在 1 t 以上、体积在 2 m^3 以上或长度在 5 m 以上，需要以敞车装运的货物，或者货物的性质适宜敞车装运和吊装吊卸的货物。

(4) 零担易腐货物，简称鲜零货物或鲜零，即按零担办理的鲜活易腐货物。

3. 整零车种类

装运零担货物的车辆称为零担货物车，简称为零担车。零担车的到站必须是两个（普零）或三个（危零或笨零）以内的零担车，称为整装零担车（简称为整零车）。整零车按车内所装货物是否需要中转分为直达整零车和中转整零车两种；按其到站个数分为一站整零车、两站整零车和三站整零车三种。上述两种方法组合，则有一站（两站或三站）直达整零车和一站（两站或三站）中转整零车六种。

4. 整零车组织条件

(1) 一站整零车，车内所装货物不得少于货车标重的 50%或容积的 90%。

(2) 两站整零车，第一到站的货物不得少于货车标重的 20%或容积的 30%；第二到站的货物不得少于货车标重的 40%或容积的 60%。两个到站必须在同一径路上且距离不得超过250 km，但符合下列条件之一可以不受距离限制：第二到站的货物重量达到货车标重的 50%或容积的 70%；两个到站为相邻中转站。第一到站为中转站，装至第二到站的货物符合第一到站的中转范围。

(3) 三站整零车，危零、笨零货物不够条件组织一站或两站整零车时可以组织同一径路上三个到站的整零车，但第一到站与第三到站的距离不得超过 500 km。

（三）集装箱运输

使用集装箱装运货物或运输空集装箱，称为集装箱运输（简称为集装箱）。集装箱适用于运输精密、贵重、易损的货物，凡适合集装箱运输的货物，都应按集装箱运输，其要求如下：

(1) 应在铁路集装箱办理站办理运输业务。

(2) 必须是适合集装箱装载运输的货物。

(3) 必须符合一批办理的条件。

(4) 由发货人、收货人负责装拆箱。

(5) 必须由收货人确定重量。

二、铁路货物运输的技术装备和设施

铁路货物运输的技术装备和设施主要包括铁路机车、铁路车辆及铁路线路。

（一）铁路机车

铁路机车是铁路运输的动力装置，包括蒸汽机车、内燃机车和电力机车等。

（二）铁路车辆

铁路车辆包括：① 棚车（通用型），即标准化的有顶货车，侧面有拉门，用于装运普通商品；② 棚车（专用型），即专门改装的棚车，用于装运特种商品，如汽车配件；③ 漏斗车，货车地板斜向有一个或几个可开关的底门，便于卸出散装物料；④ 有盖漏斗车，用于装运需要防风雨的散粒货物；⑤ 平板车，即没有侧墙、端墙和车顶的货车，主要用于驮背运输；⑥ 冷藏车，即加装有冷冻设备以控制温度的货车；⑦ 敞车，即没有车顶，只有平整地板和固定侧墙的货车，主要用于装运长大货物；⑧ 罐车，即专门用于运送液体和气态货物的车辆。

通常将若干铁路车辆编排在一起，配以列车标志，并由铁路机车牵引组成铁路列车完成运输任务。其中，由大功率机车或多部机车牵引载重量大的货车，编成 5 000 t 以上的普通列车合并运行，称为组合（合并）列车。

（三）铁路线路

铁路线路是支撑列车重量、引导列车前进的基础，主要由路基和轨道两部分组成。

三、铁路货物运输的成本构成与市场竞争

铁路货物运输具有较高的固定成本，这是因为铁路运输要拥有铁路网、站场、运输设备等固定设施，并要负责维护这些固定设施。通常，这些固定费用要占铁路运输企业成本支出的 1/3 左右。铁路货物运输的高固定成本特点，决定了铁路运输企业不可能像其他运输企业那样，对运量的变化能够做出灵活的反应。

铁路货物运输的可变成本主要由燃料动力费用、人工开支和税收组成。

铁路货物运输的上述成本特点，决定了铁路运输企业具有较高的规模经济效益。即当铁路货物运输企业在达到运营能力之前，其利润将随运量的增加而上升。换言之，在运量增加时，由于只有可变成本随之增加，而总成本并不会按比例上升，这样单位成本就可以降低。也可以说，因为固定成本可以分摊到更多的运量单位上，所以单位成本就下降了。与此同时，利润也随着运量的增加而上升。

我国的铁路由中国铁路集团有限公司统一调度和经营，因而其市场竞争主要来自铁路运输以外的其他运输方式。但在那些由私人经营铁路的国家，铁路

货物运输也存在一定程度的内部竞争，表现为差别寡头垄断竞争形态。

铁路货物运输的外部竞争具体表现为：在高附加值商品运输及中、短途运输上与汽车运输竞争；在高附加值商品紧急货运及中长途运输上与航空运输竞争；在低附加值商品运输上与水上运输竞争；在流体类货物运输上与管道运输竞争。随着整个交通运输事业的发展，以上竞争将更加激烈。

四、铁路货物运输的特点

铁路货物运输的最大特点是适合长距离的大宗货物的集中运输，并且以集中整列为最佳，整车运输次之。

（一）铁路货物运输的优点

铁路货物运输的优点是运载量较大、速度快、连续性强、远距离运输费用低，一般不受气候因素影响，准时性较强，安全系数较大，是营运最可靠的运输方式之一。

（二）铁路货物运输的缺点

铁路货物运输也有其缺点，如资本密集、固定资产庞大、设备不易维修等。对于运输管理来说，其缺点主要表现在以下方面：

智慧运输新视界：智慧重载，在创新路上持续奔跑

第一，营运缺乏弹性。铁路运输受线路、货站不够灵活机动等限制。同时，因铁路运输受运行时刻、配车、编列或中途编组等因素的影响，不能适应用户的紧急需要。

第二，货损较高。铁路运输可能因为列车行驶时的震动及货物装卸不当，容易造成所承载货物的损坏，而且运输过程需要多次中转，也容易导致货物损坏、遗失。

第二节 铁路货物运输业务

一、铁路货物的托运、受理、承运

铁路实行计划运输，发货人要求铁路部门运输整车货物，应向铁路部门提出月度要车计划，车站根据要车计划受理货物。在进行货物托运时，发货人应向车站按批提出货物运单，如使用冷藏车运输的货物，同一到站、同一收货人可数批合提一份运单。对于要求分卸的整车货物，除提出基本货运单外，每一分卸站应另增加分卸货物运单两份（分卸站、收货人各一份）。

对同一批托运的货物因货物种类较多，发货人不能在运单内逐一填记，或托

运集装箱货物，以及同一包装内有两种以上的货物，发货人应提出物品清单一式三份，其中一份由发运站存查，一份随同运输票据递交到达站，一份退还发货人。对在货物运单和物品清单内所填记事项的真实性发货人应负完全责任，谎报货物品名应按有关规定核收违约罚款。

对根据中央或省(市)、自治区法令，需凭证明文件运输的货物，发货人应将证明文件与货物运单同时提出，并在货物运单由发货人记载事项一栏内注明文件名称、号码、车站，在证明文件背面注明货物托运数量，并加盖车站日期戳，退还发货人或按规定留人在发运站存查。

对托运的货物，发货人应根据货物的性质、重量、运输要求，以及货车装载等条件，使用便于运输、装卸，并能保证货物质量的包装。对有国家包装标准或行业标准的应按其规定进行包装。对没有统一规定包装标准的货物，车站应会同发货人研究制定货物运输包装暂行标准。

发货人托运零担货物时，应在每件货物上做清晰、明显的标记，在使用拴挂的标记(货签)时，应用坚韧材料制作，在每件货物两端各拴挂、粘贴或钉固一个。不适宜用纸制作货签的托运货物，应使用油漆在货件上书写标记，或用金属、木质、布、塑料板等材料制成的标记。

零担和集装箱货物由发运站接受完毕，整车货物装车完结，发运站在货物运单上加盖承运日期戳时，即为承运。实行承运前保管的货物，对发货人交由车站的整车货物，铁路从接收完毕时起负有承运前的保管责任。对办理海关、检疫手续及其他特殊情况的证明文件以及有关货物数量、质量、规格的单据，发货人可委托铁路代递至到站交收货人。

二、铁路货物的装卸

凡在铁路车站装车的货物，发货人应在铁路指定的日期将货物运至车站，车站在接收货物时，应对货名、件数、运输包装、标记等进行检查。对整车运输的货物如发货人未能在铁路指定的日期将货物运至车站，则自指定运至车站的次日起至再次指定装车之日或将货物全部运出车站之日止由发货人负责核收的货物暂存费。

铁路货物的装车和卸车的组织工作，凡在车站公共装卸场所以内由承运人负责。有些货物虽在车站公共装卸场所以内进行装卸作业，但由于在装卸作业中需要特殊的技术或设备、工具，因此仍由托运人或收货人负责组织。

除车站公共装卸场所以外进行的装卸作业，装车由托运人负责，卸车由收货人负责。此外，由于货物性质特殊，在车站公共场所装卸也由托运人、收货人负责。其负责的情况有:罐车运输的货物，冻结的易腐货物，未装容器的活动物，蜜蜂，鱼苗，一件重量超过 1 t 的放射性同位素，用人力装卸带有动力的机械和车辆。

其他货物由于性质特殊，应托运人或收货人的要求，并经承运人同意，也可由托运人或收货人组织装车和卸车。例如，气体、放射性物品、尖端保密物资、特别贵重的展览品和工艺品等。货物的装卸不论由谁负责，都应在保证安全的条件下，积极组织快装、快卸，以缩短货车停留时间，加速货物运输。

由托运人装车或收货人卸车的货车，车站应在货车调到之前，将时间通知托运人或收货人。托运人或收货人在装卸作业完成后，应将装车或卸车结束的时间通知车站。由托运人、收货人负责组织装卸的货车，超过规定的装卸车时间标准或规定的停留时间标准时，承运人向托运人或收货人核收规定的货车使用费。

三、铁路货物的到达、支付

凡由车站负责卸车的货物，到达站应在不迟于卸车完毕的次日内用电话或书信向收货人发出催领通知。此外，收货人也可与到达站商定其他通知方法。收货人应于车站发出或寄发催领通知的次日（不能实行催领通知或会同收货人卸车的货物为卸车的次日）起算，在两天内将货物提走，超过这一期限将收取货物暂存费。从车站发出催领通知日起（不能实行催领通知时，则从卸车完毕的次日起）满 30 天仍无人领取的货物（包括收货人拒收，发货人又不提出处理意见的货物），车站则按无法交付货物处理。

收货人在领取货物时，应出示提货凭证，并在货票上签字或盖章。在提货凭证未到或遗失的情况下，则应出示单位的证明文件。收货人在到达站办妥提货手续和支付有关费用后，车站将货物连同运单一起交给收货人。

四、铁路货物运输事故处理

铁路货物运输事故处理

铁路部门对货物由其保管和运输期间所发生的灭失、损害、有货无票或有票无货等情况，都应按批编制货运记录。在不能判明损害、灭失原因和程度时，铁路部门应在交付前联系收货人进行检查或申请检验，并按每一货运记录分别编制签订书。在运输货物过程中，如果发现有违反政府命令或危及运输安全的情况，或铁路部门无法处理的意外情况，即应通知发货人或收货人处理。

发货人或收货人在向铁路部门提出赔偿时，应按批向到站提出赔偿要求书，并附货物运单、货运记录和有关证明文件。货物损失的赔偿价格，灭失时按灭失货物的价格，损坏时按损坏货物所降低的价格。

第三节 铁路货物运输合同

一、铁路货物运输合同的签订

铁路货物运输合同是承运人将货物从发站运输至指定地点，托运人或收货人支付运输费用的合同。铁路货物运输合同的当事人是承运人、托运人与收货人。根据《中华人民共和国合同法》(以下简称《合同法》)和《铁路货物运输合同实施细则》的规定,承运人和托运人双方必须签订铁路货物运输合同。

铁路货物运输合同有预约合同和承运合同,二者都属于书面形式的合同。书面形式是指合同书、信件和数据电文(包括传真、电子数据交换、电子邮件)等可以有形地表现所载内容的形式。

(一)预约合同

预约合同以"铁路货物运输服务订单"作为合同书。预约合同的签订过程就是订单的提报与批准过程。托运人按要求填写订单并提报或通过网络提报,一旦被审定并通知,预约合同成立,合同当事人必须履行预约合同的义务和责任。

(二)承运合同

承运合同以"货物运单"作为合同书。托运人按要求填写运单提交承运人,经承运人审核同意并承运后,承运合同成立。从承运人接收货物后,对货物的不完整,除免责范围外,负赔偿责任。运单是托运人与承运人之间为运输货物而签订的一种货运合同或货运合同的组成部分。因此,运单既是确定托运人、承运人、收货人之间在运输过程中的权利、义务和责任的原始依据,又是托运人向承运人托运货物的申请书,承运人承运货物和核收运费、填制货票以及编制记录和理赔的依据。

综上所述,零担货物和以零担形式运输的集装箱货物使用的运单也作为铁路货物运输合同。整车运输和以整车形式运输的集装箱货物的铁路货运运输合同包括经审定的订单和运单。

二、铁路货物运输合同的变更

发货人或收货人由于特殊原因对铁路部门承运后的货物,可向铁路部门提出运输变更要求。铁路货物运输合同变更的种类主要有:

(一)变更到站

货物已经装车挂运,托运人与收货人可按批向货物所在的中途站或到站提出变更到站。例如,广州运往渭南的货物在洛阳东站要求变更到宝鸡。为保证液化气体运输安全,液化气体罐车不允许进行运输变更或重新起票办理新到站,如遇特殊情况需要变更或重新起票办理新到站时,需经铁路局批准。

（二）变更收货人

货物已经装车挂运，托运人与收货人可按批向货物所在的中途站或到站提出变更收货人。

（三）铁路货物运输合同变更的限制

铁路是按计划运输货物的，货运合同变更必然会给铁路运输工作的正常秩序带来一定的影响。所以，对于下列情况，承运人不受理货运合同的变更：违反国家法律、行政法规；违反物资流向；违反运输限制；运输蜂蜜；变更到站后的货物运到期限大于允许运输期限；变更一批货物中的一部分；第二次变更到站的货物。

（四）货运合同变更的处理

托运人或收货人要求变更时，应提出领货凭证或货物运输变更要求书。提不出领货凭证时，应提出其他有效证明文件，并在货物运输变更要求书内注明。

提出领货凭证是为了防止产生托运人要求铁路部门办理变更，而原收货人又持领货凭证向铁路部门要求交付货物的矛盾。

三、铁路货物运输合同的解除

铁路货运合同的解除应具备下列条件之一：① 货运合同在货物发送前，经双方同意，可以解除，但不得因此损害国家利益和社会公共利益；② 订立货运合同所依据的产品调拨计划、铁路运输计划等计划被取消；③ 由于不可抗力或由于一方当事人虽无过失但无法防止的外因致使合同全部义务不能履行，一方有权通知另一方解除合同；④ 由于另一方在合同约定的期限内没有履行合同，致使合同的履行已无意义，当事人一方有权通知另一方解除合同。

铁路货运合同的解除必须有解除合同的行为。它包括：双方协商解除合同，必须有当事人意思表示一致的行为；单方解除合同的，必须有一方通知另一方解除合同的明确意思表示和提供规定的证明文件的行为。

铁路货运合同解除的后果是使特定的合同关系归于消灭，当事人各方均不再履行义务。

四、铁路货物运输合同争议的调解、仲裁和诉讼

货运合同具有法律效力，当事人（托运人、承运人及收货人）必须全面履行。当发生铁路货物运输合同争议时，可以通过和解或调解解决。

当事人不愿和解、调解，或者和解、调解不成的，可以根据仲裁协议向仲裁机

构(设在省、自治区、直辖市人民政府所在地或其他设区市的仲裁委员会)申请仲裁(涉外合同的当事人可以根据仲裁协议向中国仲裁机构或者其他仲裁机构申请仲裁)。当事人没有订立仲裁协议或者仲裁协议无效的,可以向人民法院起诉。当事人应当履行发生法律效力的判决书、仲裁裁决书、和解书。拒不履行的,对方可以请求人民法院强制执行。

铁路货物运输合同赔偿案件只限向审核该赔偿案件的铁路部门所在铁路运输法院起诉。起诉时效为赔偿要求人自收到铁路部门拒赔之日起或规定答复期满次日起 180 天提出诉讼,过期视为弃权。

第四节 铁路货物运输期限

货物运到期限的计算

一、铁路货物运到期限的计算

铁路承运货物的期限从承运货物的次日起按下列规定计算;货物运到期限按日计算。起码日数为 3 天,即计算出的运到期限不足 3 天时,按 3 天计算。运到期限由下述三部分组成:

(一) 货物发送期间($T_{发}$)

货物发送期间($T_{发}$)为 1 天。货物发送期间是指车站完成货物发送作业的时间,包括发站从货物承运到挂出的时间。

(二) 货物运输期间($T_{运}$)

货物运输期间是货物在途中的运输天数。每 250 运价千米或其未满按 1 天计算;按快运办理的整车货物每 500 运价千米或其未满按 1 天计算。

(三) 特殊作业时间($T_{特}$)

特殊作业时间是某些特殊货物在运输途中需进行特殊作业所规定的时间,具体规定如下:

(1) 需要中途加冰的货物,每加冰 1 次,另加 1 天。

(2) 运价里程超过 250 km 的零担货物和 1 t、5 t 型集装箱,另加 2 天,超过 1 000 km,加 3 天。

(3) 单件超过 2 t、体积超过 3 m^3 或长度超过 9 m 的零担货物,另加 2 天。

(4) 整车分卸货物,每增加一个分卸站,另加 1 天。

(5) 准轨和米轨间直通运输的货物另加 1 天。

对于上述五项特殊作业时间应分别计算,当一批货物同时具备几项时,应累计相加计算。计算公式为：

$$T=T_{发}+T_{运}+T_{特}$$

式中，T 表示运到期限。

二、铁路货物运到逾期

如果铁路运输货物的实际运到天数超过规定的运到期限时，即为运到逾期。

若铁路运输货物运到逾期，不论收货人是否因此受到损害，铁路部门均应向收货人支付违约金。违约金是根据逾期天数按承运人所收运费的百分比进行支付。

快运货物运到逾期，除按规定退还快运费外，货物运输期间按 250 运价千米或其未满 1 天，计算运到期限仍超过时，还应按上述规定向收货人支付违约金。

超限货物、限速运行的货物、免费运输的货物以及货物全部灭失时，若运到逾期，承运人不支付违约金。

从承运人发出催领通知的次日起（不能实行催领通知或会同收货人卸车的货物为卸车的次日起），如收货人于 2 天内未将货物搬出，即失去要求承运人支付违约金的权利。

货物在运输过程中，由于不可抗力（如风灾、水灾、雹灾、地震等）、托运人的责任致使货物在途中发生换装或整理、托运人或收货人要求运输变更，以及其他非承运人的责任之一造成的滞留时间，应从实际运到天数中扣除。

第五节 铁路货物运输费用计算

铁路货物运输费用是铁路运输企业所提供的各项生产服务消耗的补偿，包括运行费用、车站费用和额外占用铁路设备的费用等，由铁路货物运输运费、铁路货物运输杂费及铁路货物运输其他费用组成。

一、铁路货物运输费用核收依据

铁路货物运输费用根据《铁路货物运价规则》核收。

（一）《铁路货物运价规则》的适用范围

《铁路货物运价规则》是计算铁路货物运输费用的依据，承运人、托运人、收货人必须遵守该规定。铁路营业线的货物运输，除军事运输（后付）、水陆联运、国际铁路联运过境运输及其他另有规定者外，均按《铁路货物运价规则》计算货物的运输费用。《铁路货物运价规则》以外的货物运输费用按中国铁路集团有限公司的有关规定计算核收。

（二）《铁路货物运价规则》的基本内容

《铁路货物运价规则》规定了在各种不同情况下，计算货物运输费用的基本条件，各种货物运费、杂费和其他费用的计算方法，以及国际铁路联运货物国内段的运输费用的计算方法等。

（三）《铁路货物运价规则》的附件

《铁路货物运价规则》包含四个附件：《铁路货物运输品名分类与代码表》《铁路货物运价率表》《铁路货物运输品名检查表》及《铁路货物运价里程表》。

（四）《铁路货物运价规则》的附录

《铁路货物运价规则》有四个附录：附录一为《铁路电气化附加费核收办法》；附录二为《新路新价均摊运费核收办法》；附录三为《铁路建设基金计算核收办法》；附录四为《超重货物分级表》。其中三种费用的计算公式如下：

$$\left.\begin{array}{l}\text{电气化附加费}\\\text{均摊运费}\\\text{建设基金}\end{array}\right\}=\text{费率}\times\text{运价里程}\times\text{计费重量（或轴数、箱数）}$$

二、铁路货物运价种类

铁路货物运价按货物运输种类分为整车货物运价、零担货物运价和集装箱货物运价三种。

（一）整车货物运价

整车货物运价是铁路对整车运输的货物所规定的运价，由按货物种别的每吨的发到基价和每 t · km 或每轴 · km 的运行基价组成。保温车货物运价是整车货物运价的组成部分，是为需使用保温车运输的货物所规定的运价。

（二）零担货物运价

零担货物运价是铁路对按零担运输的货物所规定的运价，由按货物种别的每 10 kg 的发到基价和每 10 kg · km 的运行基价组成。

（三）集装箱货物运价

集装箱货物运价是铁路对按集装箱运输的货物所规定的运价，由每箱的发到基价和每箱·km的运行基价组成。

我国现行铁路货物运价是将运价设立为若干个运价号,实行分号运价制。整车货物运价为9个号(1号~9号);保温车货物运价可按冰保车和机保车两类来确定,相当于两个运价号;零担货物运价分为4个号(21号~24号);集装箱货物按箱型不同进行确定。

三、铁路货物运输费用的计算程序

第一,根据运单上填写的发站和到站,按《货物运价里程表》计算发站至到站的运价里程。

第二,整车、零担货物根据运单上填写的货物名称和运输种别,查找《铁路货物运输品名分类与代码表》和《铁路货物运输品名检查表》确定适用的运价号。

第三,整车、零担货物按货物适用的运价号,集装箱货物根据箱型,冷藏车货物根据车种分别在《铁路货物运价率表》中查出适用的发到基价和运行基价。

第四,根据运输种别、货物名称、货物重量与体积确定计费重量。

第五,货物适用的发到基价加上运行基价与货物的运价里程相乘之积,再与按《铁路货物运价规则》确定的计费重量相乘计算运费。货物运费的计费重量,整车货物以t为单位,零担货物以10 kg为单位,集装箱货物以箱为单位。其公式如下:

整车货物运费=(发到基价+运行基价×运价里程)×计费重量/1 000

零担货物运费=(发到基价+运行基价×运价里程)×计费重量/10

集装箱货物运费=(发到基价+运行基价×运价里程)×箱数

第六,计算铁路货物运输杂费及铁路货物运输其他费用。

四、铁路货物运输杂费

铁路货物运输杂费包括货物作业过程中实际发生的各种杂费。铁路货物运输杂费是铁路运输的货物自承运至交付的全过程中铁路运输企业向托运人、收货人提供的辅助作业、劳务,以及托运人或收货人额外占用铁路设备,使用用具、备品所发生的费用,简称货运杂费。货运杂费分为货运营运杂费,延期使用运输设备、违约及委托服务杂费,租占用运输设备杂费三大类,每类都有各自的项目和费率。各项杂费按从杂费费率表中查出的费率与规定的计算单位相乘进行计算。各项杂费凡不满一个计算单位,均按一个计算单位计算(另有规定者除外)。

五、铁路货物运输其他费用

铁路货物运输除运费、杂费外,还可能发生铁路建设基金、电气化附加费、新路新价均摊运费、加价运费(在统一运价的基础上再加收一部分运价)和其他代收款(如印花税)等费用。这些费用在计算时,发生几项则计算几项。

第六节 铁路集装箱运输业务

一、集装箱承运日期表的确定

集装箱承运日期表是集装箱货物按计划组织运输的重要手段,其作用在于使发货人明确装往某一方向或到站的装箱日期,有计划地安排货物装箱,以及准备短途搬运工具等。通过集装箱承运日期表,使铁路内外紧密配合,共同做好集装箱货物的计划运输。

集装箱承运日期表的编制原则有:

第一,根据先集装箱后普通零担货、先方案后一般的原则,对货源进行分析,结合箱流规律确定装箱计划。

第二,根据货源和集装箱的装载量,以组织整装直达为原则,合理集装,均衡运输。

第三,一般来说,旬内间隔以 5 日为宜,最大间隔期间不超过 7 日。

第四,有利于保证集装箱运输方案的组织和车站取送车作业。

第五,在货流、箱流发生变化时,要及时进行调整。

二、集装箱货物的受理

目前,大多数车站都采用由货运室集中受理的形式,这种受理形式分为集装箱单独受理和集装箱、零担统一受理。它是在接受发货人的托运后,由货运室审批运单。审批的方法有:

(一)随时受理

按装箱计划或承运日期表规定的日期在货物、运单上批注进箱(货)日期,然后将运单退还给发货人。

(二)随时受理,集中审批

由受理货运员根据货物运单,按去向、到站分别登记,待凑够一车集中一次审批,并由发货人取回运单。

(三)驻地受理

驻地受理是指车站在货源比较稳定的工厂和工矿区设受理室,专门受理托运的集装箱货物。在货物运单受理后，批注进箱(货)日期，或由驻地货运员把受理的运单交货运室统一平衡，集中审批。

（四）电话受理

电话受理是指车站货运室对发货人用电话登记托运的货物，统一集配、审批后，用电话通知发货人进箱(货)日期，在进箱(货)的同时，向货运室递交运单，审核后加盖过货日期戳记。

三、集装箱货物运单的审核

受理货运员接到运单后，按有关规定逐项详细审核下列内容：

第一，托运的货物能否装载集装箱。

第二，所到站能否受理该吨位、种类、规格的集装箱。

第三，应注明的事项是否准确、完整。

第四，有关货物重量、件数、尺码等是否按规定填写。

四、集装箱空箱发放

车站在发放空箱时，应认真检查空箱外表状况是否会影响货物的安全运输而产生不应有的责任，在发放空箱时应做到以下几点：

第一，发送货运员在接到运单后，应核实批准进箱日期，审核运单与标签填写是否相符，并根据货物数量核对需要发放的空箱数，有不符时应和受理货运员核实。

第二，对实行“门到门”运输的货物，应开具“集装箱门到门运输作业单”交发货人，填写集装箱“门到门”运输登记簿，根据空箱存放地点指定箱量并记入货运单。

第三，会同发货人共同检查空箱箱体状态，发货人在“集装箱门到门运输作业单”上签字后，领取空箱。应注意的是，如果发货人认为所领取的空箱不能保障货物安全运输时，发运员应予以更换。如果无空箱更换时，发货人有权拒绝使用，如果使用时发生货损，应由车站负责，除非空箱存在的缺陷是以一般手段无法从外表检查发现的。

第四，发箱货运员有义务向发货人介绍箱子的内部尺寸、容积和货物积载方法。

第五，货物装箱后，由发货人关闭箱门，并在规定的位置悬挂标签和加封。

五、集装箱货物的接受

发送货运员在接受集装箱货物时，必须对由发货人装载的集装箱货物进行检查,符合运输要求才能接受承运。接受集装箱货物后,车站在货物运单上加盖站名、日期戳,表明自此时货物已承运。在接受集装箱货物时,发送货运员应做到以下几点:

第一,对由发货人装载的集装箱货物,应逐批、逐箱检查箱门是否已关好,合格后在运单上批注货位号码。对"门到门"运输的集装箱货物还要核对是否装入指定货位,然后在"集装箱门到门运输作业单"上签字,退还给发货人一份。

第二,以运单为依据,检查标签是否与运单记载一致,集装箱号码是否与运单记载相符,铅封号码是否正确。

第三,检查铅封的加封是否符合技术要求。

第四,检查箱体是否受损,如果有损坏,应编制集装箱破损记录;如果损坏系由于发货人过失所致,则要求发货人在破损记录上签章,以划分责任。检查时,如果发生铅印失效、丢失、无法辨认、未按加封技术要求进行铅封时,均应由发货人负责恢复至正常状态。

第五,检查确认无误,车站便在货运单上签字,交发货人作为交款凭证。

第六,对进行"门到门"运输的集装箱,还应补填与集装箱门到门运输登记簿有关事项。

六、集装箱货物的装车

装车货运员在接到配装计划后,根据先后到站确定装车顺序,并做到以下几点:

第一,装车前,对车体、车门、车窗进行检查,检查内容包括:是否过了检查期,有无运行限制,是否清洁等。

第二,装车时,装车货运员要做好监装,检查待装的集装箱和货运票据是否相符、齐全、准确,并对箱体、铅封状态进行检查。

第三,装车后,要检查集装箱的装载情况,是否满足安全运送的要求。使用棚车装载时还要加封。装车完毕后,要填写货车装载清单、货运票据,除填写一般内容外,还应在装载清单上注明箱号,在货运票据上填写箱数总和,即包括货重和箱体自重。

七、集装箱货物的卸车

集装箱货物抵站后,即开始卸车,卸车时应做到以下几点:

第一,做好卸车前的准备工作,首先要核对货运票据、装载货单等与货票是否一致。然后确定卸车地点,并确定卸箱货位。

第二,卸车前,还应做好货运检查,检查集装箱外表状况和铅封是否完整。

第三,开始卸车,对棚车进行启封,做好监卸和卸货报告。如果在卸车过程中发生破损,应进行记录,以便划分责任。

第四，做好复查登记，要以货票对照标签、箱号、封号，在运单上注明箱子停放的货位号码，根据货票填写集装箱到达登记簿和卸货卡片。

八、集装箱货物的交付

交货时，交箱货运员在接到转来的卸货卡片和有关票据后，认真做好与箱号、封号、标签的核对工作，核对无误后通知装卸工组交货，并当面点交收货人。收货人在收到货物后应在有关票据上签章，并将签章的票据交付交箱货运员，交箱货运员在运单上加盖“交付讫”的戳记。对“门到门”运输的集装箱货物，还应填写门到门运输作业单，并由收货人签收。对由收货人返回的空箱，应检查箱体状况，在门到门运输作业单上签章。

任务实施：高铁货物运输业务办理

第七节 铁路货物运输实训项目

实训项目一　铁路货物运输费用的计算

【工作任务】

任务 1：托运人果品食杂公司给收货人商贸公司从上海漳州站发运柑橘一车，到站是乌鲁木齐二宫站，收货人为商贸公司，车号 P658936 号，件数 5 200 件，货物重量 45 t，无其他费用。漳州站核收运杂费 22 690.72 元。果品食杂公司认为漳州站多收了运费。漳州站收取的运费正确吗？运费应该由哪些部分组成？

任务 2：托运人宋某与济南站于 2018 年 8 月 31 日签订运输合同一份。货物是 1 500 箱苹果，纸箱包装，承运人运输期限 6 天，到达站为南京西站，收货人为宋某。当济南站配给宋某棚车一辆，货车标记载重量 45 t。宋某自行装车，装苹果 2 700 箱，货物标明“鲜活易腐”，9 月 1 日 18 时挂有该棚车的 111 次列车从济南站出发。计算这批货物的运费。

任务 3：托运人王小强 2019 年 3 月 16 日与武昌站订立了一份货物运输合同。货物是一批钢材，无包装，到达站是上海站，收货人是托运人王小强本人。3 月18 日武昌站配给王小强敞车一辆，货车标记载重量 40 t。合同中规定由王小强自行装车。计算王小强的这批钢材的运费。

任务 4：2019 年 6 月 18 日，东南煤炭公司和大同站签订了一份货物运输合同，运输一批煤炭，收货人是南京紫光电力公司，到站是南京东站。6 月 21 日大同站拨付 20 辆车，由东南煤炭公司在专用线上自行装车，铁路部门提供篷布。计算这批煤炭的运输费用。

任务 5：新疆维吾尔自治区种子管理总站 2019 年 3 月 18 日和乌鲁木齐车站

签订了一份运输合同,将 120 t 玉米种子交给乌鲁木齐火车站运往郑州北站,收货人为河南省沈丘县种子公司。乌鲁木齐车站 2019 年 3 月 18 日承运,调拨车号为 P3041493、重量是 60 t、编织袋包装计 1 200 件、每件 50 kg。装车后发站施封两枚,封号为 00977、00978,自治区种子管理总站当即支付全部运杂费用。自治区种子管理总站支付了多少运杂费?

任务 6:2019 年 4 月 19 日,托运人广东省物资储运公司在广州东站托运甘油,收货人是上海宏隆实业有限公司。货物运单记载,货物是甘油,共 240 件,铁桶包装。货物装入 P632697 号 60 t 棚车,由托运人自装自锁,施封号码 0276 号,托运人确定重量 60 t。计算这批货物的运费。

任务 7:侯某和发运站天津南仓站签订运输合同,将 27 件 BRV 电线发运至长春火车站。收货人是吉林省长春市海达线缆有限公司,到达站长春车站,货名电线,数量 27 件,托运人确认质量 1 350 kg,价值 1 万元,侯某将货物交付南仓站,并支付运费。天津南仓站将 070454 号铁路货物运单、领货凭证交付侯某。计算侯某支付的运费。

任务 8:李安由哈尔滨站托运零担货物,货物品名为豆饼,250 件,1.8 万 kg,货物实际价值 17 万元,均用麻袋包装,收货人为石家庄红星饲料试验厂,用棚车装运。计算这批零担货物的运费。

任务 9:2019 年 1 月 16 日,托运人福建省平和县果品食杂公司给收货人商贸公司从杭州南站发运柑橘一车,到站是乌鲁木齐站,件数 5 100 件,货物重量 50 t,货主自行装卸。计算这批柑橘的运费。

【相关知识】

一、计算运价里程

根据运单上填写的发站栏和到站栏,按《货物运价里程表》算出发站至到站的运价里程。计算货物运费的起码里程为 100 km。

二、确定运价号

根据运单上填写的货物名称和运输种别查找《铁路货物运输品名分类与代码表》和《铁路货物运输品名检查表》,确定适用的运价号。

三、确定运价

整车、零担货物按货物适用的运价号,集装箱货物根据箱型,冷藏车货物根据车种分别在《铁路货物运价率表》中查出适用的发到基价和运行基价。

四、确定计费重量

根据运输种别、货物名称、货物重量与体积计算重量。

(一)整车货物运输计费重量的确定

整车货物除下列情况外,均按货车标记载重量计算运费。以吨为单位,吨以下四舍五入。货物重量超过标记载重量时,按货物重量计费。

(1)使用矿石车、平车、砂行车,经铁路部门批准装运《铁路货物运输品名分类与代码表》中“01、0310、04、06、081”和“14”类货物按 40 t 计费,超过 40 t 按货物实际重量计费。

（2）冷藏车的计费重量如表 4-1 所示。货物重量超过规定计费重量的，按货物实际重量计费，加冰冷藏车不加冰运输时，按冷藏车标重计费。

（3）使用自备冷藏车装运货物时按 60 t 计费。使用标重低于 50 t 的自备罐车（表 4-1 所列 GH95/22、GY95/22、GH40、GY40 型除外）装运货物时按 50 t 计费。

（4）标重不足 30 t 的家畜车，计费重量按 30 t 计算。

（5）车辆换长超过 1.5 m 的货车（D 型长大货物车除外）而未明定计费重量的，按其超过部分以每米（不足 1 m 的部分不计）折合 5 t 与 60 t 相加之和计费。

表 4-1　冷藏车的计费重量

车种车型	计费重量/t
B6 B6N B6A B7（加冰冷藏车）	38
BSY（冷板冷藏车）	40
B18（机械冷藏车）	32
B19（机械冷藏车）	38
B20 B21（机械冷藏车）	42
B10 B10A B22 B23（机械冷藏车）	48
SQ1（小汽车专用平车）	85
QD3（凹底平车）	70
GH95/22、GY95/22（石油液化气罐车）	65
GH40、GY40（石油液化气罐车）	65

（二）零担货物运输计费重量的计算

按一批办理的零担货物，其起码计费重量为 100 kg。零担货物的计费单位是 10 kg，不足10 kg进为 10 kg。每项运费的尾数不足 1 角时，按四舍五入处理；每项杂费不满 1 个计算单位，均按 1 个计算单位计算。

五、计算运费

货物适用的发到基价加上运行基价与货物的运价里程相乘之积，再与确定的计费重量相乘，计算运费。

六、计算附加费用

根据要求分别计算货物的电气化附加费、新路新价均摊运费、铁路建设基金等费用，再与运费、杂费相加即为货物运输费用。

（一）电气化附加费的计算

货物运输通过电气化铁路区段的要增加电气化附加费。电气化附加费的计算公式为：

$$电气化附加费=费率\times计费重量(箱数或轴数)\times电气化里程$$

电气化附加费费率见表 4-2。

表 4-2 电气化附加费费率

种类	计费单位	费率
整车货物	元/t · km	0.012
零担货物	元/10 kg · km	0.000 12

（二）新路新价均摊运费的计算

货物运输通过铁路新路区段的要增加新路新价均摊运费。其计算公式为：

$$新路新价均摊运费=均摊运费费率\times计费重量(箱数或轴数)\times运价里程$$

新路新价均摊运费费率见表 4-3。

表 4-3 新路新价均摊运费费率

种类	计费单位	费率
整车货物	元/t · km	0.011
零担货物	元/10 kg · km	0.000 011

（三）铁路建设基金的计算

其计算公式为：铁路建设基金=费率×计费重量(箱数或轴数)×运价里程

铁路建设基金的费率见表 4-4。

表 4-4 铁路建设基金费率

种类	计费单位	费率		
		农　药	磷矿石、棉花	其他货物
整车货物	元/t · km	0.019	0.028	0.033
零担货物	元/10 kg · km	0.000 19	0.000 33	

七、杂费的计算

杂费按《铁路货物运价规则》的规定核收。铁路货物装卸搬运作业费收费项目分整车、零担、集装箱、杂项作业 4 种。各地区、各车站按其实际发生的项目和中国铁路集团有限公司规定的费率标准核收。

（一）计算装卸搬运费重量

整车货物以吨为单位，吨以下四舍五入；零担货物以 10 kg 为单位，不足 10 kg 进为 10 kg；集装箱货物以箱为单位。

（二）货物堆放地点与车辆的最大距离

整车、零担货物为30 m，集装箱货物为50 m。人力装卸堆放于仓库和雨棚以外的货物、整车包装成件货物的装车距离为20 m，散堆装货物除木材、毛竹、草秸类货物重复装车为20 m外，其他货物均为6 m。

凡超过上述规定的装卸距离，其超过部分按搬运处理。

（三）附属作业不另收费

不另收费的附属作业包括以下几个方面：

（1）铺垫或整理防湿垫枕，苫盖、撤除、折叠和取送（货场内的指定地点）篷布。

（2）清扫货车、货位，关闭车门、车窗、盖、阀。

（3）整理装车后的剩余货物，必要时用篷布苫盖严密或搬入仓库、站台。

（4）安装或拆除支柱、挡板、垫板、牲畜支架。

（5）装载货物的捆绑加固（需要铆接、焊接等特殊加固的除外）。

（6）托盘、网络等铁路装卸工具、集装化用具的铺拆、撤移、整理和堆码。

【训练目标】

掌握铁路货物运输费用的计算程序，能够根据铁路货物运输业务熟练地计算运费。

【训练准备】

（1）资料准备：常见的货物运价号、《铁路电气化区段表》《铁路货物运输品名分类与代码表》《铁路货物运价率表》《货物运价里程表》《铁路货运营运杂费费率表》。

（2）训练地点：教室或实训室。

【训练步骤】

（1）查表训练：本书附录中的铁路货物运价率表、货物运价里程表、铁路电气化区段表、铁路货运营运杂费费率表的查阅练习。

（2）计算运价练习：① 确定运价里程。② 确定运价号。③ 确定基价。④ 确定计费重量。

（3）计算附加费练习：① 确定电气附加费。② 确定新路新价均摊费。③ 确定铁路建设基金费。

（4）各项杂费计算练习。

（5）计算运杂费练习。

【注意事项】

（1）运费的计算是铁路运输中比较重要的内容。在训练时，可以根据情况增加技能训练内容中的业务题。

（2）注意各附录中查询的相关要求。

（3）训练中的各项计算要完整、准确。

【训练评价】

铁路货物运输运费的计算技能训练评价表见表4-5。

表 4-5　铁路货物运输运费的计算技能训练评价表

<table>
<tr><td>被考评人</td><td colspan="5"></td></tr>
<tr><td>考评人</td><td colspan="5"></td></tr>
<tr><td>考评内容</td><td colspan="5">铁路货物运输运费的计算</td></tr>
<tr><td rowspan="6">考评内容</td><td>内　　容</td><td>分值</td><td>自我评价</td><td>小组评议</td><td>实际得分</td></tr>
<tr><td>正确查阅各表</td><td>20</td><td></td><td></td><td></td></tr>
<tr><td>正确计算运价</td><td>20</td><td></td><td></td><td></td></tr>
<tr><td>正确计算附加费</td><td>20</td><td></td><td></td><td></td></tr>
<tr><td>正确计算杂费</td><td>20</td><td></td><td></td><td></td></tr>
<tr><td>正确计算运费</td><td>20</td><td></td><td></td><td></td></tr>
<tr><td colspan="2">合　　计</td><td>100</td><td></td><td></td><td></td></tr>
<tr><td>分项能力
考评标准</td><td colspan="5">A 级:能又快又好地完成工作任务,并能指导别人完成工作任务(100%)
B 级:能又快又好地完成工作任务(90%)
C 级:能熟练地完成工作任务(80%)
D 级:能独立地完成工作任务(70%)
E 级:能在别人的指导下完成工作任务(60%)</td></tr>
</table>

注:1. 实际得分=自我评价 40%+小组评议 60%;

2. 考评满分为 100 分,60~74 分为及格,75~84 分为良好,84 分以上为优秀。

【训练建议】

训练时,可以根据当地的实际铁路货物运输业务进行训练。

实训项目二　铁路货物运输运单的填写

【工作任务】

计算货物的运到期限

任务 1:北京广安门车站到石家庄车站运价里程是 274 km,现有零担货物一件,重 2 300 kg,计算运到期限。

任务 2:某托运人欲从甲站托运一批易腐货物到乙站(运价里程为 1 293 km,途中不加冰),托运人在运单“托运人记载事项”栏中注明“允许运输期限 4 天”。甲站可否承运? 为什么?

根据以下业务,以托运人和承运人的角色填写货物运单。

任务 3:2019 年 2 月 3 日,济南中迪服饰实业有限公司在青岛购得一批针织内衣,价值 10 万元,交由青岛火车站运抵济南火车站。货物用袋装,共 100 件,每件约重 27. 5 kg。

任务 4:2019 年 9 月 16 日,四川宜宾果品供销社组织了一批雪梨,共 260 件,重 3 600 kg,价值 6 200 元,交由宜宾火车站发往重庆火车站,收货人是第三军医大学。

任务 5:2019 年 1 月 5 日,某职业技术学院向北京某出版社订购图书一批,价值 3 万元。出版社发行部门将书用牛皮纸包装捆扎好共 14 件,总重量 512 kg,交由北京广安门车站运送。

任务 6:2019 年 9 月 13 日,燕南化工公司与一家私营企业中天化工原料供应站签订了一份合同,合同约定由燕南化工公司供对方苯甲酸钠 7 t。由石家庄南站发运,到站宁波北站,收货人为燕南化工公司,货物包装为桶装,共 30 件,价值 13.2 万元。

任务 7:2019 年 4 月 6 日,王力从西安调入杭州,利用铁路运输托运家中物品。要托运的物品包括电视机 1 台,价值 1 850 元;洗衣机一台,价值 3 320 元;计算机 1 台,价值 4 800 元;电冰箱一台,价值 3 100 元;沙发一组,价值 17 800 元;书三箱,价值 2 400 元;衣物五包,价值 5 400 元。

【相关知识】

一、铁路货物运单式样

铁路货物运单由两部分组成,左侧为运单,右侧为领货凭证,如表 4-6 所示。铁路货物运单和领货凭证背面分别印有“托运人须知”和“收货人领货须知”,如表 4-7 所示。每批货物填写一张货物运单,根据栏目要求分别由托运人和承运人填写。填写内容必须翔实正确,文字规范,字迹清楚,不得使用铅笔或红色墨水笔。内容如有更改,在更改处需加盖托运人或承运人印章证明。

二、货物运到期限的计算

根据运输任务计算货物运到期限,注意考虑起码日数,发送时间,运输时间,特殊作业时间等的计算方式。

三、托运人填写部分

(一) 填写“发站”栏和“到站(局)”栏

填写本栏应分别按《铁路货物运价里程表》规定的站名完整填记,不得填写简称。如“杭州北站”不能写成“杭北”。到达(局)名,填写到达站主管铁路局名的第一个字,如“(哈)、(上)、(广)”等,但到达北京铁路局的,则填写“(京)”字。各铁路局全称、简称对照表如表 4-8 所示。另外,“到站所属省(市)、自治区”栏,填写到站所在地的省(市)、自治区名称。托运人填写的到站、到达局和到站所属省(市)、自治区名称,三者必须相符。如“东海站”在林密线上,而“东海县”则在陇海线上,属于江苏省。

(二) 填写托运人和收货人名称、地址及电话各栏

填写本栏时应详细填写托运人和收货人所在省、市、自治区城镇街道和门牌号码或乡、村名称。托运人或收货人装有电话时,应记明电话号码。如果托运人要求到站后用电话通知收货人时,必须将收货人电话号码填写清楚。

表 4-6 铁路货物运单正面

货物指定于　　月　　日搬入　　　××铁路局　　　　领货凭证

承运人/托运人装车
承运人/托运人施封

货位：　　　　　**货 物 运 单**　　　　　车种及车号

计划号码或运输号码：　　　货票第　　　号　　　货票第　号

运到期限　　日　　托运人→发站→到站→收货人　　运到期限　日

托运人填写					承运人填写			
发站		到站(局)			车种车号		货车标重	
到站所属省(市)自治区					施封号码			
托运人	名称				经由	铁路货车篷布号码		
	住址		电话		运价里程	集装箱号码		
收货人	名称							
	住址		电话					

货物名称	件数	包装	货物价格	托运人确定重量/kg	承运人确定重量/kg	计费重量	运价号	运价率	运费
合计									
托运人记载事项：	保险：				承运人记载事项：				

注：本单不作为收款凭证，托运人须知见背面。规格：350 mm×185 mm

托运人盖章或签字　　年　月　日

到站交付日期戳

发站承运日期戳

发站		
到站		
托运人		
收货人		
货物名称	件数	重量
托运人盖章或签字		
发站承运日期戳		

注：收货人领货须知见背面

表 4-7　铁路货物运单背面

收货人领货须知 1. 收货人接到托运人寄交的领货凭证后,应及时向到站联系领取货物。 2. 收货人领取货物已超过免费暂存期限时,应按规定支付货物暂存费。 3. 收货人在到站领取货物,如遇货物未到时,应要求到站在本证背面加盖车站日期戳证明货物未到。	托运人须知 1. 托运人持本货物运单向铁路部门托运货物,证明并确认和愿意遵守铁路货物运输的有关规定。 2. 货物运单所记载的货物名称、重量与货物的实际完全相符,托运人对其真实性负责。 3. 货物的内容、品质和价值是托运人提供的,承运人在接收和承运货物时并未全部核对。 4. 托运人应及时将领货凭证寄交收货人,凭此联系到站领取货物。

表 4-8　各铁路局全称、简称对照表

铁路局全称	铁路局简称	铁路局全称	铁路局简称
哈尔滨铁路局	哈	南昌铁路局	昌
沈阳铁路局	沈	广州铁路(集团)公司	广
北京铁路局	京	柳州铁路局	柳
呼和浩特铁路局	呼	成都铁路局	成
郑州铁路局	郑	兰州铁路局	兰
济南铁路局	济	乌鲁木齐铁路局	乌
上海铁路局	上	昆明铁路局	昆

（三）填写货物名称栏

填写货物名称栏要按《铁路货物运价规则》中的“铁路货物运输品名检查表”内所列载的品名填写。按一批托运的货物,不能逐一将品名在运单内填记时,须另填物品清单一式三份,一份由发站存查,一份随同运输票据递交到站,一份退还托运人。铁路物品清单如表 4-9 所示。

表 4-9　铁路物品清单

发站　　　　　　　　　　　　　　　　　　　　　　　货票第________号

货件编号	包装	物品名称	详细内容	件数或尺寸	材质	重量	新旧程度	价格

（四）填写包装栏

填写本栏有关的包装种类，如“木箱”“麻袋”“铁桶”等。按件承运的无包装货物填写“无”。

（五）填写件数栏

填写本栏按货物名称与包装种类分别填写。

（六）填写货物价格栏

应填写该项货物的实际价格，全批货物的实际价格为确定货物保价运输、保价金额或货物保险运输、保险金额的依据。

铁路受保险公司委托，代办铁路货物运输保险，托运人对投保货物运输险的货物，应在货物运单“托运人记载事项”栏内加盖“已投保运输险，保险凭证××号”戳记，并在“货物价格”栏内，准确填写该批货物的总价格，铁路部门根据总价格，确定保险金额，托运人在支付货物运费的同时，交保险金。

（七）填写托运人确定重量栏

应按货物名称及包装种类分别将货物实际重量（包括包装重量）用“kg”记明，在“合计重量”栏中填记该批货物的总重量。

（八）填写托运人记载事项栏

填写需要由托运人声明的事项。主要包括以下几个方面：

（1）货物状态有缺陷，但不致影响货物安全运输，应将其缺陷具体注明。

（2）需要凭证明文件运输的货物，应将证明文件名称、号码及填发日期注明。

（3）托运易腐货物或“短寿命”放射性货物时，应记明允许运输期限；需要加冰运输的易腐货物，途中不需要加冰时，应记明“途中不需要加冰”。

（4）笨重货件或规格相同的零担货物，应注明货件的长、宽、高度，规格不同的零担货物应注明全批货物的体积。

（5）按规定其他需要由托运人在运单内记明的事项。

（九）托运人盖章或签字栏

托运人于运单填记完毕，并确认无误后，在此栏盖章或签字。

（十）领货凭证各栏

托运人填写时（包括印章加盖与签字）应与运单相应各栏记载内容保持一致。

四、承运人填写部分

（一）办理托运手续

发站对托运人提出的运单经检查填写正确、齐全，到站营业办理范围符合规定后，应在“货物指定于×月×日搬入”栏内，填写指定搬入日期，并应填记运输号码，由经办人签字或盖章，交还托运人，凭此将货物搬入车站。

（二）经由栏

本栏按货物运价里程按最短径路计算时，可不填；按绕路经由计算运费时，应填记绕路经由的接算站名或线名。

（三）运价里程栏

本栏填写发站至到站间最短径路的里程，但绕路运输时，应填写绕路经由的里程。

（四）计费重量栏

本栏零担货物填记按规定处理尾数后的重量或起码重量。

（五）运价号栏

按“货物运价分类表”规定的各该货物运价号填写。

（六）运价率栏

按该批货物确定的运价号和运价里程，从“货物运价率表”中找出该批（项）货物适用的运价率填写。

（七）承运人记载事项栏

填记需要由承运人记明的事项。

（八）货票各联的填写

根据货物运单记载的内容填写，金额不得涂改，如果填写错误要按作废处理。

货票印有固定号码，分甲、乙、丙、丁四联。甲联留在发站以备存查，作为本站统计和管理的依据；乙联上报分局供审核、记账用，由分局定期将票据送铁路局统计，工厂进行货物发送吨统计、局间货票资料交换、分货物品类别和区段别货流量统计等精密统计，然后再返回分局保存；丙联交给托运人作为承运和报销凭证；丁联在车站根据货物到站编入货物列车，形成货物列车编组顺序表，作为出发货物列车确报，对于零担货票还要进行中转货票交换，作为中转零担车的配装依据。

（九）运单所附的领货凭证

领货凭证由发站加盖承运日期戳后，连同货票丙联一并交给托运人。

（十）货票丁联“收货人盖章或签字”栏

由收货人在领取货物时盖章或签字。

（十一）货票丁联“卸货时间”栏

卸货时间按到站卸车完毕的日期填写；“到货通知时间”按发出到货催领通知的时间填写。

铁路货物运输的货票甲联如表 4-10 所示，表 4-11 是货票丁联的背面。

【训练目标】

掌握铁路运单在铁路货物运输中的作用。明确运单的内容，能计算货物运到期限；会填写运单；了解货票各联的作用，会填写货票。

【训练准备】

（1）单据准备：铁路货运单、铁路货票、物品清单、铁路货物运输品名分类与代码表、铁路货物运价率表、货物运价里程表。

（2）训练地点：教室或实训室。

【训练步骤】

（1）运到期限的计算训练。

（2）以托运人身份填写运单训练。

（3）以承运人身份填写运单训练。

（4）货票填写训练。

（5）物品清单填写训练。

表 4-10 铁路货物运输的货票甲联

铁路货物运输

货 票

计划号码或运输号码　　　　　　　　　　　　　　　　　　　　甲 联

货物运到期限　　日　　　　　发 站 存 查　　　　　　　　A00001

发站		到站(局)		车种车号		货车标重		承运人/托运人装车		
托运人	名称			施封号码				承运人/托运人施封		
	住址		电话	铁路货车篷布号码						
收货人	名称			集装箱号码						
	住址		电话	经由				运价里程		
货物名称	件数	包装	货物重量/kg		计量重量	运价号	运价率	现付		
			托运人确定	承运人确定				费别	金额	
								运费		
								装费		
								取送车费		
								过秤费		
合计										
记事								合计		

发站承运日期戳

表 4-11 铁路货物运输的货票丁联背面

1. 货物运输变更事项

受理号	电报号	变更事项	运杂费收据号码
处理站日期戳	经办人盖章		

2. 关于记录事项

编制站	记录号	记录内容

3. 交接站日期戳

(1)	(2)	(3)	(4)	(5)	(6)

续表

4. 货车在中途站摘车事项

车种、车号 车次、时间	摘车原因	货物发出 时间、车次、 车种、车号

摘日 车期 站戳	经盖 办 人章

车种、车号 车次、时间	摘车原因	货物发出 时间、车次、 车种、车号

摘日 车期 站戳	经盖 办 人章

【注意事项】

(1) 正确。就是填记的内容和方法符合规定,正确无误。

(2) 完备。就是对应填记的项目必须填写齐全,不漏项目。

(3) 真实。要求实事求是填写,内容真实,不得虚假隐瞒。

(4) 清晰。字迹清晰,文字规范,不任意简化或代用。

【训练评价】

铁路货物运输运单的填写技能训练评价表如表 4-12 所示。

表 4-12 铁路货物运输运单的填写技能训练评价表

被考评人					
考评人					
考评内容	铁路货物运输运单的填写				
考评标准	内　　容	分值	自我评价	小组评议	实际得分
	运单填写清晰,无涂改	20			
	运单填写正确,无错误	20			
	运单填写完整,无遗漏项目	30			
	货单填写正确	30			
合　　计		100			
分项能力考评标准	A 级:能又快又好地完成工作任务,并能指导别人完成工作任务(100%) B 级:能又快又好地完成工作任务(90%) C 级:能熟练地完成工作任务(80%) D 级:能独立地完成工作任务(70%) E 级:能在别人的指导下完成工作任务(60%)				

注:1. 实际得分=自我评价 40%+小组评议 60%;

2. 考评满分为 100 分,60~74 分为及格,75~84 分为良好,84 分以上为优秀。

【训练建议】

（1）多准备一些铁路货运单、铁路货票、物品清单。

（2）建议根据当地铁路运输的实际情况设计一些练习题进行训练。

实训项目三　铁路货物运输的包装

【工作任务】

在铁路或货运站，按照铁路货物运输的要求，选择适宜的材料包装货物，检查货物的包装是否符合铁路货物运输的要求，识别各种包装标志。

【相关知识】

一、铁路零担货物运输包装的要求

（一）基本要求

（1）铁路部门要求托运人根据货物的性质、重量、运输种类、运输距离、气候条件、堆码，以及货车装载等条件，使用符合运输要求、便于装卸和保证货物安全的运输包装。

（2）托运人应当按照国家包装标准或行业包装标准对需要包装的货物进行包装，没有国家包装标准或行业包装标准的，应当妥善包装，使货物在运输途中不因包装原因而受损坏。

（3）托运人所托运的货物如果包装不符合前款要求时，托运人应改善后再托运，否则，铁路部门将不予承运。货物状态有缺陷，但不致影响货物安全，托运人可在货物运单内具体注明后托运。

（二）具体要求

（1）不论使用何种材料做包装，均必须以保证本批货物自码高超过 2.5 m，而底下的包装压不变形为准。

（2）所有货件的包装都必须坚固紧密，不能随便伸手就能拿出货物或机械附件。

（3）所有袋装货物都不能捆口，必须密缝或热轧。

（4）根据铁路货物运输规程的规定，在货物包装上做好指示标志，如由此吊起、不能倒置、小心轻放等，以便使有关人员在装卸、运输和保管过程中引起特别注意，保证货物和人身安全。

二、各种包装材料的包装要求

（一）使用木箱包装的货物

（1）托运人托运的货物如果采用木箱包装，应根据货物的性质、价值、体积、重量合理使用。价值较高、容易散落丢失的货物，应使用密封木箱；重量较大、较长的货物，应适当增加横带和箱板厚度。

（2）货重为 20~50 kg 时，箱板厚度应不小于 12 mm。货重为 51~200 kg 时，箱板厚度为 13~15 mm。货重为 201~5 000 kg 时，箱板厚度为 15~20 mm。货重在 5 000 kg 以上时的花格木箱箱板厚度应不小于 20 mm。货重在 10 t 以上，或箱高在 3 m 以上者,木板厚度应不小于 30 mm。

(3) 组装木箱时,铁钉须在堵板上,不应有虚钉。装五金机械类货物时,木箱两端要用铁线或铁腰四周捆紧箍牢,箱内货件必须固定牢靠,做到不摇晃、不滚动。

(4) 笨重货物包装必须使用质量良好的木料、钢料、钢筋混凝土作底托,包装木架箱除应使用木板或纤维板、荆巴、竹片等进行组装外,还应附加油毡防潮。同时,应按箱高在四周加固横带,不得少于三周横带,横带相接处必须以铁包角连接钉牢。内货应用塑料布罩好,并用螺丝将货物固定在底托(底带)上,螺丝杆的直径与孔眼大小要合适,并有一定厚度的铁垫(眼圈),用螺丝拧紧牢固。包装箱顶部必须有与货重相适应的支撑木,两端钉牢,以防吊起时钢丝绳夹坏包装。包装箱外应涂写“重心”“由此吊起”等指示标志和货件重量、运号、到站、收货单位。

(二) 使用纸箱包装的货物

1. 纸箱在包装中容易出现的问题

纸箱包装的货物多数是针织、百货、医药、仪表等,很多纸箱的纸板质量较低,支撑力差,大部分箱内没有垫板,封口的纸条拉力不够,外面只是两道纸腰或没有纸腰。有的纸箱边角开裂,不加修补还在使用,有的箱内装货不满,也没有用其他物质填充,以致箱盖塌陷变形。

2. 纸箱在包装中的技术要求

(1) 箱盖要对齐、不压、不懈,四角端正,箱角无漏洞,表层不开胶、不起泡。

(2) 箱内要有较适宜的内包装,以增强纸箱抗压力,如箱内装针织、百货均应有小盒等内包装,按层摆齐装满。纸箱质量应为五层瓦楞纸。纸箱上下开口处,各加一个硬纸板与箱舌板(上下盖)胶粘在一起,箱外封口用牛皮纸密封。箱内货物应平正饱满。箱外应根据重量用铁腰、纸腰或麻绳等捆成“卄”字形或“井”字形。

(3) 瓶装货物使用纸箱包装时,不仅需要上下垫板(下垫板应为双层瓦楞纸),箱内还要有硬纸插架。箱底连同垫板物总厚度不小于 15 mm,以防物品破损。

(4) 利用回收纸箱包装,对有破裂口的纸箱须修理后使用;破损处应用多层坚韧纸张或布条从内部裱糊,严禁只在箱外单面黏糊。

(三) 使用条筐包装的货物

1. 条筐包装容易出现的问题

条筐包装的货物多数是易碎品和工具零件等货物,有些条筐由于筐盖较小,又没和筐身用铁线在四周捆牢,伸手就能拿到货物。有的零件重量过大,与条筐支撑力很不相称,经过搬动很容易使条筐破碎。也有的货物由于在筐内塞摆不实,又无衬垫,货件在筐内滚动、撞击使条筐破散,造成内件丢失短少。

2. 使用条筐包装货物的技术要求

(1) 易碎品须用稻草等松软物品衬垫妥实。金属制品要串捆塞挤牢靠,不要在筐内滚动，五金工具或机械零件等较小物件，均应有袋盒盛装，排摆整齐。

（2）筐包装的筐盖要大于筐身，四周用铁丝与筐身拧紧。筐口须使用元条扎口。每件货物重量在 30 kg 以上时，筐外应用铁腰加固。

（3）每件货物重量在 30～50 kg 时，应使用全荆条编筐。立条（筋）直径在 5 mm以上，装货后耐压力不小于 200 kg，用铁腰以“卄”字形或“井”字形加固。

（四）桶装货物的包装

桶装货物大多数装运液体、乳状、粉状、颗粒等重量较大的货物及容易渗漏流失的货物。因此，桶的质量应坚固良好。使用桶包装货物的要求如下：

（1）装运液体货物的大型铁桶（铝桶），桶身、桶底不得腐蚀渗漏，不得用肥皂涂抹，桶、螺丝盖处应使用胶垫垫好，桶盖拧牢。

（2）装运乳状液体货物的金属圆桶，内衬两层 0.1 mm 的塑料袋，倒扎袋口，桶盖卡紧密封。装运粉末块状的一般铁桶包装要装满填实，桶盖卡紧拧牢（袋内空气要尽量排出，以免因空气膨胀内货外溢）。

（五）使用袋类包装的货物的包装要求

（1）袋口缝线要严密结实，最好扎角折边再用棉麻线缝口，以不见内货或内包装为准。

（2）使用塑料袋或布袋装运粉状和颗粒等容易撒落的货物时，应有坚韧结实的内包装，并将其封口先行折叠，经过热轧或密缝，再装入塑料袋或布袋内。

（3）要检查袋身质量，不能使用腐烂、破损的各种袋子装运货物。使用草袋装运金属制品时，要将内件穿孔打捆。

（六）使用各种包类包装的货物的要求

目前包类包装的货物存在的主要问题是缝口不严，捆扎不紧，运输途中经常发生污损、破散。因此，使用包类包装的货物要做到以下两点：

（1）包布两面搭头各留 10 cm，交叉折进缝入包内，使商品裹严。缝包针距不应大于 3 cm。捆绳牢固，按规定不能缺道，衬纸完满，坚韧牢固。

（2）使用麻包、席包、纸包的货物，缝口要严密不漏，缝线不能过细。外部捆绳要坚韧有力，打成“井”字形。

（七）使用各种材料捆绑的货物

使用各种材料捆绑的货物大部分是不易装箱且外形不太规则的粗杂物品，如新鲜蔬菜等。捆缠总的要求是应以捆扎结实、不松散脱落为准。具体要求如下：

（1）捆缠方法。使用草绳捆绑加固货物时，不能只用一根草绳，捆缠后两端打扣完成捆绑，这样容易造成一处绳断，全部绳散落，标签也随之丢失，就不能保证货物运输安全。因此，使用草绳捆绑时，首先要注意选材，不能使用断股霉烂的草绳，不能用单根草绳捆绑。应在货件两端各缠绕两圈后形成一道死结，每缠十周做一死结，分段缠绑。对于横竖交叉处应做压扣，掏压两次，以免滑扣散捆。

（2）捆缠部位。对容易造成破损、折裂的部位要厚垫满缠。例如，一些机械附件、钢铁半成品和机具铸件，就应将其突出的部位、棱角，先用草帘、草袋等物包扎，再以草绳满缠，以防撞碰破损。

(3) 一些废旧金属、下脚料等物，则应先行压轧成型，再以布片、草片衬垫，外以草绳捆扎。

(4) 某些较重又容易散捆的货物，如角铁、钢窗、木板、汽车弓子等，应该用粗铁线捆扎3~4道，拧紧箍牢。

(5) 个人物品包装时捆扎的要求：① 家具的腿部、背部和玻璃面等容易破损，应以木板防护，适当加固，再用草绳捆缠。② 家具内不能盛物，以免加大重量，造成破损。③ 自行车以草帘、草绳捆缠，不要露出容易丢失的附件。④ 家用电器应分别装入木箱或纸箱内，内加衬垫，外部用绳索捆扎。

(八) 坛罐盛装货物

坛罐盛装货物时易碎，内货带有流汁，很容易污染其他货物。如腐乳、酱菜、露酒、桂花酱、玫瑰酱等。因此，使用坛罐的质量一定要好，严密封口，最好先用草绳捆缠再装入木架箱内，并以松软物品隔垫妥实，以防坛罐破裂，内货外流，污染其他货物。

(九) 轴盘、木夹板

1. 使用轴盘包装的货物

首先要看轴盘是否完整无损，要不歪不斜，然后再检查货物在轴盘内环绕是否紧密，货件端头要采取密封措施，牢靠地固定在防护板上。未密封的端头，应使用塑料布罩好扎紧，以保证货物在运输途中不致磨损或侵入雨水。轴盘的侧面，应标明货件的重量、运号、到站及收货人。

2. 使用木夹板包装

要根据货物的重量、长度选择木方，做包装夹板。货物的怕磨部分，应以布片、草片、纸板等物加以防护，如各种纸张、纤维板、缝纫机架等，以免内货磨损，夹板外面再用铁腰或粗铁线捆扎牢固。

(十) 裸体货物

裸体货物是指某些无法采用任何包装的货物。在可以确保自身和其他货件安全，而且可以进行装卸、搬运的条件下，亦可依其具体情况，不加任何包装。这种货物在运输时要在货件表面标明运号、到站及收货人，较小货件也可以粘贴货签。

三、包装标志的要求

(一) 包装标志的颜色

货物包装的标志颜色是黑色，但是，如果包装的颜色使得黑色标志显得不清晰，则应在印刷面上用适当的对比色，最好以白色作为图示。标志的底色应避免采用易于同危险品标志相混淆的颜色。除非另有规定，一般应避免采用红色、橙色或黄色。包装标志的内容和图示如表4-13所示。

(二) 包装标志的使用方法

1. 包装标志的数目

一个包装件上使用相同标志的数目，应根据包装件的尺寸和形状决定。

表 4-13　包装标志的内容和图示

内容	图示	内容	图示
1. 易碎物品 运输包装件内装易碎品，搬运时应小心轻放		7. 重心 一个单元货物的重心位置	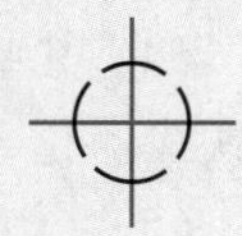
2. 禁用手钩 搬运运输包装时禁用手钩		8. 禁止翻滚 不能翻滚运输包装	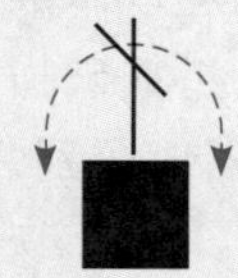
3. 向上 运输包装件应竖直向上	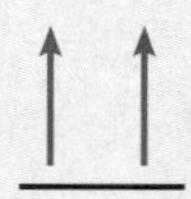	9. 此面禁用手推车 搬运货物时此面禁止放在手推车上	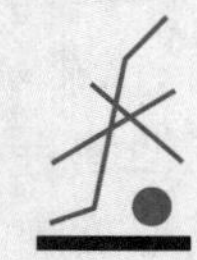
4. 怕晒 运输包装件不能直接照射		10. 堆码层数极限 相同包装的最大堆码层数，n 表示层数极限	
5. 怕辐射 包装物品一旦受辐射便会完全变质或损坏		11. 堆码重量极限 运输包装件所能承受的最大重量极限	
6. 怕雨 包装件怕雨淋		12. 禁止堆码 包装件不能堆码，并且其上面也不能放置其他负载	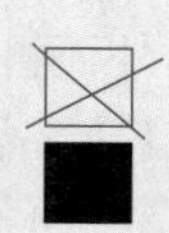

2. 包装标志在各种包装件上的粘贴位置

（1）箱类包装：粘贴位置位于包装端面或侧面。

（2）袋类包装：粘贴位置位于包装明显处。

（3）桶类包装：粘贴位置位于桶身或桶盖。

（4）集装单元体包装：粘贴位置位于四个侧面。

3. 包装标志放置的位置

（1）包装标志 1“易碎物品”应标在包装件所有四个侧面的左上角处。

（2）包装标志 3“向上”应标在与标志 1 相同的位置上。当标志 1 和标志 3 同时使用时，标志应更接近包装箱角。

（3）包装标志 7“重心”应尽可能标在包装件所有 6 个面的重心位置上，至少也应标在包装件四个侧面、端面的重心位置上。

（4）包装标志“由此夹起”只能用于可夹持的包装件；标志应标在包装件的两个相对面上，以确保作业时标志在叉车司机的视线范围内。

（5）包装标志“由此吊起”至少贴在包装件的两个相对面上。

包装标志的放置位置的示意图如图 4-1 所示。

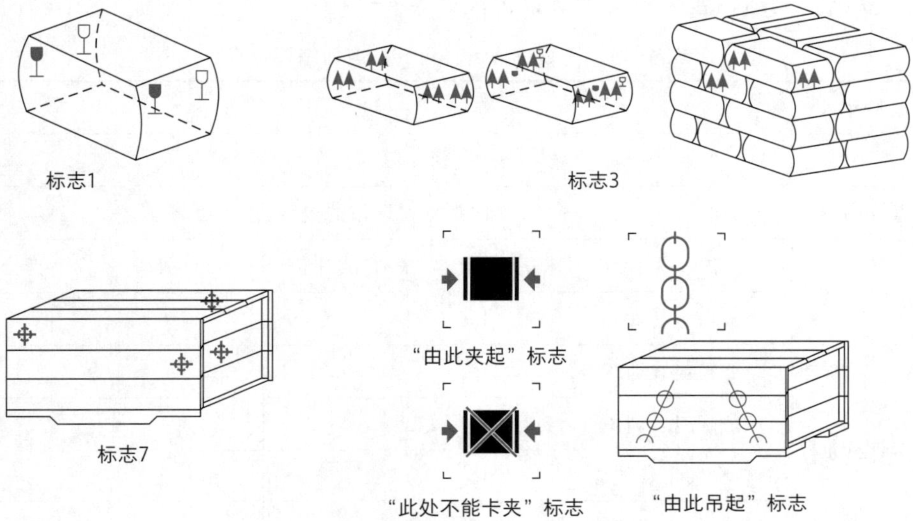

图 4-1　包装标志的放置位置

【训练目标】

能够选择适宜的材料包装货物，会检查货物的包装是否符合铁路货物运输的要求；能够识别各种包装标志。

【训练准备】

（1）分组：每组 4～5 人。

（2）准备包装用的木箱、纸箱、条筐、塑料包装桶、包装袋（塑料或其他材料）、捆扎货物的草绳、铁钉等。

（3）能够就地取材用于包装的货物，如书、汽车配件、饮料、砂石、液体货物、蔬菜、水果等。

（4）表 4-13 中 12 种货物包装标志贴纸。

（5）模拟货运站。

【训练步骤】

（1）木箱包装标志与货物包装训练。

（2）纸箱包装标志与货物包装训练。

（3）条筐包装标志与货物包装训练。

（4）塑料桶包装标志与货物包装训练。

（5）包装袋包装标志与货物包装训练。

（6）包装绳包装标志与货物包装训练。

【注意事项】

（1）训练前熟悉各种包装材料的包装要求。

(2) 包装训练完毕后,再认真检查货物包装是否符合要求。

(3) 练习货物包装时要注意安全。

(4) 如果在货场训练,要严格遵守货场的各项规定。

【训练评价】

铁路货物运输包装技能训练评价表如表 4-14。

表 4-14　铁路货物运输包装技能训练评价表

被考评人					
考评人					
考评内容	铁路货物运输的包装				
考评标准	内　容	分值	自我评价	小组评议	实际得分
	木箱包装训练	15			
	纸箱包装训练	15			
	条筐包装训练	15			
	塑料桶包装训练	15			
	包装袋包装训练	15			
	包装绳包装训练	15			
	熟悉包装标志	10			
合　计		100			
分项能力考评标准	A 级:能又快又好地完成工作任务,并能指导别人完成工作任务(100%) B 级:能又快又好地完成工作任务(90%) C 级:能熟练地完成工作任务(80%) D 级:能独立地完成工作任务(70%) E 级:能在别人的指导下完成工作任务(60%)				

注:1. 实际得分 = 自我评价 40%+小组评议 60%;

2. 考评满分为 100 分,60~74 分为及格,75~84 分为良好,84 分以上为优秀。

【训练建议】

建议在当地货运站训练。

同步测试

一、填空题

1. 铁路货物运输按照一批货物的重量、体积、性质或形状等因素可以分为__________、__________和________三种。

2. 铁路运输的技术装备和设施主要包括铁路机车、________及________。

3. 铁路货物运输合同变更的种类主要包括________和__________两类。

4. 铁路货物运到期限由货物发送期间、__________和__________三部分组成。

5. 铁路货物运价按货物运输种类分为整车货物运价、______和________三种。

6. 铁路货物运价核收的依据是____________________。

二、问答题

1. 集装箱运输有哪些要求?

2. 铁路运输服务具有哪些优缺点? 其主要功能是什么?

3. 铁路货物运输的作业流程是怎样的?

4. 铁路货物运输费用的计算程序是怎样的?

05

Chapter

第五章 航空货物运输管理实务

知识目标：

- 掌握航空货物运输的概念及类型
- 理解航空货物运输的特点及主要功能
- 了解航空货物运输的技术装备与设施
- 掌握航空货物运输的成本结构与市场竞争
- 了解航空货物运输当事人
- 掌握国内航空货物运输出港业务流程
- 掌握国内航空货物运输进港业务流程
- 掌握国际航空货物运输出口流程及主要单证
- 掌握国际航空货物运输进口流程及主要单证

技能目标：

- 能够计算航空货物运输运费
- 能够填写航空货物运输运单

素养目标：

- 遵纪守法，确保航空货物运输组织的高效安全
- 培养国际视野，增强航空服务意识

- 思维导图

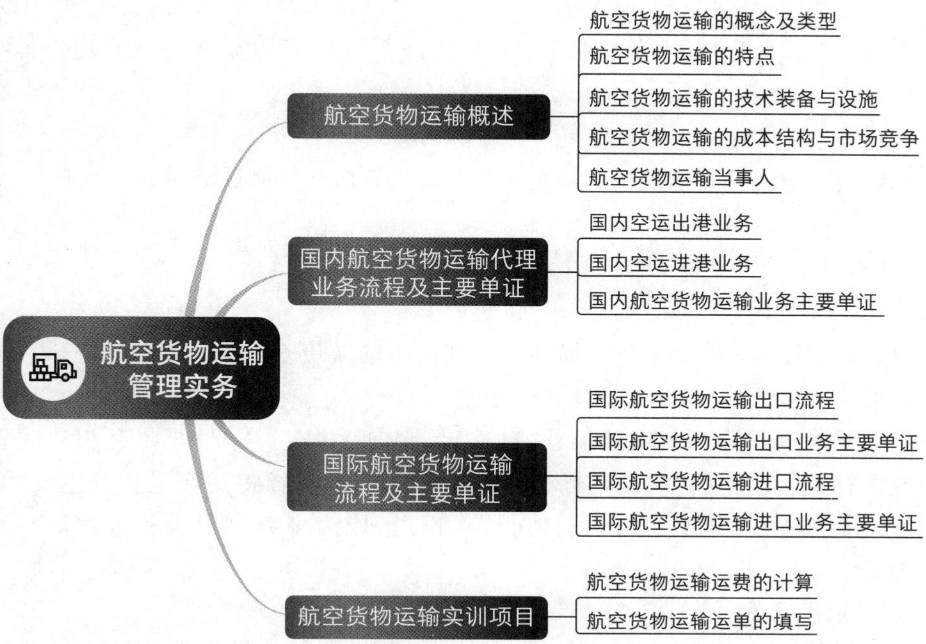

航空货物运输具有高科技性、运输速度快、准点率高、机动灵活、安全舒适、建设周期短、回收快、可变成本高等特点，适用于高附加值及时效性强的货物运输，国际货物流通与贸易很多采用航空运输方式来进行。同时，航空货物运输的发展水平也反映了一个国家科学技术和国民经济的发展水平。

第一节 航空货物运输概述

一、航空货物运输的概念及类型

航空货物运输是使用飞机或其他航空器进行运输的一种运输方式，这种运输方式既安全又迅速。航空货物运输已经在商业上普遍使用，在发达国家，甚至一般家庭的礼品赠送、搬家等也开始使用航空运输。

（一）航空货物运输的业务形态

航空货物运输的业务形态有以下三种：

1. 航空货物运输业

航空货物运输业是适应他人需要，使用飞机有偿地进行货物运输的行业。

2. 航空货物运输代理业

航空货物运输代理业是为航空运输企业缔结运输契约代理的行业，即作为航空运输企业的代理人，承担航空货物运输经营，并与委托者签订航空运输契约的行业。

3. 航空运输作业

航空运输作业是以航空运输企业的名义进行航空货物运输作业的行业。

（二）航空货物运输方式

1. 班机运输

班机运输是指利用在固定航线上定期航行的航班来进行货物运输。班机运输一般有固定的始发站、到达站和经停站。

由于班机运输有固定的航线、挂靠港、航期，并在一定时间内有相对固定的收费标准，对发货人来说可以在合同签署之前预期货物的起运和到达时间，核算运费成本，合同的履行也较有保障，因此，成为多数发货人首选的航空货运方式。

2. 包机运输

由于班机运输形式下货物舱位常常有限，因此当货物批量较大时，包机运输就成为重要方式。包机运输通常可分为整机包机和部分包机。

整机包机是指航空公司或包机代理公司按照合同中双方事先约定的条件和运价将整架飞机租给租机人，从一个或几个航空港装运货物至指定目的地的运输方式。

部分包机则是指由几家航空货运代理公司或发货人联合包租一架飞机，或者由包机公司把一架飞机的舱位分别卖给几家航空货运代理公司的货物运输方式。相对而言，部分包机适合于运送 1 t 以上但货量不足整机的货物，在这种运输方式下，货物运费较班机运输低，但由于需要等待其他货主备妥货物，因此，运送时间会增加。

与班机运输相比，包机运输可以由承租飞机的双方议定航程的起止点和中途停靠的空港，更具灵活性。但各国政府出于安全的需要，也为了维护本国航空公司的利益，对其他国家航空公司的飞机通过本国领空或降落本国领土往往加以限制，复杂烦琐的审批手续大大增加了包机运输的营运成本，因此，目前使用包机业务的地区并不多。

3. 集中托运

集中托运是指集中托运人将若干批单独发运的货物组成一整批，向航空公司办理托运，采用一份航空总运单集中发运到同一目的空港，由集中托运人在目的地指定的代理收货，再根据集中托运签发的航空分运单分拨给各实际收货人的运输方式，也是航空货物运输中开展最为普遍的一种运输方式。

二、航空货物运输的特点

（一）航空货物运输的主要优点

1. 速度快

现代喷气式运输机的时速都在 900 km/h 以上，比海轮快 20～30 倍，比火车快 8～10 倍。速度快是航空运输的最大优势和主要特点。它使货物在途时间大大缩短，货主存货减少，保管费用降低。

2. 运输路程最短

飞机除了由于航行的特殊需要以外，一般是在两点间作直线飞行，不受地面条件限制，因此，同一起讫点间航空运输路程最短。

智慧运输新视界：科技赋能，战疫实景，无人机无接触配送。

3. 平稳

喷气式民航飞机的飞行高度一般在 10 000 m 左右，不受低空气流的影响，飞行平稳，空中航行的平稳性减少了货损比率。

4. 灵活

飞机是在广阔的空中飞行，比火车、汽车或船舶受到线路制约的程度小得多。飞机可以按班期飞行，也可以进行不定期飞行；可以在固定航线上飞行，也可以在非固定航线上飞行。

5. 安全

航空货物运输中，对飞机适航性要求极其严格，没有适航证的飞机不允许飞行。尽管飞行事故中会出现机毁人亡（事故严重性最大），但按单位货运周转量来衡量，航空货物运输的安全性是很高的。

6. 包装要求低

在航空运输时，用一张塑料薄膜包裹货物并不少见。空中航行的平顺性和自动着陆系统减少了货损的可能性，因此，可以降低包装要求。

（二）航空货物运输的主要缺点

1. 载运能力低、单位运输成本高

因飞机的机舱容积和载重能力较小，因此，单位运输周转量的能耗较大。除此之外，机械维护及保养成本也很高。

2. 受气候条件限制

因飞行条件要求很高（保证安全），航空货物运输在一定程度上受到气候条件的限制，从而影响运输的准点性与正常性。

3. 可达性差

通常情况下，航空货物运输难以实现客货的"门到门"运输，必须借助其他运输工具（主要为汽车）转运。

（三）航空货物运输的功能

航空货物运输的上述特点，使它主要担负以下功能：

(1) 鲜活易腐等特种货物,以及价值较高或紧急物资的运输。

(2) 邮政运输。

三、航空货物运输的技术装备与设施

航空货物运输的技术装备与设施主要包括飞机及航空港(机场)。

(一) 飞机

飞机是航空货物运输的运输工具。由于飞机是通过高速造成与空气间的相对运动而产生空气动力为支托并使飞机在空中飞行的,因此,为了确保飞行安全起飞和安全着陆,飞机的重量是其主要的技术指标。每次飞行前,应严格根据限制条件控制飞机装载重量。同时,飞机重量也是确定跑道长度、道面结构及厚度的重要设计参数。飞机的重量包括:

(1) 基本重量又称为不变重量,是飞机的基本飞行空机重量,由空机重量、附加设备重量、空勤人员及其随带物品(用具)重量、服务设备及供应的重量、其他按规定应计算在基本重量之内的重量组成。

(2) 最大起飞重量,是指飞机根据其结构强度、发动机功率、刹车效能等因素确定的在起飞线加大马力起飞滑跑时限制的全部重量,其数值由飞机设计制造时确定。

(3) 最大滑行重量,是指飞机在滑行时限定的全部重量,其数值大于最大起飞重量,两者的差额就是滑行过程中的用油重量,这部分燃油必须在起飞前用完。

(4) 最大无燃油重量,是指除燃油以外所允许的最大飞机重量。它由飞机的基本重量和业务载重量组成。

(5) 燃油重量,是指航段飞行的耗油量和备用量,但不包括地面开车和滑行的油量,故又称为起飞油量。

(6) 最大着陆重量,是指飞机在着陆时,根据其起落装置与机体结构所能承受的冲击荷载限定的最大飞机重量。

(7) 最大业务载重量,是指航空营运限定的最大客货重量,包括旅客、行李、货物、邮件等的重量。

(二) 航空港

中华人民共和国国家标准《物流术语》(GB/T 18354－2021)对航空港(airport)的定义是:位于航空运输线上,依托机场的建筑物和设施,开展货物装卸暂存、中转分拨等物流业务的基础设施(区域)。与一般飞机场比较,航空港的规模更大,设施更为完善。航空港体系主要包括飞机活动区和地面工作区两部分,而航站楼则是两个区域的分界线。

航空运输使用的机场多由政府部门筹资建造,航空公司使用机场要支付使用费,停放飞机要支付租金。

在机场，航空公司要完成对货物和飞机的各项服务，包括加油，货物及行李的上下机，食物供应以及维修工作。大型航空公司的飞机维护工作在特定的机场进行。

随着航空公司的运营日趋复杂，某些机场要发展成为航空中心（枢纽）。从人口较少的外围地区来的航班集中到该中心，然后由接运航班运送到其他地方。总之，中心机场的作用有些类似于汽车运输业的客货转运站。

四、航空货物运输的成本结构与市场竞争

（一）航空货物运输的成本结构

航空货物运输的成本结构由高可变成本和低固定成本构成。这是因为政府投资并经营机场和航线，而航空公司不必直接支付这些固定设施的建设及管理费用。

航空公司的固定成本主要包括购置运输机成本、飞机保险费及其维护费用。其可变成本则包括机场使用费、人工和燃料开支、代理机构佣金、广告及服务促销费用等。

（二）航空货物运输的市场竞争

航空货物运输的市场竞争较为剧烈，各国航空公司之间通常在运费、航线开辟、服务质量方面展开竞争。目前，国内民用航空公司也逐步形成中央与地方多家经营的局面，联合、竞争的态势将进一步发展，当然这也将促进我国航空运输事业的进步。

五、航空货物运输当事人

航空货物运输当事人主要有发货人、收货人、承运人、代理人以及地面运输公司。

（一）航空公司（承运人）

航空公司自身拥有飞行器并借以从事航空运输活动，它的主要业务是把货物和旅客从某地机场用飞机运到另一地机场。多数航空公司有定期航班，有些则无定期航班，只提供包机服务，如卢森堡货运航空公司、马丁航空公司等。这些航空公司拥有货机，可运输大批量货物、超限货物及活种畜等。

（二）航空货运公司（代理人）

航空货运公司又称为空运代理，它是随着航空运输的发展以及航空公司运输业务的集中化而发展起来的一种服务性行业。主要从事航空货物在始发站交给航空公司之前的揽货、接货、报关、订舱及在目的地从航空公司手中接货、报

关、交付或送货上门等业务。

1. 空运代理的优点

(1) 使航空公司能更加集中精力地搞好空中运输业务而不必担心货源。

(2) 方便货主,货主可以及时托运、查询、跟踪货物。

(3) 将零散货物集中拼装托运,简便手续,降低运输成本。

2. 空运代理的服务功能

空运代理在经营进出口货运业务时,可以向货主提供以下服务:

(1) 提供上门收、送货服务。

(2) 订舱。

(3) 报关。

(4) 制作航空运单。

(5) 办理保险、结汇及费用代付业务。

(6) 办理货物转运业务。

(7) 提供信息查询及货物跟踪服务。

第二节 国内航空货物运输代理业务流程及主要单证

国内航空货物运输代理业务是指对出发地、约定的经停地和目的地均在中华人民共和国境内的民用航空货物运输的代理业务。国内航空运输代理业务主要分为国内空运出港业务和国内空运进港业务。

一、国内空运出港业务

国内空运出港业务是国内航空货物运输代理业务中的一个重要组成部分。在整个业务流程中,代理人完成业务受理、订舱、审核单证、打包和称重、制单、结算费用、航空交接、航班查询、信息反馈等一系列作业环节,其基本业务流程如图 5-1 所示。

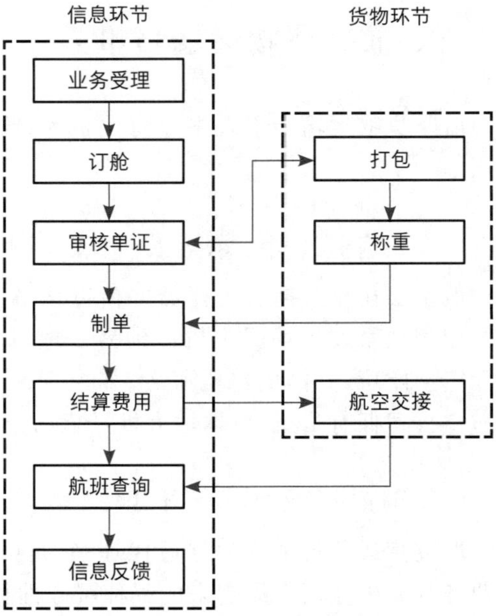

图 5-1 国内空运出港业务流程

(一) 业务受理

(1) 国内空运调度首先进行信息查询,确定通过网络、传真及其他途径传回的货物信息中,是否有到港空运及到港中转的货物预报业务。

(2) 按预报出港货物委托信息提供的目的地、件数、重量、体积、委托人等要求,做好记录。

(3) 接收委托人委托空运的传真文件,按客户提出的要求做好预订舱记录。

(4) 受理委托人要求空运的电话咨询,了解货物情况及目的地、件数、重量、提供方式,做好电话预订舱记录。

(二) 订舱

(1) 审核预订舱记录内容与前期提供的信息是否相符,如有疑义立即与委托人进行核实,同时将正确信息补充输入计算机系统。

(2) 根据订舱记录分别向航空公司订舱或预订舱。其中,订舱流程是:按已到达的空运货物量直接向航空公司订舱,获取航班号,并将确认的航班信息输入计算机系统。预订舱流程是:根据订舱记录对未到的货物或委托人预报的空运信息,向航空公司预订舱位,将航空公司确认的预订信息输入计算机系统。

(三) 审核单证

审核由委托人填写的"国内空运货物托运书"所列内容,仔细核对货物品名、件数、体积大小、包装和完好程度,确定计费重量,甄别所托运货物是否属禁运品,核实委托人及收货人的详细单位名称、姓名、联系电话是否齐全,核对无误后请委托人在委托书上签名确认。

(四) 打包和称重

需空运的货物到达后,进行卸货,磅秤实际重量,丈量体积,计算计费重量,司磅人员确定计费重量后在国内空运货物托运书上签名确认,将托运书交制单员。

在磅秤货物重量的同时,仔细检查货物包装是否符合航空要求,对包装不符合航空要求的货物,应向委托人建议加固外包装或改包装,并为委托人提供打包、改包装服务。为货物打包时,贵重物品、易碎物品在加固后,必须在货物的外包装上粘贴特殊标识,如防潮、防倒置、勿倾斜、轻搬轻放等。

(五) 制单

制单员根据"国内空运货物托运书"分别制作总运单、分运单。具体要求如下:

(1) 操作过程中,制单员应按委托人要求,详细填制所到达的城市及该城市代号,托运人、收货人名称、地址、联系电话,件数、实际重量、计费重量、航班日期、货物名称、外包装情况,并对特殊体积的货物注明体积尺寸。

(2) 在储运注意事项及其他栏内,对已订舱的货物应填制"已订舱",有随机文件的应注明随机文件份数,需机场自提的货物应写明"机场自提"。

(3) 正确填制运价,按计费重量填制不同等级的运价以及燃油费。运单填制完毕后,制单员签名,填制制单日期。

(4) 对“门到门”的货物,由制单员将运单及委托人填制的国内空运货物托运书一并进行复印,并将复印件交与到港调度制作派送单。

(六)结算费用

根据分运单的总价对单票空运业务进行结算。具体要求如下:

(1) 对委托人现场收取运费的,按分运单标明的总价开具发票,列明收费项目、运单号连同分运单(第一联)交委托方,收取现金或支票。

(2) 凡与公司签订业务合同、协议的委托人,以公司内部划账结算方式,列为月结账客户。结算时将分运单第一联交委托人。

(3) 制作“单票结算单”,将运单上所显示的收费内容分类计算,列明收入与支出,并显示所得利润。“单票结算单”应填制委托人的名称、收入来源、支出流向。

(七)航空交接

(1) 包装,制作航空票签或吊牌。航空票签或吊牌上必须填明运单号、目的地城市名称、件数、重量。航空运单与航空票签必须为同一航空承运人,不得有误。

(2) 根据不同航空承运人所列货运单内容要求,制作“航空交接单”。该单为航空承运人交接凭证,必须清晰显示交接货物的运单号、件数、重量、目的港城市名称。贵重物品托运时,必须填制“贵重物品交接单”,内容包括货物名称、件数、重量、外包装、运单号、目的地港城市名称,连同“航空交接单”一起交承运人。

(3) 装车。空运出港调度按空运货量情况申请车辆,安排人员负责装车事宜。同时,装车人员要认真核对装车票数和每一票出运的件数,并附记录。

(4) 交货。按承运人指定的交货时间、地点进行托运交接。双方过磅清点件数后,将总运单的第三联至第七联、随机文件以及贵重物品交接清单移交承运人,双方在航空交接单上签名。

(八)航班查询

预订航班和货交承运人后,待飞机起飞 2 小时后用电话向航空公司查询货物是否按预订的航班出运。在查询时应告知所查货物的运单号、目的地、城市名称、件数、重量,得到确切的航班出运信息后,应在运单上注明已出运航班号及时间。如果分批出运,应查询分批出运的次数、每次出运件数、重量。如果隔日配载,次日航班起飞 2 小时后再进行查询,直至该批货物全部出运完毕。

(九)信息反馈

空运出港、中转的货物与航空公司交接后,经查询确认该航班货物是否已按预订航班正常出运,将确认信息输入计算机系统并及时将信息反馈给委托人。

二、国内空运进港业务

国内空运进港业务主要是指为委托人的进港货物提供机场提货以及“门到门”的派送等业务。国内空运进港业务流程如图 5-2 所示:

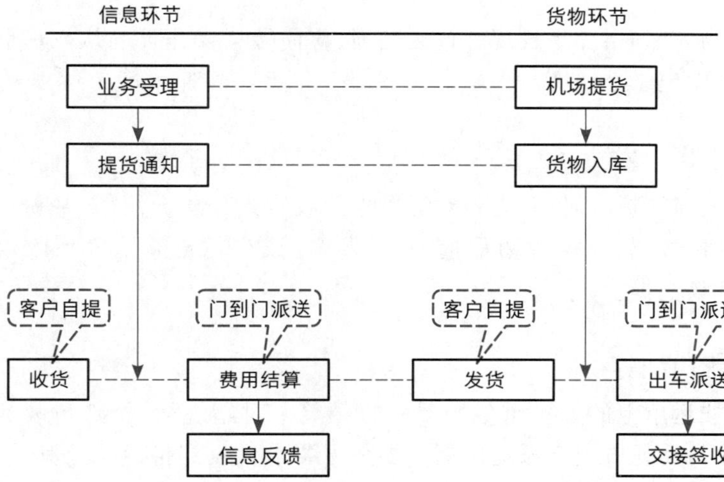

图 5-2 国内空运进港业务流程

(一)业务受理

根据到港货物信息,通知车辆调度安排车辆接货。同时,将信息输入计算机系统,注明货物件数、重量/体积、到港航班号和到达时间。

对需“门到门”派送的到港货物,通知业务员准备派送单证,做好相关派送准备工作。将所需派送单证交车辆调度,同时制作车辆申请单。

(二)机场提货

接货操作员按到港预报信息,在飞机到达 2 小时后,前往机场与航空公司人员进行现场交接。核对运单号,按运单号逐一清点到港货物票数、件数。确认无误后,在航空交接单上签收。对残缺或有异常情况的货物,应及时向航空公司索取商务记录单,详细记录航班号、运单号、件数和异常货物情况。

(三)提货通知

机场提货并将货物入库 2 小时内,按计算机信息或运单上注明的收货人联系方式,通知收货人,同时告知提货所需携带文件:运单传真件、身份证及公司介绍信。对无法正常取得联系的收货人,应及时与起运港委托人联系,获得确切的联系方式后及时通知,并做好记录。

（四）货物入库

（1）货物入库应有专人负责（当班人员负责），根据货物的品名、件数、体积及库位状况确定存放地点。

（2）货物进库前应仔细核对外包装上的唛头、航空标签上的运单号，做好入库记录，注明货物品名、件数、货主名称、货物来源、进库日期、时间，经办人应签名。

（3）货物入库时，如果发现外包装破损，应向接货操作员确认入库前的货物情况，并在入库记录上注明。

（五）收货、发货

当收货人前来提货时，首先核对运单号及收货人公司介绍信、身份证或有效证件，登记证件号码，根据货物重量，开具发票（或交付定额发票）、收取提货费后，方可将货物交提货人。

（六）费用结算

业务员按运单上的计费重量与委托方结算。对超规格、特殊包装的货物要求派送的，要与委托方确定派送费用。委托方要求代收到付运费及其他运杂费、派送费的，可直接开具应收费用发票，向收货人收取并交付款人兑付。

（七）出车派送

接到派送预报后，按货物的到港（航班）时间、派送地址、联系人电话与其取得联系，征求客户的派送要求及送达时间，同时为客户提供货物情况，并了解对方的卸货能力。

（八）交接签收

货物送达后与收货人当场清点交接签收，请收货人在派送单上签名并注明接收日期。

（九）信息反馈

派送完毕后将收货人签名的签收单以及相关单证以传真或 E-mail 方式反馈给委托人。

三、国内航空货物运输业务主要单证

（一）国内空运货物托运书

国内空运货物托运书是发货人在委托航空公司或空运货物运输代理公司办理货物托运时填写的必备单据，并由发货人签字、盖章。国内空运货物托运书主要包括如下内容：

（1）始发站、到达站全称。

（2）收货人、托运人的姓名、单位、地址、邮政编码和电话。

（3）托运人选择货物运费的支付方式，如预付或到付。

（4）货物的实际件数。

（5）货物的具体品名及包装种类。

（6）运输声明价值和运输保险价值。

（7）货物特性和储运注意事项，如“易碎”“防潮”等；货物到达后的提取方式等。

（二）航空货运单

1. 航空货运单的定义

航空货运单是国内航空货物运输中最重要的单据，它是承运人或其代理人出具的一种运输合同。它不能作为物权凭证，是不可议付的单据。其作用和用途为：

（1）它是一种承运合同。

（2）它是接收货物的证明。

（3）它是相关责任人费用结算的凭证。

（4）它是保险的依据。

（5）它是业务交接的依据。

2. 航空货运单的内容

航空货运单一式八联，正本三联，副本五联。主要内容包括：

（1）始发站、目的站所在城市名称。

（2）托运人及收货人的姓名、地址、邮编、电话号码。

（3）货物实际的各航线航班号码及日期。

（4）托运人要求声明的货物运输价值。

（5）货物的件数、实际重量、计费重量、适用的运价以及由相关数据得到的航空运费。

（6）货物品名、包装以及货物体积。

（7）地面运费、其他费用以及由相关数据得到的航空运费总额。

（8）货物运费的支付方式，如现金、支票以及信用卡等。

（三）航空分运单

航空分运单是国内航空货运代理公司在缮制航空货运单时，缮制和签发的货运单证，它是货运代理与委托人订立运输合同的依据之一。一般在分运单的右上角印有该代理公司的名称。航空分运单的制单方法和航空货运单的制单方法大致一致，不再赘述。

第三节
国际航空货物运输流程及主要单证

一、国际航空货物运输出口流程

航空货运出口流程是指航空货运公司从发货人手中接货到将货物交给航空公司承运这一过程所需经过的环节、办理的手续，以及必备单证的缮制，它的起点是从发货人手中接货，终点是将货交航空公司。

（一）托运受理

中华人民共和国国家标准《物流术语》（GB/T 18354－2021）对托运人（shipper）的定义是：本人或者委托他人以本人名义与承运人订立货物运输合同，并向承运人支付相应费用的一方当事人。托运人在货物出口地寻找合适的航空货运公司，为其代理空运订舱、报关、托运业务；航空货运公司根据自己的业务范围、服务项目等接受托运人委托，并要求发货人填制国际货物托运书，以此作为委托与接受委托的依据，同时提供相应的装箱单、发票等。

（二）订舱

航空货运公司根据发货人的要求及货物本身的特点（一般来说，非紧急的零散货物可以不预先订舱）填写订舱单，注明货物的名称、体积、质量、件数、目的港、时间等，要求航空公司根据实际情况安排航班和舱位，也就是航空货运公司向航空公司申请运输并预订舱位。

（三）货主备货

航空公司根据航空货运公司填写的订舱单确认航班和舱位后，由航空货运公司及时通知发货人备单、备货。

（四）接单提货

航空货运公司到发货人处提货并送至机场，同时要求发货人提供相关单证，如出口货物报关单、合同副本、商检证明、出口许可证、配额许可证、登记手册、装箱单（正本）、发票等。

对于通过空运与铁路等其他运输方式联运，从内地运往境外的出口货物，航空货运公司可以按发货人提供的运单号、航班号及接货地点和接货日期代其提取货物。

（五）缮制单证

（1）航空货运公司审核托运人提供的单证，缮制报关单，报海关初审。

（2）缮制航空货物运单，要注明收货人和托运人的名称、地址、联络方法，始发港及目的港，货物的名称、件数、质量、体积，包装方式等，并将收货人提供的货物随行单据订在运单后面。如果是集中托运的货物，要制作集中托运清单、航空分运单，一并装入一个信袋，订在运单后面。

(3) 将制作好的运单标签粘贴或拴挂在每一件货物上。

（六）报关

持缮制完的运单、报关单、装箱单、发票等相关单证到海关报关放行。海关在报关单、运单正本上盖放行章，并在出口产品返税的单据上盖验讫章。

（七）向航空公司交货

将盖有海关放行章的航空货物运单与货物一起交给航空公司，由其安排航空运输，随附航空货物运单正本、发票、装箱单、产地证明、品质鉴定书等。航空公司验收单证和货物无误后，在交接单上签字。

（八）信息传递

货物发出后，航空货运公司及时通知国外代理收货。通知内容包括航班号、运单号、品名、数量、质量、收货人的有关资料等。

（九）费用结算

费用结算主要涉及发货人、承运人和国外代理三个方面，即向发货人收取航空运费、地面运费及各种手续费和服务费，向承运人支付航空运费并向其收取佣金，按协议与国外代理结算到付运费及利润分成。

二、国际航空货物运输出口业务主要单证

（一）出口货物报关单

出口货物报关单一般由发货人自己填写。对于一般出口货物，填写报关单一式两份；对于转口输出货物，需要填写一式三份；需要由海关核销的货物，增加一份，并使用专用报关单。

（二）国际货物托运书

国际货物托运书由发货人填写，由其签字盖章，并要用英文缮制两份交给航空货运公司。

（三）装箱单及发票

装箱单上应注明货物的唛头、体积、质量、数量及品名等。发票上应注明收货人和发货人的名称、地址，货物的品名、单价、总价、原产国家等。装箱单和发票都必须由发货人签字盖章。

（四）国际航空货物运单

国际航空货物运单是由承运人或其代理人签发的重要货物运输单据。它是航空运输合同签订的初步证据，是承运人接收货物的初步证据，是运费账单和记账的凭证，是必备的报关单证之一，也是收货人核收货物的依据及承运人处理内部业务的依据。如果托运人要求承运人代办保险时，它还可以作为保险证书。

1. 航空运单的种类

航空运单分为航空主运单和航空分运单两种。

（1）航空主运单（Master Air Waybill，简称 MAWB）。

凡由航空公司签发的航空运单均称为航空主运单。它是航空公司据以办理货物运输和交付的依据，是航空公司和托运人之间签订的运输合同。每一批航空运输货物都有相应的航空主运单。

航空主运单一式 12 份，其中 3 份为正本（具有运输合同初步证据的效力），其余为副本（不具有运输合同初步证据的效力）。

（2）航空分运单（House Air Waybill，简称 HAWB）。

航空分运单是由航空货运公司在办理集中托运业务时签发给每一位发货人的运单。在集中托运的情况下，除了航空公司要签发给集中托运人主运单之外，集中托运人还必须签发航空分运单给每一位托运人。

航空分运单有正本 3 份，副本若干份。正本分别交发货人、航空货运公司及随货物同行交收货人。副本分别作为报关、财务、结算及国外代理办理中转分拨等用。

2. 航空运单的填写

航空运单一般由承运人根据托运人填写并签字的托运书填制。在没有相反证据的情况下，应当视为代托运人填写，托运人对货运单内容的正确性负责，承担法律后果。航空主运单填写说明如下：

（1）托运人名称和地址。详细填写托运人全名、国家、城市、门牌及电话。

（2）托运人账号。有必要时填写。

（3）收货人名称和地址。详细填写收货人全名、国家、城市、门牌及电话。此栏不得出现“To Order”字样。

（4）收货人账号。有必要时填写。

（5）始发站、第一承运人地址及所要求的线路。填写始发站城市的英文全称。

（6）路线和目的站。由民航填写经由的航空路线。

（7）货币。填写运单上所用货币代码。

（8）运费/声明价值费、其他费用。选择预付或到付，并在选择付费方式栏内作“*”记号。预付费用包括预付的运费总额、声明价值附加费、税金、代理人需要产生的其他费用、承运人需要产生的其他费用等；到付费用包括需到付运费总额、声明价值附加费、税金、分别属于代理人与承运人需要产生的其他到付费用；其他费用主要包括容器费（包括集装箱费）、中转费、地面运输费、保管费与制单费等。

(9) 托运人向承运人声明的货物价值。填写托运人在运输货物时声明货物的价值总数。如果托运人不需办理声明价值，则填写“NVD”。

(10) 托运人向目的站海关声明的货物价值。填写托运人向目的站海关申报的货物价值。托运人未声明价值时，必须填写“NCV”。

(11) 目的站。填写目的站城市的英文全称，必要时注明机场和国家名称。

(12) 航班/日期。填写已订妥的航班日期。

(13) 保险金额。托运人委托航空公司代办保险时填写。

(14) 处理情况。本栏填写货物上的唛头标记、号码和包装等；通知人的名称、地址、电话号码；货物在途中需要注意的特殊事项；其他需要说明的特殊事项。

(15) 件数。如果各种货物运价不同，要分别填写，总件数另行填写。

(16) 毛重。重量单位为“kg”，分别填写时，另行填写总重量。

(17) 运价类别。用M、N、Q、C、R或S分别代表起码运费、45 kg以下普通货物运价、45 kg以上普通货物运价、指定商品运价、附减运价（低于45 kg普通货物运价的等级运价）、附加运价（高于45 kg普通货物运价的等级运价）。

(18) 品名编号。指定商品运价则填写其商品编号；按45 kg以下普通货物运价的百分比收费的，则分别填写具体比例。

(19) 货物品名及体积。货物体积按长、宽、高的顺序以cm为单位填写最大的长、宽、高。

(20) 托运人或其代理人签字。表示托运人同意承运人的装运条款。

(21) 运单签发日期。日期应为飞行日期，如果货运单在飞行日期前签发，则应以飞行日期为货物装运期。

(22) 承运人或其代理人签字。有此签字，航空货运单才能生效。

（五）商检证明

出口货物的商检分为法定商检和合同商检。法定商检是国家为维护出口商品质量，而规定某些商品必须经过商检机构检验并出具检验证书；合同商检是指进口商为保证商品质量而要求出口方出具的商检证书。

商检证书是进出口业务中十分重要的单证，使用范围广泛，几乎每票出口货物都需要。常见的检验证书有质量检验证书、数量检验证书、卫生检验证书、兽医检验证书、防毒检验证书、产地检验证书等。

（六）出口许可证

凡出口国家限制出口的商品均应向出境地海关交验出口许可证。我国实行出口许可证管理的商品主要有珍贵稀有野生动植物及其制品、文物、金银制品、精神药物、音像制品等。

（七）出口配额许可证

出口配额许可是指国家对部分商品的出口，在一定时期内（一般是1年）规定数量总额，经国家批准获得配额的允许出口，否则不准出口的配额管理措施。例如：我国与美国、加拿大、挪威、瑞典、芬兰、奥地利以及欧盟签订了双边纺织品贸易协定，这些国家对从我国进口的纺织品的数量和品种进行限制。因此，凡向上述国家出口纺织品，必须向有关部门申领纺织品配额许可证。

（八）登记手册

凡以来料加工、进料加工和补偿贸易等方式出口的货物，均需向海关交验登记手册。

三、国际航空货物运输进口流程

国际航空货物运输进口流程是指航空货物从入境到提取或转运的整个过程中所需经过的环节、办理的手续，以及缮制必备的单证。航空货物入境后，要经过各个环节才能提出海关监管场所，而每经过一道环节都要办理一定的手续，同时出具相关的单证，如商业单据、运输单据及所需的各种批文和证明等。在入境地海关清关的货物，其国际航空货物运输进口流程如下：

（一）到货

航空货物入境后，即处于海关监管之下，相应地，货物存放在海关监管仓库内。同时，航空公司根据运单上的收货人发出到货通知。

若运单上的第一收货人为航空货运公司，则航空货运公司会把有关货物运输单据交给航空货运公司。

（二）分类整理

航空货运公司在取得航空运单后，根据自己的习惯进行分类整理。其中，集中托运货物和单票货物、运费预付货物和运费到付货物应区分开来。

集中托运货物需对总运单项下的货物进行分拨，对每一分运单的货物分别处理。分类整理后，航空货运公司可对每票货进行公司内部的编号，以便于用户查询和内部统计。

（三）到货通知

航空货运公司根据掌握的收货人资料寄发到货通知，告知其货物已到港，催促其速办报关、提货手续。

（四）缮制单证

根据运单、发票及证明货物合法进口的有关批文，缮制报关单，并在报关单的右下角加盖报关单位的报关专用章。

（五）报关

将制作好的报关单连同货物装箱单正本、发票、运单等递交海关，向海关提出办理进口货物报关手续。海关在经过初审、审单、征税等环节后放行货物。只有经过海关放行，才能从海关监管场所提货。

（六）提货

航空货运公司凭借盖有海关放行章的正本运单到海关监管场所提取货物，并送货给收货人。收货人也可自行提货。

（七）费用结算

货主或委托人在收货时应结清各种费用，如国际段到付运费、报关费、仓储费、劳务费等。

四、国际航空货物运输进口业务主要单证

（一）进口货物报关单

进口货物报关单与出口货物报关单格式大体相同。报关单是办理货物报关手续时的必备文件。

（二）装箱单、发票

进口业务的装箱单、发票与出口业务的装箱单、发票相同。

（三）航空运单

航空运单与出口业务的航空运单相同。

（四）进口许可证

凡进口国家限制进口的商品，均需申领进口许可证。我国属于进口许可证管理的商品很多，可参阅海关总署公布的“进口许可证管理货物目录”。

（五）商检证明

凡进口属于法定商检的商品，均需向海关交验国家商检机构及有关检验部门出具的检验证书。

（六）其他单证

对于其他特殊货物或特殊情况，应依海关规定，提交不同的文件、证明、单证，如无线电管委会证明、登记手册、减免税证明、保证函、赠送函、接收函等。

第四节 航空货物运输实训项目

任务实施：航空货物运输运费计算

实训项目一　航空货物运输运费的计算

【工作任务】

任务1：王亮在深圳购买某药品后要寄回兰州，到航空货运部门办理托运药品手续。药品的重量 350 g，航空部门收费 40 元，收费合理吗？航空货运的收费依据是什么？

任务2：从北京运送一批仪器，属于普通货物，计费重量 180 kg。计算运费。

任务3：一批服装从上海空运到哈尔滨，属于普通货物，计费重量 67 kg。计算运费。

任务4：从成都空运一批水果到北京，属于指定货物，计费重量 89 kg，计算运费。

任务5：从上海空运 30 kg 药品到西宁，计算运费。

【相关知识】

一、航空货物运价

（一）航空货物运价的定义

航空货物运价是出发地机场至目的地机场之间的航空运输价格，不包括机场与市区间的地面运输费及其他费用。

（二）航空货物运价的特点

（1）运价是指从一机场到另一机场，而且只适用于单一方向。

（2）运价不包括其他额外费用，如提货、报关、接交和仓储费用等。

（3）运价通常使用当地货币单位（国内货物运价的货币单位是人民币）。

（4）运价一般以 kg 为计算单位。

(5) 运价是按出具运单之日所适用的运价计算。

二、航空货物运价的种类

航空货物运输市场中主要有以下几种常见的运价：

(一) 普通货物运价

普通货物运价

普通货物运价指适用于除指定商品运价和等级运价以外的各种普通货物的运价，以货物重量计算运费。航空公司通常对普通货物设置货物重量等级，根据不同的货物重量等级采用不同的运输价格，货物重量越大，运价越优惠。

1. 基础运价(代号 N)

中国民用航空局统一规定各航段货物基础运价，基础运价为 45 kg 以下普通货物运价，金额以角为单位。

2. 重量分界点运价(代号 Q)

国内航空货物运输建立 45 kg 以上、100 kg 以上、300 kg 以上的 3 级重量分界点及运价。

(二) 指定物品运价(代号 C)

指定物品运价适用于某一航线上明确分类的特定物品的运价。通常情况下，指定商品运价低于相应的普通商品运价。如一些批量大、季节性强、单位价值低的货物。许多指定物品运价还同时包括对大宗货物运价的折扣。指定物品运价因航线而异，航空公司通过提供指定物品运价来鼓励客户采用航空运输，以达到充分利用吨位，从而解决方向性运输不平衡的问题，提高运载率，以降低运输成本。一般，先查运价表，如有指定商品代号，根据商品代号查品名表。若运输货物属于指定商品代号相对应的货物品名，则考虑使用指定商品运价。

(三) 等级运价(代号 S)

等级运价是指航空公司对某些特定货物提供的折扣运价或额外运价。例如，航空公司对发行的报纸提供基础运价(N)50%的折扣运价；对急件、生物制品、珍贵植物和植物制品、活体动物、骨灰、灵柩、鲜活易腐物品、贵重物品、枪械、弹药、押运货物等特种货物实行等级货物运价。上述特种货物使用的等级运价按照基础运价(N)150%的比例执行。

(四) 最低运费(代号 M)

最低运费

最低运费是指用货物计费重量和其适用的普通货物运价计算而得的航空运费不得低于运价表中公布的最低收费标准。

(五) 集装运价

集装运价适用于采用集装箱运输的货物。由于集装箱运输可以显著减少包装和搬运费用，其运价可以大大低于普通货物运价。这种运价适用于各种货物，但货物必须装进集装箱。集装运价规定了基准重量，其作用类似于最低运费。托运人要按照基准重量支付运费，不管其货物是否达到这一重量。如果托运人的货物超过这一基准重量，超过部分支付额外的运费，但是，运价要低于大宗的普通货物运价或指定物品运价。

（六）协议运价

协议运价是航空公司鼓励客户使用航空运输的一种运价。航空公司与客户签订协议，客户保证在协议期内向航空公司交运一定数量的货物，航空公司依照协议向客户提供一定数量的运价折扣。这种运价使双方都能受益，对在一定时期内有相对稳定货源的客户比较有利。

（七）联运运价

如果在始发站和目的站之间需要多个航空公司承运，则采用联运运价。联运运价一般是国家颁布的价格。

（八）预订舱位运价

如果客户优先预订舱位，则采用预订舱位运价。对于预订舱位，有的航空公司采用缴纳一定数量的保证金后给予预留吨位，然后采用普通运价。

（九）其他特殊运价

如危险品运输等需要特殊服务的物品运输，采用特殊运价。具体如下：

（1）直达货物运价优先于分段相加组成的运价。

（2）指定商品运价优先于等级货物运价和普通货物运价。

（3）等级货物运价优先于普通货物运价。

三、计费重量的确定

（一）体积重量

将货物的体积按一定的比例折合为重量，此重量称为体积重量。每千克（kg）的货物，体积超过 6 000 cm^3 或 366 in^3 时，以体积重量为计费重量。体积重量的计算方法是：

（1）测量出货物的最长、最宽和最高部分的尺寸（单位为 cm 或 in），三者相乘算出体积，尾数四舍五入；在货运站丈量货物的外包装时，要比箱子的实际尺寸多出 1~2 cm，如果箱子有突出部分，按突出部分的长度来计算。

（2）将体积折算成重量。轻泡货物以每 6 000 cm^3 折合 1 kg 计重；计费重量（kg）= 长（cm）×宽（cm）×高（cm）÷6 000。

（二）计费重量

航空公司规定，在货物体积小、重量大时，按实际重量计算；在货物体积大、重量小时，按体积计算。在集中托运时，一批货物由几件不同的货物组成，有轻泡货也有重货。其计费重量则采用整批货物的总毛重或总的体积重量，按两者之中较高的一个计算。

四、国内航空货物运费计费规则

（1）货物运费计费以"元"为单位，元以下四舍五入。

（2）按重量计得的运费与最低运费比较，取其高者。

（3）按实际重量计得的运费与按较高重量分界点运价计得的运费比较，取其低者。

（4）分段相加组成运价时，不考虑实际运输路线，不同运价组成点组成的运价比较，取其低者。

【训练目标】

了解航空货物运输运费和运价的含义，能确定货物的计费重量，明确货物航空运价的类型和选用方法，会计算航空货物运费。

【训练准备】

1. 单据准备：航空公司的运价表。

2. 训练地点：教室或实训室。

【训练步骤】

航空货物运输运费计算技能训练步骤如图 5-3 所示。

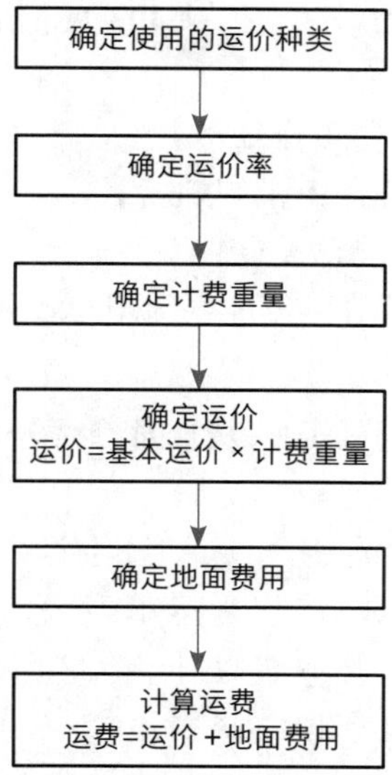

图 5-3 航空货物运输运费计算技能训练步骤

【注意事项】

（1）在训练时，可以根据当地的实际增加技能训练内容中的业务题。

（2）根据当地实际，确定货物运价的种类。

（3）训练中的计算要认真、仔细。

【训练评价】

航空货物运输运费计算技能训练评价表如表 5-1 所示。

表 5-1 航空货物运输运费计算技能训练评价表

<table>
<tr><td>被考评人</td><td colspan="5"></td></tr>
<tr><td>考评人</td><td colspan="5"></td></tr>
<tr><td>考评内容</td><td colspan="5">航空货物运输运费的计算</td></tr>
<tr><td rowspan="5">考评标准</td><td>内　容</td><td>分值</td><td>自我评价</td><td>小组评议</td><td>实际得分</td></tr>
<tr><td>运用运费核算的程序</td><td>25</td><td></td><td></td><td></td></tr>
<tr><td>正确地确定运价的种类</td><td>25</td><td></td><td></td><td></td></tr>
<tr><td>正确计算运价</td><td>25</td><td></td><td></td><td></td></tr>
<tr><td>正确计算运费</td><td>25</td><td></td><td></td><td></td></tr>
<tr><td colspan="2">合　计</td><td>100</td><td></td><td></td><td></td></tr>
<tr><td>分项能力
考评标准</td><td colspan="5">A 级：能又快又好地完成工作任务，并能指导别人完成工作任务（100%）
B 级：能又快又好地完成工作任务（90%）
C 级：能熟练地完成工作任务（80%）
D 级：能独立地完成工作任务（70%）
E 级：能在别人的指导下完成工作任务（60%）</td></tr>
</table>

注：1. 实际得分 = 自我评价 40%+小组评议 60%；

2. 考评满分为 100 分，60~74 分为及格，75~84 分为良好，84 分以上为优秀。

【训练建议】

可以根据航空货运站的货运实例进行练习。

实训项目二　航空货物运输运单的填写

【工作任务】

任务 1:从北京空运一批服装到兰州,纸箱包装,共 5 件,计费重量 370 kg,填写货运单。

任务 2:一批服装从上海空运到柳州,纸箱包装,共 3 件,计费重量 52 kg,填写货运单。

任务 3:从成都空运一批纸箱包装水果到北京,共 7 件,计费重量 360 kg,填写货运单。

任务 4:从上海空运一批纸箱包装的电子物品到重庆,共 1 件,计费重量 39 kg,填写货运单。

任务 5:从上海空运一批塑料桶包装化学物品到成都,共 5 件,计费重量 72 kg,填写货运单。

任务 6:刘红将一批旧手机配件交上海市航空服务有限公司天龙分公司托运,始发站上海,目的站济南,收货人夏亮,计费重量 9 kg,货物品名为配件,付款总额 100 元(包括航空运费 56 元,地面运费 11 元,其他费用 25 元,保险费 8 元),填写货运单。

【相关知识】

一、航空货物运输运单的作用

(一) 航空货物运输运单是发货人与航空承运人之间的运输合同

与海运提单不同,航空货物运输运单不仅证明航空运输合同的存在,而且航空货物运输运单本身就是发货人与航空运输承运人之间缔结的货物运输合同,在双方共同签署后产生效力,并在货物到达目的地交付给运单上所记载的收货人后失效。

(二) 航空货物运输运单是承运人签发的已接收货物的证明

航空货物运输运单也是货物收据,在发货人将货物发运后,承运人或其代理人就会将其中一份(即发货人联)交给发货人,作为已经接收货物的证明。除非另外注明,它是承运人收到货物并在良好条件下装运的证明。

(三) 航空货物运输运单是承运人据以核收运费的账单

航空货物运输运单分别记载着属于收货人负担的费用,属于应支付给承运人的费用和应支付给代理人的费用,并详细列明费用的种类、金额,因此,可作为运费账单和发票。承运人往往也将其中的承运人联作为记账凭证。

二、航空货物运输运单的基本内容

(1) 填单地点和日期。

(2) 出发地点和目的地点。

(3) 第一承运人的名称、地址。

(4) 托运人的名称、地址。

(5) 收货人的名称、地址。

(6) 货物品名、性质。

(7) 货物的包装方式、件数。

(8) 货物的重量、体积或尺寸。

(9) 运输说明事项。

(10) 托运人的声明。

三、国内航空货物运输运单的格式

国内航空货物运输运单的格式如表 5-2 所示。

四、国内航空货物运输运单各联用途

货运单一式八联。其中正本三联，副本五联。三联正本具有同等法律效力。货运单的承运人联应当自填开次日起保存两年。

(1) 第一联，甲联。正本，蓝色，为托运人联。作为托运人支付货物运费，并将货物交由承运人运输的凭证。

(2) 第二联，乙联。正本，绿色，为财务联。作为收取货物运费的凭证交财务部门。

(3) 第三联，丙联。副本，白色，为第一承运人联。由第一承运人留交其财务部门作为结算凭证。

(4) 第四联，丁联。正本，粉红色，为收货人联。在目的站交收货人。

(5) 第五联，戊联。副本，黄色，为货物交付联。收货人提取货物时在此联签字，由承运人留存，作为货物已经交付收货人的凭证。

表 5-2　国内航空货物运输运单

<table>
<tr><td>出发站</td><td colspan="2"></td><td>到达站</td><td colspan="3"></td></tr>
<tr><td>收货人名称</td><td colspan="3"></td><td>电话</td><td colspan="2"></td></tr>
<tr><td>收货人地址</td><td colspan="6"></td></tr>
<tr><td>发货人名称</td><td colspan="6"></td></tr>
<tr><td>发货人地址</td><td colspan="6"></td></tr>
<tr><td>空陆转运</td><td colspan="2">自</td><td>至</td><td>运输方式</td><td colspan="2"></td></tr>
<tr><td rowspan="2">货物品名</td><td rowspan="2" colspan="2">件数及包装</td><td colspan="3">重量</td><td rowspan="2">价值</td></tr>
<tr><td colspan="2">计费</td><td>实际</td></tr>
<tr><td></td><td colspan="2"></td><td colspan="2"></td><td></td><td></td></tr>
<tr><td>航空运费：(每 kg ¥　)</td><td>¥</td><td colspan="3">储运注意事项</td><td colspan="2" rowspan="6">收运站
日　期
经手人</td></tr>
<tr><td>地面运输费：(每 kg ¥　)</td><td>¥</td><td colspan="3" rowspan="5"></td></tr>
<tr><td>空陆转运费：(每 kg ¥　)</td><td>¥</td></tr>
<tr><td>中　转　费：(每 kg ¥　)</td><td>¥</td></tr>
<tr><td>其他费用：</td><td>¥</td></tr>
<tr><td>合计：</td><td>¥</td></tr>
</table>

（6）第六联，己联。副本，白色，为目的站联。由目的站机场留存，也可作为第三承运人联，由第三承运人留交其财务部门作为结算凭证。

（7）第七联，庚联。副本，白色，为第二承运人联。由第二承运人留交其财务部门作为结算凭证。

（8）第八联，辛联。副本，白色，为代理人联（存根联）。由货运单填置人留存备查。

五、航空货物运输运单的填写

航空货物运输运单由托运人填写，连同货物交给承运人。如果承运人依据托运人提供的托运书填写货运单并经托运人签字，则该货运单应当视为代托运人填写。托运人应当对货运单上所填的关于货物的说明或声明的正确性负责。航空货物运输运单的填写内容如下：

（一）出发站和到达站

填写出发站和到达站的全称。

（二）收货人和托运人情况

填写单位或个人的全名、详细地址、邮政编码、电话。保密单位应写邮政信箱号码或单位代号。

（三）件数

填写实际的件数及包装种类。

（四）货物品名及包装

填写货物的具体品名而非表示货物类别的笼统名称以及包装材料。

（五）储运注意事项及其他

填写货物特性和储运注意事项，如"易碎""防潮"等；货物到达后的提取方式；个人托运物品的详细内容和数量等。

填制货运单后，如果运价调整，运费多不退、少不补。托运人如果有异议，可将货物退运，按新运价重新托运。

【训练目标】

了解国内航空货运单在航空货物运输中的作用；明确运单的内容，会填写运单；了解运单各联的作用。

【训练准备】

1. 单据准备：国内各联航空货运单。

2. 训练地点：教室或实训室。

【训练步骤】

填写货运单。

【注意事项】

运单填写完后要检查运单内容填写是否完整，是否有需要更改的内容，更改后要在更改处签章。

【训练评价】

航空货物运输运单填写技能训练评价表如表5-3。

表 5-3　航空货物运输运单填写技能训练评价表

<table>
<tr><td>被考评人</td><td colspan="5"></td></tr>
<tr><td>考评地点</td><td colspan="5"></td></tr>
<tr><td>考评内容</td><td colspan="5">航空货运单的填写</td></tr>
<tr><td rowspan="5">考评标准</td><td>内　　容</td><td>分值</td><td>自我评价</td><td>小组评议</td><td>实际得分</td></tr>
<tr><td>了解运单各联的作用</td><td>25</td><td></td><td></td><td></td></tr>
<tr><td>运单填写清晰，无涂改</td><td>25</td><td></td><td></td><td></td></tr>
<tr><td>运单填写正确，无错误</td><td>25</td><td></td><td></td><td></td></tr>
<tr><td>运单填写完整，无遗漏项目</td><td>25</td><td></td><td></td><td></td></tr>
<tr><td colspan="2">合　　计</td><td>100</td><td></td><td></td><td></td></tr>
<tr><td>分项能力
考评标准</td><td colspan="5">A 级：能又快又好地完成工作任务，并能指导别人完成工作任务（100%）
B 级：能又快又好地完成工作任务（90%）
C 级：能熟练地完成工作任务（80%）
D 级：能独立地完成工作任务（70%）
E 级：能在别人的指导下完成工作任务（60%）</td></tr>
</table>

注：1. 实际得分＝自我评价 40%＋小组评议 60%；

2. 考评满分为 100 分，60～74 分为及格，75～84 分为良好，84 分以上为优秀。

【训练建议】

建议用航空货运站的实际货运单据进行填写训练。

同步测试

一、填空题

1. 航空运输业务形态有________、________和________三种。

2. 进出口货物空运主要采用________、________和________三种方式。

3. 航空运输的技术装备与设施主要包括________及________。

4. 国际航空货物运输当事人主要有________、________、________、________，以及地面运输公司。

5. 由航空公司签发的航空运单称为________。

6. 由航空货运公司在办理集中托运业务时签发给每一个发货人的运单称为________。

7. 航空货物运输费用包括________和________。

8. 航空公司规定计费质量按________和________两者之中较高的一种统计。

9. 在两地之间没有可适用的协议运价和公布的直达运价时，则要选择________或利用________。

二、问答题

1. 航空运输有哪些优缺点？其主要功能是什么？

2. 航空运输出口货物运输流程包括哪些环节？出口业务的主要单证有哪些？

3. 航空运输进口货物运输流程包括哪些环节？进口业务的主要单证有哪些？

4. 国际航空主运单的填写应注意哪些事项？

5. 航空公司公布的直达运价有哪几类？使用各种运价时应注意哪些事项？

三、计算题

广州到北京航空运价分类如下：N 类为 10 元/kg；Q 类中，45 kg 计费质量分界点的运价为 8 元/kg，100 kg 计费质量分界点的运价为 7.5 元/kg，300 kg 计费质量分界点的运价为 6.8 元/kg。有一件普通货物为 280 kg，从广州运往北京，请计算该件货物的运费。

06 Chapter

第六章

集装箱运输管理实务

知识目标：

- 掌握集装箱以及集装箱运输的定义
- 了解集装箱货物的分类
- 掌握集装箱运输方式的选择
- 了解集装箱海上运输的分类
- 掌握集装箱海上运输组织的一般程序
- 了解主要集装箱海上运输航线
- 理解集装箱海运提单的定义和作用

技能目标：

- 能按国际标准识别集装箱箱型
- 能对集装箱货物进行分类
- 能按货物的种类选择集装箱
- 能根据实际需要选择集装箱运输的交接方式
- 能区分海运提单的种类

素养目标：

- 立足本职，爱岗敬业，确保集装箱运输单证准确无误
- 坚守职业底线，养成发现问题和分析问题的思维习惯

● 思维导图

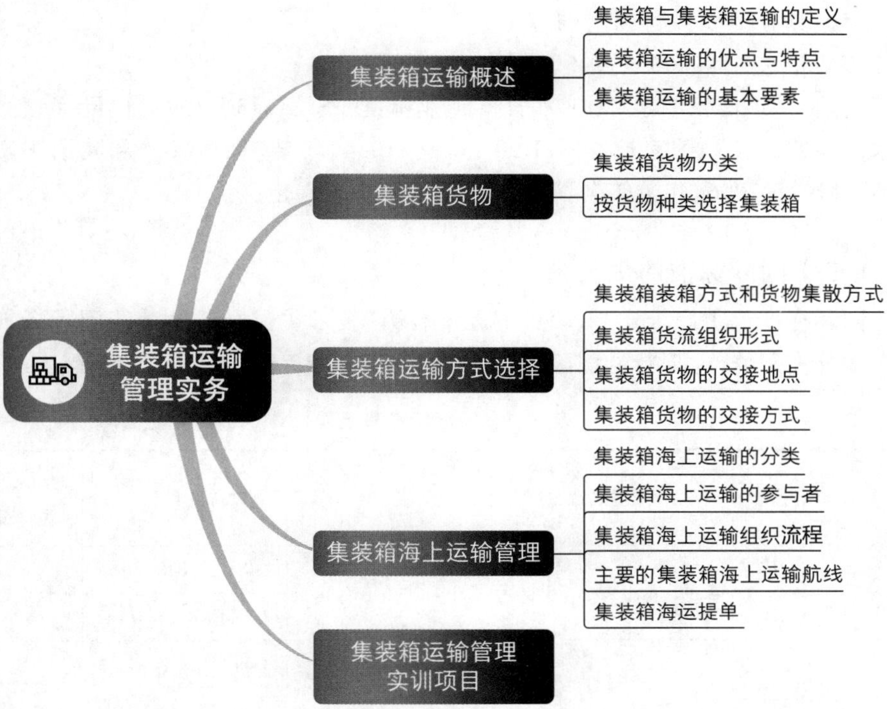

集装箱运输是一种先进的现代化运输方式，是交通运输现代化的产物和重要标志，是件杂货运输的发展方向，是运输领域的重要变革。自 20 世纪 50 年代开始应用以来，至今已 60 多年。由于集装箱运输的巨大优越性，其发展速度惊人，已成为世界各国对外贸易的最佳运输方式之一。

第一节 集装箱运输概述

一、集装箱与集装箱运输的定义

（一）集装箱的定义

集装箱（container）又称货箱、货柜。国际标准 ISO 830—1999《集装箱名词术语》中，对集装箱的定义是："集装箱是一种运输设备：

（1）具有足够的强度，可长期反复使用；

（2）适于一种或多种运输方式的运送，途中转运时，箱内货物不需换装；

（3）具有快速装卸和搬运的装置，特别便于从一种运输方式转移到另一种运输方式；

(4) 便于货物装满和卸空；

(5) 具有 1 m^3 及其以上的容积。

集装箱这一术语的含义不包括车辆和一般包装。”

目前，许多国家制定标准（如日本工业标准 JIS Z1613—1994《国际大型集装箱术语说明》、法国国家标准 NFH90—001—1984《集装箱的术语》和我国国家标准 GB 1992—2006《集装箱名词术语》）都引用了这一定义。

（二）国际标准的集装箱

国际标准化组织 ISO/TC104“货运集装箱”技术委员会对集装箱国际标准做过多次补充和修改，现行的国际标准为第Ⅰ系列共 13 种，如表 6-1 所示。

表 6-1 国际标准集装箱

规格	箱型	长度(L)	宽度(W)	高度(H)	最大总重量/kg
3 m (10 ft)箱	ID	2.99 m(9 ft 9.75 in)	2.44 m(8 ft 0 in)	2.44 m(8 ft 0 in)	10 160
	IDX			<2.44 m(8 ft 0 in)	
6.1 m (20 ft)箱	ICC	6.05 m(19 ft 10.25 in)	2.44 m(8 ft 0 in)	2.59 m(8 ft 6 in)	24 000
	IC			2.44 m(8 ft 0 in)	
	ICX			<2.44 m(8 ft 0 in)	
9.1 m (30 ft)箱	IBBB	9.12 m(29 ft 11.25 in)	2.44 m(8 ft 0 in)	2.9 m(9 ft 6 in)	28 400
	IBB			2.59 m(8 ft 6 in)	
	IB			2.44 m(8 ft 0 in)	
	IBX			<2.44 m(8 ft 0 in)	
12.2 m (40 ft)箱	IAAA	12.2 m(40 ft 0 in)	2.44 m(8 ft 0 in)	2.9 m(9 ft 6 in)	30 480
	IAA			2.59 m(8 ft 6 in)	
	IA			2.44 m(8 ft 0 in)	
	IAX			<2.44 m(8 ft 0 in)	

目前，在海上运输中，经常使用的是 IAA 型和 ICC 型集装箱，在实际使用中常以不同长度作为区别的标准，如 6.05 m（约 20 ft，20 尺货柜）、12.2 m（40 ft，40 尺货柜）集装箱就是指 ICC、IAA 型集装箱。

（三）集装箱运输

集装箱运输是指货物装在集装箱内进行运送的运输方式，它是最先进的现代化运输方式之一。它具有安全、迅速、简便、价廉的特点，有利于减少运输环节，可以通过综合利用铁路、公路、水路和航空等各种运输方式进行多式联运，实现“门到门”运输。

二、集装箱运输的优点与特点

（一）集装箱运输的优点

1. 扩大成组单元，提高装卸效率，降低劳动强度

在装卸作业中，装卸成组单元越大，装卸效率越高。托盘成组化与单件货物相比，装卸单元扩大了20~40倍；而集装箱与托盘成组化相比，装卸单元又扩大了15~30倍。所以，集装箱化对装卸效率的提高是个不争的事实。

2. 减少货损、货差，提高货物运输的安全与质量水平

货物装入集装箱后，在整个运输过程中不再倒载。由于减少了装卸搬运的次数，大大减少了货损、货差，提高了货物的安全和质量水平。据统计，我国用火车装运玻璃器皿，一般破损率在30%左右，而改用集装箱运输后，破损率下降到5%以下。在美国，类似集装箱运输破损率不到0.01%，日本也小于0.03%。

3. 缩短货物在途时间，降低物流成本

集装箱化给港口和场站的货物装卸、堆码的全机械化和自动化创造了条件。标准化的货物单元加大，提高了装卸效率，缩短了车船在港口和场站停留的时间。据航运部门统计，一般普通货船在港时间约占整个运输时间的56%；而采用集装箱运输，则在港时间可缩短到仅占运输时间的22%。这样，船舶航次时间缩短，船舶周转加快，航行率大大提高，单位货物物流成本降低。

4. 节省货物运输包装费用，简化理货工作

集装箱是坚固的金属（或非金属）箱子。集装箱化后，货物自身的包装强度可减弱，包装费用下降。据统计，用集装箱方式运输电视机，本身的包装费用可节约50%。同时，由于集装箱装箱通关后，一次性铅封，在到达目的地前不再开启，也简化了理货工作，降低了相关费用。

5. 减少货物运输费用

集装箱可节省船舶运费，节省运输环节的货物装卸费用。由于货物安全性提高，运输中保险费用也相应下降。据英国有关方面统计，该国在大西洋航线上开展集装箱运输后，运输成本仅为普通件杂货运输的1/9。

（二）集装箱运输的特点

1. 集装箱运输是一种“门到门”运输（Door to Door）

“门到门”一端是指企业的“门”，另一端是指市场的“门”。所谓“门到门”，就是从企业将最终消费品生产完毕，装入集装箱后，不管进行多长距离、多么复杂的运输，中间不再进行任何装卸与倒载；一直到市场的“门”，再卸下直接进入商场。“门到门”既是集装箱运输方式的特点，又是采用集装箱运输方式所要达

到的目标。所以,但凡使用集装箱运输的货物,都应尽量避免在运输途中进行拆箱与倒载。

2. 集装箱运输是一种多式联运

由于集装箱“门到门”运输的特点,决定了其“多式联运”的特点。多式联运是指使用两种或两种以上不同的运输方式,对特定货物进行的接运。它是以各种运输工具的有机结合,协同完成全程运输为前提条件的。而在很多情况下,集装箱运输又是国际多式联运。国际多式联运(International multimodal Transport)是指根据一个单一的合同,以两种或两种以上的运输方式,把货物从一个国家运往另一个国家。这种单一的合同即为多式联运单据或合同,由组织这种运输的个人或企业(联运经营人)签发,并由其负责执行全运程的运输业务。由于集装箱是一种封闭式的装载工具,在海关的监督下装货铅封以后,可以一票到底直达收货人,所以,集装箱运输是最适合国际多式联运的方法之一。

3. 集装箱运输方式是一种高效率的运输方式

这种高效率包含两方面的含义:一是时间上的高效率。由于集装箱在结构上是高度标准化的,与之配合的装卸机具、运输工具(船舶、卡车、火车等)也是高度标准化的,因此,在各种运输工具之间换装与紧固均极迅捷,大大节省了运输时间;二是经济上的高效率。集装箱运输可以在多方面节省装卸搬运费用、包装费用、理货费用、保险费用等,并大幅降低货物破损损失。这些都决定了集装箱是一种高效率的运输方式。

4. 集装箱是一种消除了所运货物外形差异的运输方式

在件杂货运输方式中,所运货物不管采用什么样的外包装,其物理、化学特性上的差异均比较明显,可以通过视觉、触觉和嗅觉加以区别。在货物的信息管理方面,即使有所缺陷,也可以用其他手段予以弥补。而集装箱则不然,货物装入集装箱之后,其物理、化学特性全部被掩盖了,变成千篇一律的标准尺寸、标准外形的金属(或非金属)箱子,从其外形无法得到任何说明其内容的特征。所以,集装箱的信息管理与件杂货运输相比,具有特别重要的意义。

三、集装箱运输的基本要素

1. 适箱货物

并不是所有的货物都适合于集装箱运输。从是否适用于集装箱运输的角度,货物可分成四类:

(1) 物理与化学属性适合于通过集装箱进行运输,且货物本身价值高,对运费的承受能力大的货物。

(2) 物理与化学属性适合于通过集装箱进行运输,货物本身价值较高,对运费的承受能力较大的货物。

（3）物理与化学属性上可以装箱，但货物本身价值较低，对运费的承受能力较差的货物。

（4）物理与化学属性不适于装箱，或者对运费的承受能力很差，从经济上看不适于通过集装箱运输的货物。

以上第一种货物称为“最佳装箱货”，第二种货物称为“适于装箱货”，第三种货物称为“可装箱但不经济的装箱货”，第四种货物称为“不适于装箱货”。集装箱运输所指的适箱货源，主要是前两类货物。对于适箱货源，采用集装箱方式运输是有利的。

2. 标准集装箱

除了国际标准集装箱外，各国还有一些国内和地区标准集装箱。

3. 集装箱船舶

集装箱船舶经历了一个由非专业到专业转化的过程。最早的集装箱船舶是件杂货与集装箱混装的，没有专门的装载集装箱的结构。发展到现在，在国际海上集装箱运输中使用的集装箱船舶，均已专业化，而且船型越来越大。内河运输的集装箱船，大多是由原来的驳船改造的。

4. 集装箱码头

与集装箱水路运输密切相关的是集装箱港口码头。集装箱水路运输的两端必须有码头，以便装船与卸船。早期的集装箱码头也与件杂货码头交叉使用，是在件杂货码头的原有基础上配备少量用于装卸集装箱的机械，用于处理混装的杂货船舶上的少量集装箱。这类码头目前在我国一些中、小型的沿海港口和内河港口还可以经常看到。现代化的集装箱码头已高度专业化，码头前沿岸机配置、场地机械配置、堆场结构与装卸工艺配置均完全与装卸集装箱配套。

5. 集装箱货运站

集装箱货运站（CFS）在整个集装箱运输系统中发挥了“承上启下”的重要作用，是一个必不可少的基本要素。集装箱货运站按其所处的地理位置和不同的职能，可分为设在集装箱码头内的货运站、设在集装箱码头附近的货运站和内陆货运站三种。集装箱货运站的主要职能与任务是集装箱货物承运、验收、保管与交付；拼箱货的装箱和拆箱作业；整箱货的中转；实箱和空箱的堆存和保管；票据单证的处理；运费、堆存费的结算等。

6. 集装箱卡车

集装箱卡车主要用于集装箱公路长途运输、陆上各结点（如码头与码头之间、码头与集装箱货运站之间、码头与铁路办理站之间）的短驳以及集装箱的“末端运输”（将集装箱交至客户手中）。

7. 集装箱铁路专用车

集装箱铁路专用车主要用于铁路集装箱运输，主要用于集装箱的陆上中、长距离运输和“陆桥运输”。

第二节 集装箱货物

一、集装箱货物分类

（一）按货物性质划分

集装箱货物按货物性质可分为普通货物、典型货物、特殊货物，集装箱货物种类如图 6-1 所示。

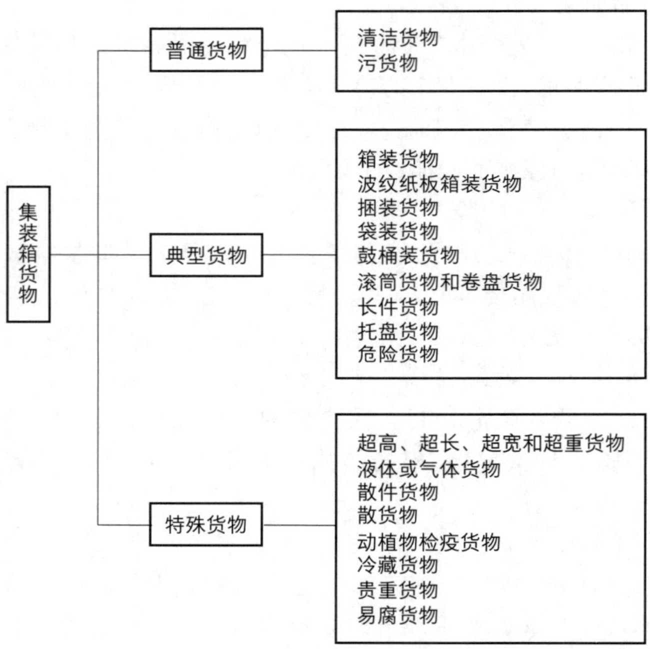

图 6-1　集装箱货物的种类

1. 普通货物

普通货物是指不需要特殊方法保管和装卸的货物。其特点是货物批量不大，品种较多。包括各种车床、纺织机械、衣服类货物等。普通货物按有无污染又可分为清洁货物和污货物两种。

（1）清洁货物是指货物本身清洁干燥，在保管和运输时没有特殊要求，和其他货物混载时不易损坏或污染其他货物的货物。如纺织品、棉、麻、纤维制品、橡胶制品、玩具等。

（2）污货物是指货物本身的性质和状态容易发潮、发热、发臭等，容易对其他货物造成严重湿损、污损或熏染臭气的货物。如水泥、石墨、油脂、沥青、樟脑、胡椒等。

2. 典型货物

典型货物是指按货物性质和形态本身已包装的、需采用与该包装相适应的装载方法的货物。包括箱装货物、波纹纸板箱装货物、捆装货物、袋装货物、鼓桶装货物、滚筒货物和卷盘货物、长件货物、托盘货物、危险货物等。典型货物的特点是对装卸要求较高。

(1) 箱装货物主要是指木箱装载货物,其尺寸大小不一,从 50 kg 以下的包装货物起到几吨重的大型机械木箱均为箱装货物。通常采用木板箱、板条箱、钢丝板条箱。装载的货物主要有玻璃制品、电气制品、瓷器制品等。

(2) 波纹纸板箱装货物一般用于包装比较精细的和比较轻的货物。包括水果类、酒类、办公用品、工艺品、玩具等。

(3) 捆装货物是根据货物的品种形态需要捆包的货物。包括纤维制品、羊毛、棉花、棉布、纺织品、纸张等。

(4) 袋装货物是指装在纸袋、塑料袋、布袋、麻袋内的货物。用纸袋装载的货物有水泥、砂糖等;用塑料袋装载的货物有肥料、化学药品、可可、奶粉等;用麻袋装载的货物有粮食等;布袋用于装载粉状货物。

(5) 鼓桶装货物是指货物的包装外形是圆形或鼓形的。按包装形态有铁桶、木桶、纸板桶等。用于包装油类、液体和粉末化学制品、酒精、糖浆等。

(6) 滚筒货物和卷盘货物是按货物本身形态划分的。如塑料薄膜、钢瓶属于滚筒货;电缆、卷纸、卷钢、钢丝绳等属于卷盘货。

(7) 长件货物是指货物的外形尺度较长的货物,主要包括原木、管子、横梁以及特别长的木箱包装货物。

(8) 托盘货物是指货物本身需装在托盘上的货物。

(9) 危险货物是指货物本身具有毒性、放射性、易燃性、腐蚀性、氧化性,并可能对人体的健康和财物造成损害的货物。包括毒品、散装液体化学品、爆炸品、易燃液体等。

3. 特殊货物

特殊货物是指在货物形态上具有特殊性、运输时需要用特殊集装箱装载的货物。包括超高、超长、超宽、超重货物,液体或气体货物,散件货物,散货物,动植物检疫货物,冷藏货物,贵重货物,易腐货物等。

(1) 超高、超长、超宽和超重货物。这四类货物是指货物的尺度超过了国际标准集装箱的尺寸而装不下的货物,或单件货物重量超过了国际标准集装箱的最大载重量的货物。如动力电缆,大型、重型机械设备等。

(2) 液体或气体货物。液体或气体货物是指需装在桶、箱、罐、瓶等容器内进行运输的货物。如酒精、酱油、葡萄糖、石油、胶乳、天然气等。

(3) 散件货物。散件货物一般是指货物的尺寸和重量非常大,在一个集装箱内装不下的货物。因货物的尺寸和重量不能装在一个集装箱内,必须拆解在几个集装箱中运输的货物。

(4) 散货物。散货物是指散装在舱内无包装的货物。包括盐、谷物、煤炭、矿石、麦芽、树脂、黏土等。

(5) 动植物检疫货物。动植物检疫货物是指进出口的畜产品、活动物、植物货物。如进出口的腊肉、羊毛、兽皮、猪、狗、牛、马等,以及树苗、苗木等。

(6) 冷藏货物。冷藏货物是指需要保持在常温以下的货物。如肉类食品、鸡蛋、水果、蔬菜、奶类制品等。

(7) 贵重货物。贵重货物是指单件货物价格比较昂贵的货物。如精密仪器、家用电器、手工艺品、珠宝首饰、出土文物等。

(8) 易腐货物。易腐货物是指在运输过程中因通风不良或遇高温、潮湿等原因容易腐败变质的货物。如肉类食品、水果、蔬菜等。

(二) 按货物是否适合装箱划分

1. 适合装箱货物

适合装箱货物是指货物的尺寸、容积与重量都适合装箱。这类货物具有装箱效率高、不易受损坏和被盗窃的特点。适合装箱的货物有食品、医药品、纤维制品、家用电器、缝纫机、摩托车、机械、玩具、生皮、纸浆、木工制品、橡胶制品、电缆、金属制品等。

2. 不适合装箱货物

不适合装箱货物是指货物从技术上看包装和装箱有困难并且不经济,根据货物的性质、体积、重量、形状等不适宜装箱。例如,尺寸较大超过了集装箱内部尺寸和门框尺寸,或货物重量超过了集装箱最大载重量而无法装箱的货物。

按货物种类
选择集装箱

二、按货物种类选择集装箱

集装箱运输的货物品种较多,货物形态各异,因此,按货物种类选择集装箱可以充分利用集装箱容积、重量,减少货损。按货物的种类、性质、体积、重量、形状来选择合适的集装箱是十分必要的。

目前常用的集装箱有杂货集装箱、开顶集装箱、台架集装箱、平台集装箱、冷藏集装箱、散货集装箱、通风集装箱、动物集装箱、罐式集装箱、车辆集装箱、贵重金属集装箱、抽屉式集装箱、隔板式集装箱等。

(1) 普通货物适用的集装箱有杂货集装箱、开顶集装箱、通风集装箱、台架式集装箱、散货集装箱等。

(2) 难以从箱门进行装卸而需要由箱顶上进行装卸作业的货物、超高货物、玻璃板、胶合板、一般机械和长尺度货物等适用开顶式集装箱。

(3) 麦芽、大米等谷物类货物,干草块、原麦片等饲料,树脂、硼砂等化工原料,适用散货集装箱。

(4) 肉类、蛋类、奶制品、冷冻鱼肉类、药品、水果、蔬菜等适用冷藏集装箱和通风集装箱。

（5）超重、超高、超长、超宽货物适用开顶集装箱、台架式集装箱和平台集装箱。

（6）兽皮、食品类容易引起潮湿的货物适用通风集装箱。

（7）酱油、葡萄糖、食油、啤酒类、化学液体和危险液体适用罐式集装箱。

（8）羊、鸡、鸭、牛、马等适用动物集装箱。

（9）摩托车、小轿车、小型卡车、各种叉式装卸车、小型拖拉机等适用车辆集装箱。

（10）铝、铜等较为贵重的货物适用贵重金属专用集装箱。

（11）散件货物适用台架式集装箱、平台集装箱。

（12）弹药、武器、仪器、仪表等适用抽屉式集装箱。

以上按货物种类选择集装箱的方法是从货物本身的特点来考虑的。实际上，也可从集装箱对货物的适应性角度，表明集装箱对不同货物的适用性，如表6-2所示。

表 6-2　集装箱对不同货物的适用性

集装箱种类	货物种类
杂货集装箱	清洁货物、污货物、箱装货物、危险货物、滚筒货物、卷盘货物等
开顶集装箱	超高货物、超重货物、清洁货物、长件货物、易腐货物、污货物等
台架式集装箱	超高货物、超重货物、袋装货物、捆装货物、长件货物、箱装货物等
散货集装箱	散货物、污货物、易腐货物等
平台集装箱	超重货物、超宽货物、长件货物、散件货物、托盘货物等
通风集装箱	冷藏货物、动植物检疫货物、易腐货物、托盘货物等
动物集装箱	动植物检疫货物
罐式集装箱	液体货物、气体货物等
冷藏集装箱	冷藏货物、危险货物、污货物等

第三节 集装箱运输方式选择

在集装箱运输中，在不同的装箱方式、货流组织形式、交接地点和交接方式中，集装箱运输经营人与货方各自承担的义务、责任不同，集装箱运输经营人的运输组织内容、范围也不同。

一、集装箱装箱方式和货物集散方式

（一）装箱方式

1. 整箱

智慧运输新视界：集装箱智慧运输平台在线解决方案

货主向承运人或租赁公司租用一定的集装箱。空箱运到工厂仓库后，在海关人员监管下，货主把货装入箱内，加锁铅封后，交承运人并取得站场收据，最后凭收据换取提单或运单。

2. 拼箱

承运人接受货主托运的数量不足整箱的小票货，承运后根据货类性质和目的地进行分类整理，把去同一目的地的货，集中到一定数量，拼装入箱。

（二）货物集散方式

以上两种装箱方式生成两种货物的集散方式：

1. 整箱货物（Full Container cargo Load，简称 FCL）

整箱货物是指由发货人负责装箱、计数、填写装箱单，并由海关加铅封的货物。整箱货物通常只有一个发货人和收货人。整箱货物的拆箱，一般由收货人办理。但也可以委托承运人在货运站拆箱，但承运人不负责箱内的货损、货差。除非货方举证确属承运人责任事故的损害，承运人才负责赔偿。承运人对整箱货物以箱为交接单位。只要集装箱外表与收箱时相似和铅封完整，承运人就完成了承运责任。整箱货物提单上要加上“委托人装箱、计数并加铅封”的条款。

2. 拼箱货物（Less than Container cargo Load，简称 LCL）

拼箱货物是指装不满一整箱的小票货物。通常是由承运人分别揽货并在集装箱货运站或内陆站集中，而后将两票或两票以上的货物拼装在一个集装箱内，同样要在目的地的集装箱货运站或内陆站拆箱分别交货。对于这种货物，承运人要负担装箱与拆箱作业，装拆箱费用仍向货方收取。承运人对拼箱货物的责任，基本上与传统件杂货运输相同。

二、集装箱货流组织形式

（1）拼箱货装，整箱货拆。

（2）拼箱货装，拼箱货拆。

（3）整箱货装，整箱货拆。

（4）整箱货装，拼箱货拆。

从四种货流组织形式来看，第一种是把几个发货人的货物拼箱装货发给一个收货人整箱拆货。也就是说，装货时是拼箱货物集装箱，收货时是整箱货物集装箱；第二种是不同的发货人发货给不同的收货人，即装货时是拼箱货物集装箱,交货时也是拼箱货物集装箱;第三种是一个发货人发货给一个收货人,即装货时是整箱货物集装箱,交货时也是整箱货物集装箱;第四种是一个发货人发货给几个收货人,即装货时是整箱货物集装箱,交货时是拼箱货物集装箱。

三、集装箱货物的交接地点

(一)集装箱码头堆场(Container Yard,简称:CY)

集装箱码头堆场包括集装箱前方堆场(Marshalling Yard)和集装箱后方堆场(Container Yard)。集装箱前方堆场在集装箱码头前方,是为加速船舶装卸作业暂时堆放集装箱的场地。集装箱后方堆场是重箱或空箱进行交接、保管和堆存的场所。有些国家对集装箱堆场并不分前方堆场或后方堆场,而是统称为堆场。集装箱后方堆场是集装箱装卸区的组成部分。在集装箱码头堆场交接的货物都是整箱交接。在发货港集装箱码头堆场交接,意味着发货人自行负责装箱及集装箱到发货港集装箱码头堆场的运输。在卸货港集装箱码头堆场交接,意味着收货人自行负责集装箱货物到最终目的地的运输和拆箱。

(二)集装箱货运站(Container Freight Station,简称:CFS)

集装箱货运站是处理拼箱货物的场所。它办理拼箱货物的交接、配载、积载后,将集装箱送往集装箱堆场,还接受集装箱堆场交来的进口货箱,并对其进行拆箱、理货、保管,最后发货给收货人。集装箱货运站起到了货物的集中、疏散的作用。集装箱货运站一般包括集装箱装卸港的市区货运站,内陆城市、内河港口的内陆货运站,以及中转站。在集装箱货运站交接的货物都是拼箱交接。在起运地集装箱货运站交接,意味着发货人自行负责将货物送到集装箱货运站。在到达地集装箱货运站交接,意味着收货人自己到集装箱货运站提取货物,并自行负责提货后的事宜。

(三)发货人或收货人的工厂或仓库(Door)

在发货人或收货人的工厂或仓库交接的货物都是整箱交接。意味着发货人或收货人自行负责装箱或拆箱。

四、集装箱货物的交接方式

由以上三种交接地点,两两派生出九种交接方式,如图 6-2 所示。

(一)"门到门"(Door to Door)交接方式

一般是货物批量较大,能装满一箱的货主,把空箱拉到自己的工厂仓库装箱后,由海关在工厂仓库内加封验收,运输经营人在发货人工厂或仓库整箱接货,

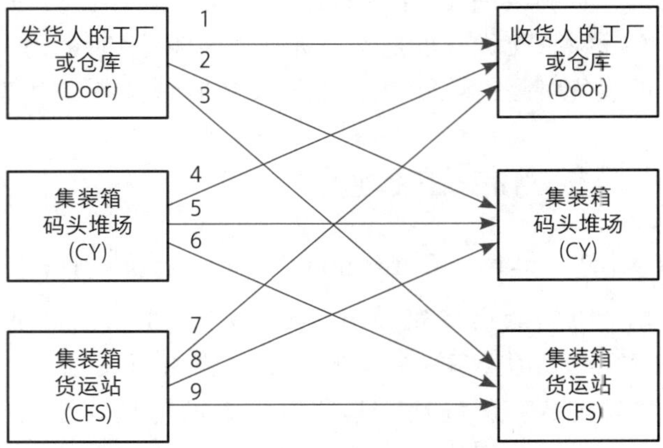

图 6-2　集装箱货物的交接方式

然后把重箱运到集装箱码头堆场，等待装船；在目的港，由运输经营人负责把货物运到收货人的工厂或仓库整箱交货。收货人在其工厂或仓库整箱接货。因此，"门到门"的集装箱运输一般均为整箱货运输，运输经营人负责全程运输。

（二）"门到场"（Door to CY）交接方式

发货人负责装箱并在其工厂或仓库整箱交货，运输经营人在发货人工厂或仓库整箱接货，并负责运抵卸货港，在集装箱堆场整箱交货；收货人负责在卸货港集装箱码头堆场整箱提货。这种交接方式意味着承运人不负责目的地的内陆运输。在这种交接方式下，货物也都是整箱交接。

（三）"门到站"（Door to CFS）交接方式

发货人负责装箱并在其工厂或仓库整箱交货，运输经营人在发货人工厂或仓库整箱接货，并负责运抵卸货港集装箱货运站，经拆箱后按件向各收货人交付。在这种交接方式下，运输经营人一般是以整箱形态接受货物，以拼箱形态交付货物。

（四）"场到门"（CY to Door）交接方式

发货人负责装箱并运至装货港集装箱堆场整箱交货，运输经营人在装货港集装箱堆场整箱接货，并负责运抵收货人工厂或仓库整箱交货。收货人在其工厂或仓库整箱接货。在这种交接方式下，货物也都是整箱交接。

（五）"场到场"（CY to CY）交接方式

发货人负责装箱并运至装货港集装箱码头堆场整箱交货，运输经营人在装货港集装箱码头堆场整箱接货，并负责运抵卸货港集装箱码头堆场整箱交货。收货人负责在卸货港集装箱码头堆场整箱提货。在这种交接方式下，货物的交接形态一般都是整箱交接，运输经营人不负责内陆运输。

（六）“场到站”（CY to CFS）交接方式

发货人负责装箱并运至装货港集装箱码头堆场整箱交货，运输经营人在装货港集装箱码头堆场整箱接货，并负责运抵卸货港集装箱货运站或内陆货运站拆箱按件交货，收货人负责在卸货港集装箱货运站按件提取货物。在这种交接方式下，运输经营人一般是以整箱形态接受货物，以拼箱形态交付货物。

（七）“站到门”（CFS to Door）交接方式

发货人负责将货物运至集装箱货运站按件交货，运输经营人在装货港集装箱货运站按件接受货物并装箱，负责运抵收货人工厂或仓库整箱交货，收货人在其工厂或仓库整箱接货。在这种交接方式下，运输经营人一般是以拼箱形态接受货物，以整箱形态交付货物。

（八）“站到场”（CFS to CY）交接方式

发货人负责将货物运至集装箱货运站按件交货，运输经营人在集装箱货运站按件接受货物并装箱，负责运抵卸货港集装箱码头堆场整箱交货。收货人负责在卸货港集装箱码头堆场整箱提货。在这种交接方式下，运输经营人一般是以拼箱形态接受货物，以整箱形态交付货物。

（九）“站到站”（CFS to CFS）交接方式

发货人负责将货物运至集装箱货运站按件交货。运输经营人在集装箱货运站按件接受货物并装箱，负责运抵卸货港集装箱货运站拆箱后按件交货。收货人负责在卸货港集装箱货运站按件提取货物。在这种交接方式下，货物的交接形态一般都是拼箱交接。

第四节 集装箱海上运输管理

按集装箱运输的地域不同，集装箱水运可以分为集装箱海上运输和集装箱内河运输。集装箱海上运输又包括集装箱远洋运输和集装箱沿海运输。集装箱海上运输使用的船舶吨位大、运量大、效率高，在集装箱水路运输中占主要地位。

一、集装箱海上运输的分类

（一）按海上运输的经营方式划分

1. 定期船运输（Line shipping）

定期船运输是指班轮公司将船舶按事先制定的船期表，在特定航线的各挂靠港口之间，为非特定的众多货主提供规则的、反复的货物运输服务，并按运价表或协议运价的规定计收运费的一种营运方式。

从事班轮运输的船舶是按照预先公布的船期表来营运的，并且船速较快，因此，能够及时将货物从起运港迅速运抵目的港。货主可以在预知船舶靠、离港时间的基础上组织、安排货源，满足市场对货物的需求。从事班轮运输的船舶，具有固定航线、固定挂靠港、固定船期和相对固定的运价“四固定”的特点，这是定期船运输与不定期船运输的主要区别。

2. 不定期船运输（Tramp shipping）

不定期船运输亦称租船运输（Transport by chartering），是一种既没有事先制定的船期表，也没有固定的航线和挂靠港，而是追随货源，按照货主对运输的要求安排船舶就航的航线，组织货物运输，并根据租船市场行情确定运价或租金水平的一种经营方式。租船运输按照船舶所有人（出租人）与需要运力的租船人（承租人）之间签订的租船合同（Charter Party，C/P）组织运输。

集装箱海上运输的经营方式，从理论上说，也存在班轮运输与租船运输两种，但绝大部分属于班轮运输。

（二）按集装箱航线的地位划分

1. 干线运输

干线运输是指相对固定的世界主要集装箱航线的运输。干线运输一般货源稳定，运量大，班轮公司的实力强大，挂靠港数量少，挂靠港装卸能力强，经济腹地经济总量庞大，对货物的消化能力或中转能力强。

2. 支线运输

支线运输是指在某些区域内的集装箱运输，如在亚洲区域内集装箱支线运输，欧洲与非洲之间的支线运输，北美自由贸易区的支线运输等。这些支线运输，一方面是对干线运输的中转，干线船队将某些集装箱卸在一些主要挂靠港，然后由这些挂靠港将货物通过支线船运往不挂靠的港口；另一方面是满足区域贸易的需求，将区域内各国之间进行贸易的货物进行交叉运输。近年来，随着经济全球化的发展，区域经济一体化发展也很快。经济区域集团化趋势导致国际贸易和国际投资向各个经济区域内高度集中，经济贸易集团内部贸易量不断扩大。据统计，欧洲经济区贸易量约占世界贸易总量的40%；北美自由贸易区贸易量约占世界进出口总量的30%。亚洲区域内贸易量约占这些国家对外贸易总额的70%。这些巨大数量的区域贸易，很大程度上依赖于区域内的集装箱支线运输。

二、集装箱海上运输的参与者

集装箱海上运输的参与者

集装箱海上运输是各种运输方式中组织程序最复杂、运量最大的一种运输方式之一，也是参与者最多的一种运输方式。集装箱海上运输的参与者，除托运人与收货人外，大致还有以下一些：

（一）集装箱班轮公司

这是集装箱海上运输的一个主角，它主要完成集装箱海上运输任务，是集装箱海上运输的主要参与者。从事集装箱海上运输的主要是各集装箱班轮公司，它们组成规模或大或小的船队，在各集装箱干线、支线上进行集装箱航运。

（二）集装箱码头公司

这是集装箱海上运输的另一个主角，它完成集装箱海上运输起点和终点的装卸任务。如果是集装箱海上运输的起点港，它同时承担集装箱整箱货物的集货、装卸，以及拼箱货的集货、装箱、装卸任务；如果是集装箱海上运输的目的港，它同时承担集装箱整箱货的装卸、疏运交接，以及拼箱货的装卸、拆箱和送达任务。集装箱码头公司通常拥有一定面积的集装箱码头堆场和集装箱货运站，具备相关业务的处理能力。

（三）无船承运人

中华人民共和国国家标准《物流术语》（GB/T 18354－2021）对无船承运人（non-vessel operating carrier）的定义是：不拥有、不经营船舶，但以承运人的身份接受托运人委托，签发自己的提单或其他运输单证，向托运人收取运费并承担承运人责任，通过与有船承运人签订运输合同，完成海上货物运输经营活动的经营者。它是随着集装箱多式联运的发展而出现的联运经营人。联运经营人可由参与某一运输区段的实际承运人担任，也可由不参加实际运输的经营者——无船承运人来担任。

1. 无船承运人的主要特征

（1）是国际贸易合同的当事人。

（2）在法律上有权订立运输合同。

（3）不拥有运输工具。

（4）有权签发提单，并受提单条款的约束。

（5）由于与托运人订立运输合同，所以对货物全程运输负责。

（6）具有双重身份。对货物托运人来说，是承运人或运输经营人；而对实际运输货物的承运人而言，又是货物托运人。

2. 无船承运人经营的业务范围

（1）作为承运人签发货运提单，并因签发提单而对货物托运人负责。

（2）代表托运人承办订舱业务，根据货物托运人的要求和货物的具体情况，洽订运输工具。

（3）承办货物交接。无船承运人根据托运人的委托，在指定地点接受货物，并转交承运人或其他人，并在交接过程中为托运人办理理货、检验、报关等手续。

（4）代办库场业务。无船承运人作为集装箱多式联运的中介，建立起了货主与船公司之间的相互联系和协作，对集装箱国际多式联运的发展发挥了重要的作用。

（四）集装箱租箱公司

集装箱价格昂贵，货主不可能为运输几单货物而购置集装箱。集装箱班轮公司为延揽业务，会投资购置部分集装箱，但通常预置的箱量必须达到船舶载箱量的3倍，才能足以应付周转需要。所以，集装箱班轮公司一般也难以投入如此巨资，购置数量如此庞大的箱量。同时，集装箱的箱务管理很复杂，包括集装箱在运营过程中的回空、堆放、保管、维修、更新等问题，需要非常专业化的管理，这也使集装箱班轮公司不堪负担。于是，就出现了专门填补这一空白的专业公司——集装箱租箱公司。集装箱租箱公司购置一定数量的集装箱，专业从事租箱业务，同时进行箱务管理，一般还经营堆箱场，专门满足货主与船公司对集装箱空箱租赁的需求。

（五）集装箱船舶租赁公司

虽然集装箱水运以班轮运输为主，但由于集装箱运输市场供求关系的变化，航线货流不平衡，经常会产生短时间的支线集装箱运输需求，这时就需要由集装箱船舶租赁公司提供较小型的集装箱船，通过租船运输满足需要。向集装箱船舶租赁公司租船的承租人，有货主，也有不同规模的集装箱班轮公司。目前，集装箱租船市场的份额和规模有不断上升的趋势。

（六）国际货运代理人

随着国际贸易与运输方式的发展，尤其是集装箱国际多式联运的发展，集装箱运输货物的涉及面越来越广，情况越来越复杂。一般货主和运输经营人既没有时间与精力，也缺乏专门知识去自己办理每一项具体业务。于是，出现了专业公司——国际货运代理公司，专门为货主代理各类货运业务。国际货运代理人代理的主要业务包括：

（1）订舱。即代理货主向集装箱班轮公司订舱。

（2）报关。即代理货主将进口、出口集装箱货物向海关报送、结关。

（3）拆装箱。即对整箱货物与拼箱货物，均代理货主安排集装箱货运站，进行空箱装箱与重箱拆箱。

（4）理货。对集装箱装、拆箱进行理货。也可由国际货运代理人公司委托理货公司理货。

（5）租箱。即代理货主或船公司向租箱公司租用集装箱，并按合同归还空箱。

（6）办理集装箱装卸业务。即代理货主安排在起运港码头将集装箱装上船舶，并在目的港码头将集装箱卸下船舶。

（7）货物保险。即代理货主办理各种运输保险业务。

国际货运代理公司在整个集装箱国际多式联运中充当着双重角色：一方面，它充当货物承运人，与货物托运人签订承运合同；另一方面，它又充当货物托运人，与运输企业签订托运合同。

三、集装箱海上运输组织流程

（一）订舱

订舱又称为“暂定订舱”，是指发货人或托运人根据贸易合同或信用证的有关规定，向船公司或其代理人、经营人申请订舱，填制订舱单。如果发货人已与货运代理签订运输合同，则由货运代理代替发货人向船公司或其代理人申请订舱。订舱单的内容主要有以下各项：

（1）起运港和目的港。

（2）每箱的总重量。

（3）集装箱的种类、箱型和数量。

（4）在备注中注明特种箱的特性和运输要求。

（二）接受托运申请

接受托运申请又称为“确定订舱”。接受托运申请前，船公司或其代理人应考虑航线、港口、运输条件等能否满足托运人的具体要求。接受托运申请后，船公司或其代理人应着手编制订舱清单，分送码头堆场和货运站，据以安排空箱调动和办理货运交接手续。

（三）发放空箱

发放空箱时，应区别整箱托运和拼箱托运两种情况。整箱货空箱由发货人或其货运代理人到码头堆场领取；拼箱货空箱由集装箱货运站负责领取。

（四）拼箱货物装箱

应由发货人将货物送到集装箱货运站，由集装箱货运站根据订舱清单核对场站收据后装箱。

（五）整箱货物交接

应由发货人或其货运代理人自行负责装箱，并加海关封志，然后将整箱货送至码头堆场。码头堆场根据订舱清单，核对场站收据及装箱单后，验收货物。

（六）集装箱交接签证

码头堆场在验收货物和集装箱后，应在场站收据上签字，并将已签字的场站收据交还给收货人或其货运代理人，据以换取提单。

（七）换发提单

发货人或其货运代理人凭已签字的场站收据，向船公司或其代理人换取提单，作为向银行结汇的凭证。

（八）装船

码头堆场根据待装船的货箱情况，制订装船计划，待船舶靠泊后，即安排装船。

（九）海上运输

装好船的货物从海上进行运输，抵达卸货港。

（十）卸船

船舶抵达卸货港前，卸货港码头堆场根据装货港代理人寄送的有关货运单证，制订卸船计划，待船舶靠泊后，即安排卸船。

（十一） 整箱货交付

如果内陆运输由收货人或其货运代理人自行安排，则由码头堆场根据收货人或其货运代理人出具的提货单，将整箱货交付。否则，将由承运人或其代理人安排内陆运输，将整箱货运至指定地点交付。

（十二） 拼箱货交付

拼箱货一般先在指定的集装箱货运站掏箱，然后由集装箱货运站根据提货单将拼箱货交付给收货人或其代理人。

（十三） 空箱回运

收货人或集装箱货运站在掏箱完毕后，应及时将空箱运回到指定的码头堆场。

四、主要的集装箱海上运输航线

（一）世界三大主要集装箱航线

目前，世界上规模最大的三条集装箱航线是远东—北美航线，远东—欧洲、地中海航线以及北美—欧洲、地中海航线。这三条航线将当今全世界人口最稠密、经济最发达的三个板块——北美、欧洲和远东联系起来。这三大航线的集装箱运量占了世界集装箱海上运量的一半以上。

1. 远东—北美航线

远东—北美航线实际上又可分为两条航线。即远东—北美西海岸航线，远东—北美东海岸、海湾航线。

（1）远东—北美西海岸航线。这条航线主要由远东—加利福尼亚航线和远东—西雅图、温哥华航线组成。它涉及的港口主要包括远东的高雄、釜山、上海、香港、东京、神户、横滨等，北美西海岸的长滩、洛杉矶、西雅图、塔科马、奥克兰和温哥华等。涉及的国家和地区包括亚洲的中国、韩国、日本、中国香港、中国台湾，以及北美的美国和加拿大西部地区。这两个区域经济总量巨大，人口特别稠密，相互贸易量很大。近年来，随着中国经济总量的稳定增长，在这条航线上的集装箱运量越来越大。目前，仅上海港在这条航线上往来于北美西海岸的班轮航线就多达40多条。

（2）远东—北美东海岸、海湾航线。这条航线主要由远东—纽约航线等组成，涉及北美东海岸地区的纽约新泽西港、查尔斯顿港和新奥尔良港等。这条航线将海湾地区也串了起来。在这条航线上，有的船公司开展的是“钟摆式”航运，即不断往返于远东与北美东海岸之间；有的则是经营环球航线，即从东亚出发，东行线为太平洋—巴拿马运河—大西洋—地中海—苏伊士运河—印度洋—太平洋；西行线则反向而行，航次时间为80天。

2. 远东—欧洲、地中海航线

远东—欧洲、地中海航线也称为欧洲航线。它又可分为远东—欧洲航线和远东—地中海航线两条。

（1）远东—欧洲航线。这条航线是世界上最古老的海运定期航线。这条航线在欧洲地区涉及的主要港口有荷兰的鹿特丹港，德国的汉堡港、不来梅港，比利时的安特卫普港，英国的费利克斯托港等。这条航线大量采用了大型高速集装箱船，组成了大型国际航运集团开展运输。这条航线将中国、日本、韩国和东南亚的许多国家与欧洲联系起来，贸易量与货运量十分庞大。与这条航线配合的，还有西伯利亚大陆桥、新欧亚大陆桥等欧亚之间的大陆桥集装箱多式联运。

（2）远东—地中海航线。这条航线由远东经过地中海到达欧洲。与这条航线相关的欧洲港主要有西班牙南部的阿尔赫西拉斯港，意大利的焦亚陶罗港，地中海中央马耳他南端的马尔萨什洛克港。

3. 北美—欧洲、地中海航线

北美—欧洲、地中海航线处于北美、欧洲、远东三大地域与经济板块另一极，实际由3条航线组成，分别为北美东海岸、海湾—欧洲航线，北美东海岸、海湾—地中海航线，以及北美西海岸—欧洲、地中海航线。这一航线将世界上最发达的两个区域联系起来，船公司之间在集装箱海上运输方面的竞争最激烈。

（二）其他集装箱航线与支线运输

除以上三大集装箱航线外，世界上还存在一些规模较小的其他航线和支线运输，如远东、北美、欧洲分别开辟的赴澳大利亚航线等。

我国所处东亚地区是近年来集装箱运输发展最快的地区，居于世界集装箱港口吞吐量前几位的港口，如中国香港、新加坡、釜山、上海、高雄等，均集中于这一地区。这一地区主要集装箱航线又可分为四个航区：

（1）日本/韩国—中国台湾、中国香港—新加坡航区。

（2）东亚—东南亚航区。主要从青岛、上海南下经中国香港、槟榔屿、巴生、新加坡到泰国曼谷。

(3) 中国内地—中国香港/中国台湾/菲律宾航区。这一航区多为短程航线,均从我国内地沿海港口出发,向南到达中国香港、马尼拉等,进行钟摆式运输。主要有上海—香港航线、天津—香港航线、天津新港—中国香港—马尼拉航线、黄埔—赤湾—马尼拉—中国高雄—中国香港航线等。

(4) 东亚—东北亚航区。这一航区从我国沿海港口出发。到达日本、韩国、中国台湾等。主要有福州—厦门—横滨—神户—中国香港航线、上海—青岛—釜山—中国香港—中国基隆航线等。

(三) 干、支线交叉与中转港

由于集装箱船舶造价昂贵,投资巨大,其经营又以班轮运输为主,所以其海上运输的特征,必定是形成一些运量集中的干线,又形成一些主要的中转港。通过支线向中转港集聚货物,再由干线运往北美、欧洲;或由干线将货物运到中转港,再通过支线运往南亚、澳大利亚、新西兰等。由此,以一些主要中转港为结点,形成支线与干线的集装箱海上运输网络。东亚地区集装箱吞吐量居前几位的港口,如中国香港、新加坡、高雄、神户和釜山,均是重要的集装箱中转港。中国香港依靠内地大量集装箱的中转,多年来一直雄踞世界集装箱港口吞吐量的首位;新加坡则通过干线中转,将集装箱转运到马来西亚、印度尼西亚、泰国和菲律宾等东南亚国家,多年来居世界集装箱港口吞吐量的第二位,其中转箱量占总吞吐量的70%以上;中东、南亚的集装箱则先集结到中国高雄,再转运北美航线;而釜山则中转中国出口到美国的大量中转箱,使其吞吐量稳定上升;神户历来是日本著名的中转港,除中转日本其他港口和韩国的货物外,还中转中国出口到北美、澳大利亚、新西兰的货物。

五、集装箱海运提单

(一) 海运提单的定义

海运提单(Marine Bill of Lading)是货物海上运输使用的运输单据。提单名称的写法有多种,如 B/L,BS/L,Blading 等。

目前,世界上尚没有绝对的有关提单的定义,《海牙规则》《海牙维斯比规则》都没有给提单下定义,而《汉堡规则》鉴于提单在国际贸易和运输中所起的作用,概括提单的定义为:“提单”是指一种用以证明海上货物运输合同和货物由承运人接管或装船,以及承运人据以保证交付货物的单证。各国均参照或借鉴《汉堡规则》为提单下了定义。《中华人民共和国海商法》第七十一条规定:“提单,是指用以证明海上货物运输合同和货物已经由承运人接收或者装船,以及承运人保证据以交付货物的单证。提单中载明的向记名人交付货物,或者按照指示人的指示交付货物,或者向提单持有人交付货物的条款,构成承运人据以交付货物的保证。”

提单说明了货物运输的有关当事人，如承运人、托运人和收货人之间的权利、责任与义务。提单的合法持有人就是货物的主人，因此，提单是各项货运单据中最重要的单据。

提单一词只适用于海上运输及与海上运输相结合的多式联运单证，不适用于陆运、空运等运输单证。

（二）海运提单的性质和作用

海运提单是承运人与托运人处理双方在运输中的权利和义务问题的主要依据，海运提单还可作为收取运费的证明，以及在运输过程中起到办理货物的装卸、发运和交付等方面的作用。从法律意义上来说，海运提单具有以下三个作用：

1. 海运提单是承运人或其代理人签发的货物收据（Receipt for the Goods）

海运提单是承运人或是特定的承运人已按提单所列内容收到货物后签发给发货人的一份货物收据。有关国际公约规定，承运人收到货物后应根据托运人的要求签发提单。

当提单在托运人手中时，它是承运人按照提单正面记载事项收到货物的初步证据（Prima Facie Evidence）或称为表面证据，但当提单转让给善意的持有人时，除非提单上订有有效的“不知条款”，承运人对持有人就不能对提单所载事项提出异议，这时提单不再是初步证据，而是收到货物的最终证据（Conclusive Evidence）了。初步证据与最终证据的区别在于，前者允许承运人提出反证（如提单正面载明某货物100件，承运人事后举证实际装运为90件），后者则不允许承运人提出反证。承运人应按提单的实际数字和货物进行赔偿。

2. 海运提单是一种物权凭证（Documents of Title）

海运提单是货物所有权的支配文件。海运提单的合法持有人凭提单可在目的港向船公司提取货物，也可以在载货船舶到达目的港之前，通过转让提单而转移货物所有权，或凭提单向银行办理抵押贷款。

海运提单的物权凭证属性在时间上受到两种限制：一是提单的转让必须在承运人交货前才有效。为此，提单正面一般都注明“本提单正本签发一式几份，其中一份生效（指提货）后。则其余文本失效”字样。二是提单持有人必须在货物运抵目的港后一定时间内把货提走，过期不提视为无主货物，承运人可会同有关权威机构共同对货物行使处置权。

3. 提单是托运人与承运人之间订立运输契约的证明（Evidence of Contract of Carrier）

海上运输合同的成立，首先是由托运人持托运单或订舱委托书（单）到船公司或其代理人处申请订舱，称为要约。亦即托运人表示希望和承运人订立运输合同。如果承运人可以满足托运人的要求，接受订舱，就确定船名、航次、提单号，并在装货单上签章，称为承诺。根据法律规定，合同订立采取要约、承诺方式，即可视为海上运输合同成立。承运人、托运人双方根据此约定来安排货物运输。如果发生争议，也应以此约定作为解决争议的依据。而提单在货物装船后取得，或者说，提单在合同履行过程中取得。但是，托运单或订舱委托书（单）没有规定承运人、托运人双方的权利、义务，而提单背面的条款却规定了，因而法律上承认提单可作为解决海上运输争议的依据。

如果托运人与承运人订有运输合同，承运人、托运人双方的权利、义务应以合同为依据；但收货人或提单持有人与承运人之间的权利、义务却按提单条款办理，此时，提单就是收货人与承运人之间的运输合同。因此，《中华人民共和国海商法》第七十八条规定："承运人同收货人、提单持有人之间的权利、义务关系，依据提单规定确定。……"

（三）海运提单的种类

1. 根据货物是否装船分类

（1）已装船提单（On Board B/L or Shipping B/L）。已装船提单是指承运人已将货物装上指定的船舶后签发的提单。这种提单的特点是提单上必须以文字表明载货船舶名称和装货日期。

（2）收货待运提单（Received for Shipment B/L）。收货待运提单是指承运人收到托运人的货物待装船期间，应托运人的要求而向其签发的提单。这种提单上没有装船日期，也无载货的具体船名。

在国际贸易中，一般都是已装船提单。《跟单信用证统一惯例》规定，在信用证无特殊规定的情况下，要求卖方必须提供已装船提单，银行一般不接受收货待运提单。

2. 根据货物表面状况有无不良批注分类

（1）清洁提单（Clean B/L）。清洁提单是指货物装船时，表面状况良好，承运人在签发提单时未加上任何货损、包装不良或其他有碍结汇批注的提单。

（2）不清洁提单（Unclean B/L or Foul B/L）。不清洁提单是指承运人收到货物之后，在提单上加注了货物外表状况不良或货物存在缺陷或包装破损的提单。例如，在提单上批注："铁条松失""包装不固""××件损坏"等。需要说明的是，并不是所有经批注的提单均为不清洁提单。国际航运公会于1951年规定下列三种内容的批注不能视为不清洁：第一，没有说明货物或包装不能令人满意，只是批注"旧包装""旧箱""旧桶"等；第二，强调承运人对于货物或包装性质所引起的风险不负责任；第三，否认承运人知悉货物内容、重量、容积、质量或技术规格。这三种内容已被大多数国家和航运组织所接受。在使用信用证支付方式时，银行通常不接受不清洁提单。当装船发生货损或包装不良时，托运人经常要求承运人不在提单上加批注，而由托运人向承运人出具保函，也称"赔偿保证书"（Letter of Indemnity），向承运人保证如因货物破残短损以及承运人因签发清洁提单而引起的一切损失，由托运人负责。承运人则签发清洁提单，以便卖方在信用证下顺利结汇。对于这种保函，有些国家法律和判例并未承认。如美国法律认为这是一种欺骗行为，所以，使用保函时要视具体情况而定。

第五节 集装箱运输管理实训项目

【工作任务】

2020 年 1 月，我公司（深圳市国际货运代理有限公司）的客户“广贸集团”（以下简称“客户”）与美国国际采购有限公司（以下简称“国际采购”）签订价格条件为 CIF 的贸易合同。合同的货物内容为 1 000 件玩具，无唛头（N/M），包装单位为箱，毛重为 30 000 kg，净重为 20 000 kg，体积为 30 m^3。

任务实施：集装箱货运提单缮制

2020 年 2 月 15 日，客户和我公司签订海运出口运输合作协议，要求我方签发船公司提单，载明托运人和发货人为客户方，收货人为国际采购，通知人与收货人。装货地点为广州，装货港为深圳盐田港，卸货和目的港为纽约港。装货时间为一周后。装货地点为广州，并要求提供一个 40 尺的集装箱柜，运输条款为 CY-CY。

客户部主管要求你安排这一单货物的订舱任务，请针对该作业项目，根据公司的业务流程和相关规定做出计划，准备好资料，实施计划，完成工作任务。

【相关知识】

1. 国际贸易价格术语。
2. 国际贸易交易条款。
3. 国际集装箱运输相关知识。
4. 集装箱运输整箱货货流组织知识。
5. 国际海运航线相关知识。
6. 国际海运订舱的业务流程。

【训练目标】

学会按照客户要求开展租船订舱业务。

【训练准备】

（1）单据准备：集装箱订舱单等。

（2）训练地点：教室或实训室。

【训练步骤】

1. 分析

收集信息，包括客户贸易合同、客户的特殊要求、订舱的作业流程等。

2. 计划

学生按教师制定的时间，计划学习的进程，建立工作小组，各负其责、准备资料，根据工作流程制定程序表。

3. 实施

学生以小组的形式完成下面的题目并归档。

（1）查询船公司船期和舱位情况，并报价。

（2）联系船公司订舱。

（3）交客户确认订舱单。

（4）国际海运的有关规定。

4. 评估

（1）自我检查工作完成的质量，确定是否达到顾客的要求。

（2）如有遗漏及时更正、总结。

5. 总结

在小组汇报的基础上，通过小组间互评和教师评价确认。

（1）是否达到客户要求？

（2）订舱作业是否能如期完成？

（3）作业过程中是否发现新的问题？

（4）企业利润是否能够得到保证？

（5）学习目的是否达到？

【注意事项】

（1）获得针对工作任务的厂商及相关资料。

（2）根据厂商资料和领导要求确定工作范围。

（3）列出工作还需要的资料。

（4）列出工作流程。

（5）联系相关的船公司订舱，缮制订舱单（见表6-3），并返回给客户确认。

表6-3 订 舱 单

SHIPPER/发货人： TEL：　　　　FAX：	CARGO MART LTD. 深圳市国际货运代理有限公司 SHIPPING ORDER
CONSIGNEE/收货人： TEL：　　　　FAX：	地址：深圳市罗湖区春风路143号庐山大厦B座18楼BC室 电话：0755-25197737/25197732/25197731 传真：0755-25197713/17 ADDRESS：ROOM 18BC，B BUILDING，LUSHAN BUILDING NO. 143，CHUN FENG ROAD，LUOHU DISTRICT，SHENZHEN，CHINA TEL NO.：0755-25197737/25197732/25197731 FAX NO.：0755-25197713/17 S/O NO.（订仓单号码）：

续表

<table>
<tr><td colspan="2" rowspan="3">NOTIFY PARTY/通知人：</td><td>CY CLOSING/截关期：</td></tr>
<tr><td>VESSEL/VOYAGE(船名/航次)：</td></tr>
<tr><td>B/L ISSUED AT(提单发放地)：</td></tr>
<tr><td>PLACE OF RECEIPT：
(收货地)</td><td>PLACE OF LOADING：
(起运港)</td><td>B/L TYPE/提单类型：</td></tr>
<tr><td>PORT OF DISCHARGE：
(卸货港)</td><td>PLACE OF DELIVERY：
(目的地)</td><td>FREIGHT ITEMS：
(运费条款)</td></tr>
<tr><td colspan="3">MARKS & NOS.：(箱唛)　QUANTITY & KIND OF PACKAGE：(数量及包装)　DESCRIPTION OF GOODS：(货物描述)
GROSS WEIGHT：(毛重)　MEAS：(体积)</td></tr>
<tr><td>OCEAN FREIGHT/费用确认：</td><td colspan="2">TRUCKIG ARRANGEMENT/拖车安排事宜(请注明是否需要我司安排拖车并通知地址/装柜时间等信息)</td></tr>
<tr><td colspan="3">SHIPPER'S SIGNATURE & CHOP：</td></tr>
</table>

(6) 如发现有什么问题,及时反馈给客户。

(7) 对每一个所完成工作步骤进行记录、总结和归档。

(8) 运单填写完后要检查运单内容填写是否完整,是否有需要更改的内容,更改后要在更改处签章。

【训练评价】

租船订舱技能训练评价表如表 6-4 所示。

表 6-4 租船订舱技能训练评价表

<table>
<tr><td>被考评人</td><td colspan="5"></td></tr>
<tr><td>考评地点</td><td colspan="5"></td></tr>
<tr><td>考评内容</td><td colspan="5">租船订舱结果</td></tr>
<tr><td rowspan="6">考评标准</td><td>内　　容</td><td>分值</td><td>自我评价</td><td>小组评议</td><td>实际得分</td></tr>
<tr><td>遵从有关法规和流程情况</td><td>20</td><td></td><td></td><td></td></tr>
<tr><td>达到客户要求程度</td><td>20</td><td></td><td></td><td></td></tr>
<tr><td>订舱作业如期完成情况</td><td>20</td><td></td><td></td><td></td></tr>
<tr><td>企业利润能得到保证情况</td><td>20</td><td></td><td></td><td></td></tr>
<tr><td>发现和解决新问题情况</td><td>20</td><td></td><td></td><td></td></tr>
<tr><td colspan="2">合　　计</td><td>100</td><td></td><td></td><td></td></tr>
<tr><td>分项能力考评标准</td><td colspan="5">A 级:能又快又好地完成工作任务,并能指导别人完成工作任务(100%)
B 级:能又快又好地完成工作任务(90%)
C 级:能熟练地完成工作任务(80%)
D 级:能独立地完成工作任务(70%)
E 级:能在别人的指导下完成工作任务(60%)</td></tr>
</table>

注:1. 实际得分=自我评价 40%+小组评议 60%;

2. 考评满分为 100 分,60~74 分为及格,75~84 分为良好,84 分以上为优秀。

同步测试

一、选择题

(　　)为整箱货的交接方式。

A. CFS to CFS　　B. CY to CFS

C. CY to CY　　D. CFS to CY

二、填空题

1. 集装箱货物按货物性质分为________、________和________。
2. 集装箱货物按是否适合装箱分为________和________两种。
3. 集装箱货流的四种组织形式是:________、________、________、________。
4. 在集装箱货物运输中,根据整箱货、拼箱货的不同,其主要的交接地点有三种可能,即________、________和________。

三、名词解释

集装箱　整箱货　拼箱货　不清洁提单

四、简答题

1. 集装箱运输有哪些特点？有哪些优越性？
2. 何谓无船承运人？其特征和业务范围是什么？
3. 海运提单的定义和性质是什么？
4. 集装箱海上运输组织的一般程序是怎样的？
5. 集装箱海运提单的性质和作用是什么？
6. 集装箱货物的交接方式有几种？交接双方的责任怎样划分？
7. 集装箱货物按货物性质分为哪三种？特殊货物包括哪些？

07

Chapter

第七章

联合运输管理实务

知识目标：

- 掌握联合运输的概念与特征
- 了解联合运输经营人代理性特征
- 了解联合运输的分类
- 了解多式联运业务的组织方法
- 了解运输代理人及其业务的发展过程
- 掌握运输代理人的分类

技能目标：

- 能够从不同角度区分不同的联合运输种类
- 能够列举构成多式联运的要素
- 能够综合评价运输线路，设计最佳多式联运线路

素养目标：

- 遵纪守法，爱岗敬业，确保多式联运组织有效衔接
- 拓宽思维，增强沟通能力与团队合作能力

● 思维导图

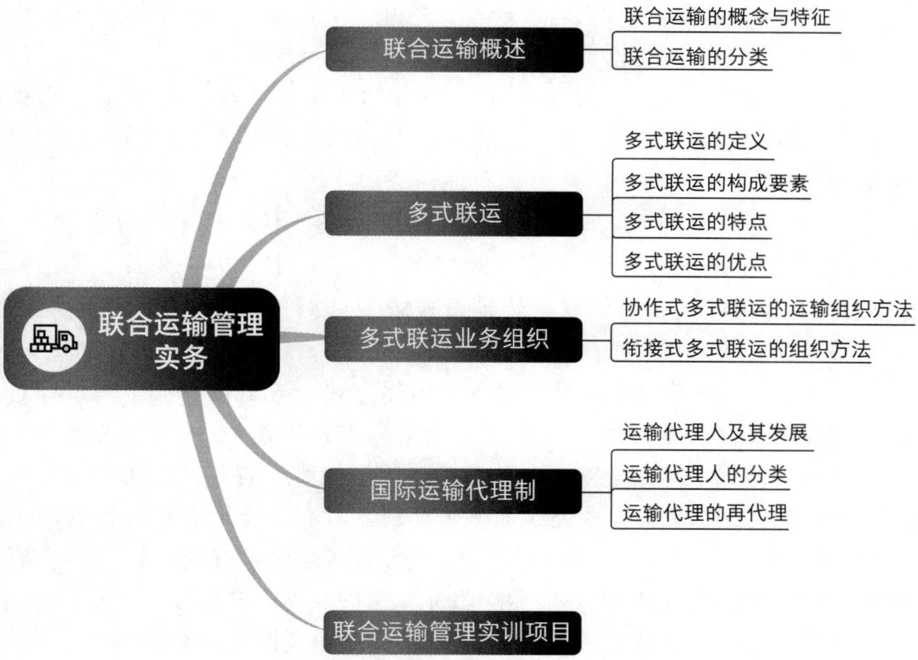

运输实现了货物从一个地点到另一个地点的位置移动，如果货物从起始点到最终目的地中间还有一个或一个以上的中间转运节点时，就有可能涉及多个运输企业或多种运输方式。因此，相对于两个地点之间的只涉及单一运输方式的单程运输而言，此类货物运输需要多种运输方式衔接配合的联合运输。联合运输不是一种新的运输方式，而是一种新的运输组织形式。

第一节 联合运输概述

一、联合运输的概念与特征

（一）联合运输的概念

联合运输是指不同运输企业、不同运输区段、不同运输方式和不同运输环节之间衔接和协调，完成一个完整的货物运输的过程和组织。其内容主要包括以下几个方面：

（1）货物全程运输中使用两种或两种以上运输工具（方式）的运输衔接。

（2）货物全程运输中使用同一种运输工具两程或两程以上运输的衔接。

（3）货物全程运输中使用一种运输方式多家经营和多种运输方式联合经营

的组织衔接。

(4) 货物全程运输所涉及的货物生产、供应、运输、销售企业的运输协作组织。

从以上内容可以看出,联合运输是在货物多次中转连续运输的全程运输过程中,在不同运输区段、不同运输方式的结合部(中转、换装地点)发挥纽带、贯通和衔接作用。

联合运输的组织工作,除上述衔接性工作外,还包括把原来由货主自己(或委托代理人)订立的运输合同,办理货物交接和办理所需要的手续及各种运输服务事宜,改变为由联运企业或联运管理机构统一组织办理。在联合运输组织业务中,联是核心,衔接与协作是关键。

联合运输组织工作过程实际上是各种运输方式合理运用和分工的过程。在选择全程运输的运输线路和选择各区段的运输方式过程中,不仅要考虑用一种运输方式的特点及技术经济特性,更应充分考虑各种运输方式之间的优势互补和由不同运输方式组成的运输路线的整体功能。只有综合地利用各种运输方式的优势,扬长避短,相互补充和协调组织,才能把不同运输方式有机地结合成一个整体,以提供优质、方便、高效的运输服务和完成全程运输任务。

联合运输的产生打破了传统的不同运输方式和不同运输企业独立经营、独立组织运输的局面,把不同运输方式的运输线路、运输枢纽,以及各种运输企业及运输服务企业连成了一个不可分割的整体。

(二)联合运输的基本特征

1. 全程性

联合运输是两种或两种以上运输方式或单一运输方式两程或两程以上的连续运输组织。联合运输经营人或联合运输管理机构要负责从接受货物托运、各区段运输、各区段运输衔接,直到货物交付期间的全部运输及相关服务业务。无论全程运输过程中包含几个区段,使用几种运输方式,经过几次中转换装,联合运输经营人或联合运输管理机构均要对运输的全程负责。联合运输合同是从起运地到目的地的全程运输合同。

2. 简便性

联合运输实行"一次托运,一份合同,一次结算费用,一票到底"的全程负责制。货主只要与联合运输经营人订立一份运输合同(联合运输合同),办理一次托运,一次结算全程费用,通过一张运输单据就可以实现货物的全程运输。与传统的分段运输比较,货主需要办理的手续简化了很多,大大节约了货主的人力与时间。

3. 通用性

联合运输中所使用的商务活动的模式与规则、所依据的国际与国内法规、合同的性质作用、所使用的单证文件等都必须具有通用性,从而适应不同运输方式、不同企业及其衔接的工作需要。

4. 代理性

联合运输企业业务活动具有运输代理企业的特点。这主要是指联合运输经营人尽管与货主订立全程运输合同,对全程运输负有责任,但在实际运输过程中,由于联合运输经营人不拥有任何一种运输工具或只拥有其中的一种或几种,因此,联合运输经营人一般并不实际完成所有运输区段或其中的某些区段的运输,而是通过分别与其他运输企业(一般称为实际承运人)订立分区段的运输合同(一般称为分运或分包合同),借助其他运输企业的力量完成各段的运输。全程运输组织工作主要是提供服务与组织衔接,这与运输代理企业的业务内容相似。但联合运输企业在其业务活动中的身份和性质与传统意义上的运输代理企业(指接受委托人的委托,在委托人授权的范围内以委托人的身份工作,并收取佣金)有很大区别。由于联合运输企业要与货主订立运输合同(联合运输合同),联合运输企业是运输合同的当事人,对货主而言,是对运输全程负责的承运人,但又由于要通过与各实际承运人订立各区段运输合同完成全程运输,对各实际承运人来讲联合运输企业又是货主(发货人或收货人)。联合运输经营人在业务活动中的这种双重身份与纯运输代理人身份性质是完全不同的。因此,理解联合运输的代理性特征时应注意不能把两者身份和性质混为一谈。

5. 协同性

搞好联合运输要依赖于生产、供应、运输、销售、金融和通信等部门,以及集、装、运、转、卸、疏等环节的紧密协作与配合。这种协同性不仅体现在运输组织和管理要协调一致,而且也体现在技术装备要协调发展。例如,必须使港、站、库、场、集疏运系统相互配套,实现运输设备和设施的协调性。这种协调性是联运发展的必要条件。

二、联合运输的分类

(一)按全程运输使用的运输方式划分

1. 单一方式联合运输

单一方式联合运输是指由一个联运经营人或机构综合组织的,由使用同一运输方式(运输工具)的不同运输企业完成的,两程或两程以上的全程连续运输。如海—海联运,铁—铁联运,公—公联运,航空—航空联运都属于这一类。

2. 多种方式联合运输(简称多式联运)

多种方式联合运输是指根据多式联合运输合同,使用两种或两种以上的运输方式,由联运经营人组织完成的全程连续运输,如铁—海联运,铁—公联运。海—空联运、管道—海联运,铁—海—公联运等也都属于这一类。

(二)按联运起点和终点是否在一个国家划分

1. 国内联合运输

国内联合运输是指联运合同规定的联运经营人接受货物的地点与交付货物

的地点是在一个国家之内的联合运输。

2. 国际联合运输

国际联合运输是指联运合同规定的联运经营人接受货物的地点与交付货物地点不在同一个国家之内的联运。

（三）按联合运输的组织体制划分

1. 协作式联合运输

协作式联合运输是指为了保证指令性计划的货物和重点物资以及国防、抢险、救灾等急需物资顺利达到指定地点，在国家和地区计划指导下，统一组织的合同运输。这种组织体制下的全程运输是建立在统一计划、统一技术作业标准，统一运行图和统一考核标准基础上的，而且在接受货物、中转换装、货物交付等业务中使用的技术装备、衔接条件等也要求在统一协调下同步建设或解决，并配套运行以保证全程运输的协同性。如我国计划内的石油、煤炭运输，就是由油田或矿山、铁路或公路、水路运输企业与港口、车站、库场等环节组成的协作式联合运输。

2. 衔接式联合运输

衔接式联合运输指联合运输经营人通过与货主订立的联运合同，开展的两种或两种以上运输方式衔接的经营性业务全程联合运输。这种全程运输多是由联合运输经营人（联合运输企业）完成的。这类联合运输不仅包括两种不同运输方式之间的衔接，也包括同一种运输方式两程之间的衔接。如沈阳—大连—香港—纽约—芝加哥的货物联运，既包括铁路与海上两种运输方式的衔接，也包括海上运输两程之间的衔接。根据全程运输中使用运输方式的组合不同，可分为铁—公联运、铁—水联运、铁—海联运、公—海联运、海—空联运、铁—公—水联运等。

第二节 多式联运

一、多式联运的定义

中华人民共和国国家标准《物流术语》（GB/T 18354－2021）对多式联运（multimodal transportation）的定义是：货物由一种运载单元装载，通过两种或两种以上运输方式连续运输，并进行相关运输物流辅助作业的运输活动。一般来讲，构成多式联运应具备下面几个主要条件：

（1）必须具有一个多式联运合同。

（2）必须使用一份全程的多式联运单据（多式联运提单、多式联运运单等）。

（3）全程运输过程中必须至少使用两种不同的运输方式，而且是两种以上运输方式的连续运输。

(4) 必须使用全程单一费率。

(5) 必须有一个多式联运经营人对货物的运输全程负责。

(6) 如果是国际多式联运,则多式联运经营人接收货物的地点与交付货物的地点必须属于两个国家。

二、多式联运的构成要素

(一)多式联运经营人

多式联运经营人一般是指经营多式联运业务的企业或机构。《联合国国际货物多式联运公约》中对国际多式联运经营人的定义是:其本人或通过其代表订立多式联运合同的任何人。多式联运经营人是事主,而不是发货人的代理人或代表,也不是参加多式联运的承运人的代理人或代表,并且负有履行合同的职责。

(二)多式联运合同

多式联运合同一般是指货物托运人与多式联运经营人就运输对象全程联运达成的协议。

《联合国国际货物多式联运公约》对国际多式联运合同的定义是:“多式联运合同是经营人凭以收取运费,负责完成或组织完成国际多式联运的合同。”在国际上,这种合同一般是不要式合同(没有书面文本),是以多式联运单据(多式联运提单)来证明的。

在国内多式联运中,由委托单位和管理单位办理的“全国联运行业统一委托书”或联运企业签发的“联运运单”本身就是多式联运合同。其中,前者属于协作式多式联运合同,是由政府部门协调下的两个或两个以上不同运输方式的承运人为一方,托运人为一方订立的合同,后者是多式联运企业的托运人订立的合同,属于衔接式联运合同,与国际多式联运合同相似。

(三)多式联运单据(票据)

在国际多式联运中,多式联运单据是指“证明多式联运合同,以及证明多式联运经营人接受货物并按合同条款交付货物的单证”。一般称为多式联运提单。

在国内多式联运中使用的票据有:

(1) 全国联运行业货运统一发票,是各联运企业间业务结算的票据。

(2) 全国联运行业统一货运委托书,是委托单位与管理单位就货物联运的合同。

(3) 运输交接单,是办理货物交接和结算各项运输费用的依据。

(4) 中转交接单,是货物在港站换装交接和结算中转费用的依据。

(5) 货物储运单,是货物在库场保管交接及结算仓储费用的依据。

(6) 联运运单,是多式联运合同,也是办理货物运输与货物交付的依据。一般来说,运单不是物权证明,不是有价证券,不能流通转让。

(四)发货人

发货人一般是指本人或以其名义或其代表与多式联运经营人订立多式联运合同的任何人,或指本人或以其名义或其代表按多式联运合同将货物交给多式联运经营人的任何人。

(五)收货人

收货人一般指有权提取货物的人。在国际多式联运中,一般是指多式联运提单持有人。在国内多式联运中,一般是指合同票据中记名的收货人。

(六)契约承运人与实际承运人

契约承运人一般是指与货主订立运输合同的人。在多式联运中是指与发货人订立多式联运合同的人(多式联运经营人)。根据合同,契约承运人是全程运输的总承运人,对货物全程运输负有责任。而实际承运人一般是指实际完成运输的承运人。在多式联运中是指与多式联运经营人订立组成全程运输的各区段运输合同(分运合同或分包合同),并实际承担区段运输的人,实际承运人是联运全程运输中的分运人或分包人,仅对自己承担区段的货物运输负责。

(七)货物

在国际多式联运中,货物主要是指集装箱(均指国际标准箱)货物,以集装箱为基本运输单元,有时也包括工程货物(大多是项目工程的成套设备等)。在国内多式联运中,货物可以是各种类别,分别可以按整车、零担或集装箱方式组织运输。在可能使用的不同运输方式中对整车或零担货物各有不同的要求。

三、多式联运的特点

(1) 根据多式联运合同进行操作,运输全程中至少使用两种运输方式,而且是不同方式的连续运输。

(2) 多式联运的货物主要是集装箱货物,具有集装箱运输的特点。

(3) 多式联运是一票到底,实行单一费率的运输。发货人只要订立一份合同一次付费,一次保险,通过一张单证即可完成全程运输。

(4) 多式联运是不同方式的综合组织,全程运输均由多式联运经营人组织完成。无论涉及几种运输方式,分为几个运输区段,多式联运经营人要对全程负责。

(5) 多式联运是通过多式联运经营人与各种运输方式、各区段的实际承运人订立分运或分包合同来完成的，各区段承运人对自己承担区段的货物运输负责。

(6) 在起运地接管货物，在最终目的地交付货物及全程运输中各区段的衔接工作，由多式联运经营人的分支机构（代表）或委托的代理人完成。这些代理人及承担各项业务的第三者对自己承担的业务负责。

(7) 多式联运经营人可以在全世界运输网中选择适当的运输路线、运输方式和各区段的实际承运人，以降低运输成本，提高运达速度，实现合理运输。

四、多式联运的优点

（一）统一化，简单化

多式联运的统一化和简单化主要表现在不论运输全程有多远，不论由几种方式共同完成货物运输，也不论全程分为几个运输区段，经过多少次转换，所有一切运输事项均由多式联运经营人负责办理，货主只需办理一次托运，订立一份运输合同，投保一次保险。一旦在运输过程中发生货物的灭失和损害，由多式联运经营人负责处理。多式联运采用一张单证，单一费率，大大简化了运输与结算手续。

（二）减少中间环节，提高运输质量

国际多式联运主要以集装箱为运输单元，可以实现“门到门”的运输，尽管运输途中可能有多次换装、过关，但由于不需掏箱、装箱、逐件理货，只要保证集装箱外表状况良好、铅封完整即可免检放行，从而大大减少了中间环节。尽管货物运输全程中要进行多次装卸作业，但由于使用专用机械设备，且又不直接涉及箱内货物，货损、货差事故、货物被盗的可能性大大减少。另外，由于全程运输由专业人员组织，可做到各环节与各种运输工具之间衔接紧凑、中转及时、停留时间短，从而使货物的运达速度大大加快，有效地提高了运输质量，保证了货物安全、迅速、准确、及时地运抵目的地。

（三）降低运输成本，节约运杂费用

多式联运全程运输中各区段运输和各区段的衔接由多式联运经营人与各实际承运人订立分运合同和与各代理人订立委托合同（包括其他有关人与有关合同）来完成。多式联运经营人一般与这些人都订有长期的协议。这类协议一般规定多式联运经营人保证托运一定数量的货物或委托一定数量的业务，而对方则给予优惠的运价或较低的佣金。通过对运输路线的合理选择和运输方式的合理使用，可以降低全程运输成本，提高利润。对于货主来讲，可以得到优惠的运价，在多式联运下，一般将货物交给第一（实际）承运人后即可取得运输单证，并可据此结汇（结算货款），结汇时间比分段运输有所提前，有利于资金的周转。由于采用集装箱运输，可以节省货物的运输费用和保险费用。此外，多式联运全程

运输采用一张单证,实行单一费率,简化了制单和结算的手续,节约了货主的人力和物力。

（四）扩大运输经营人的业务范围，提高运输组织水平，实现合理运输

在多式联运开展以前,各种运输方式的经营人都是自成体系,独立运输的,因而其经营业务的范围(特别是空间地域范围)受到很大限制,只能经营自己运输工具能够(指技术和经济方面)抵达的范围的运输业务,货运量也因此受到限制。而多式联运经营人或作为多式联运的参加者(实际承运人),其经营的业务范围即可大大扩展。除运输经营人外,其他与运输有关的行业及机构,如仓储、港口、代理、保险及金融等都可通过参加多式联运获得利润,扩大业务。

多式联运是由专业人员组织全程运输的,对世界的运输网、各类承运人、代理人、相关行业和机构及有关业务都有较深的了解,有较为紧密的关系,可以选择最佳的运输路线,使用合理的运输方式,选择合适的承运人,实现最佳的运输衔接与配合,从而大大提高运输组织水平,充分发挥现有设施设备的作用,实现合理运输。

智慧运输新视界:"智慧多式联运"描绘集装箱多式联运新生态

第三节 多式联运业务组织

货物多式联运的全过程就其工作性质的不同,可以分为实际运输过程和全程运输组织业务过程两部分。实际运输过程是由参加多式联运的各种运输方式的实际承运人完成的,其运输组织工作属于各种方式运输企业内部的技术、业务组织。全程运输组织业务过程是由多式联运全程运输的组织者,即多式联运企业或机构完成的,主要包括全程运输所涉及的所有商务性事务和衔接服务性工作的组织实施。其运输组织方法可以有很多种,但就其组织体制来说,基本上可以分为协作式联运和衔接式联运两大类。

一、协作式多式联运的运输组织方法

协作式多式联运的组织者是在各级政府主管部门协调下,由参加多式联运的各种方式的运输企业和中转港站共同组成的联运体系或系统,并设综合协调管理办公室。货物全程运输计划由该办公室制订,这种联运组织下的货物运输过程如图 7-1 所示。

在这种机制下,需要使用多式联运形式运输整批货物的发货人,向联运办公室提出托运申请,并按月申报整批货物要车、要船计划,联运办公室根据多式联运线路及各运输企业的实际情况,制订该托运人托运货物的联运计划,并把该计

划批复给托运人并转发给各运输企业和中转港站。发货人根据计划安排向多式联运第一程的运输企业提出托运申请并填写联运货物托运单(附运输计划),第一程运输企业接受货物后经双方签字,联运合同即告成立。第一程运输企业组织并完成自己承担区段的货物运输至后一区段衔接地,直接将货物交给港站,经换装由后一程运输企业继续运输直至下一个目的地,由最后一程运输企业向收货人直接交付。在前后程运输企业之间和港站与运输企业交接货物时,需填写货物运输交接单和中转交接单(交接与费用结算依据)。联运办公室(第一程企业)负责按全程费率向托运人收取运费,然后按各企业之间商定的比例向各运输企业及港站分配。

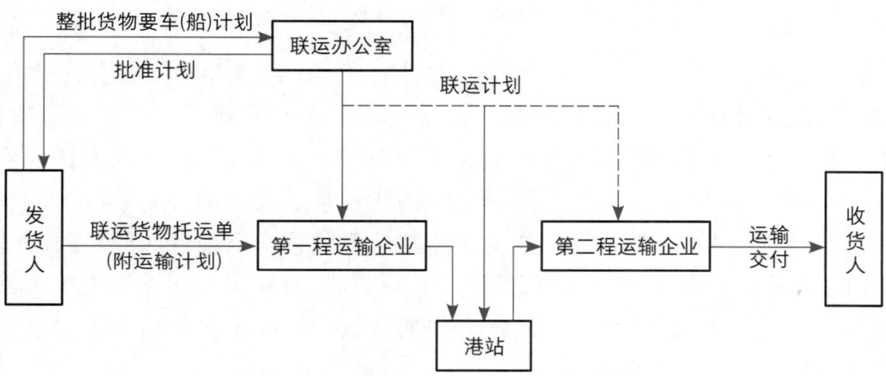

图 7-1 协作式多式联运过程

在这种组织体制下,全程运输组织是建立在统一计划、统一技术作业标准、统一运行图和统一考核标准基础上的,而且在接受货物运输、中转换装、货物交付等业务中使用的技术装备、衔接条件等也需要在统一协调下同步建设或协商解决并配套运行,以保证全程运输的协同性。这种多式联运的组织体制,是国内过去和当前多式联运(特别是大宗稳定重要物资运输)中主要采用的体制。

二、衔接式多式联运的组织方法

衔接式多式联运的组织方法

衔接式多式联运的全程运输组织业务由多式联运经营人(多式联运企业Multi-model Transportation Operator, MTO)完成,衔接式多式联运过程如图 7-2 所示。

在这种组织体制下,需要使用多式联运形式运输成批或零担货物的发货人首先向多式联运经营人提出托运申请,多式联运经营人根据自己的条件考虑是否接受,如接受,双方订立货物全程运输的多式联运合同。双方在合同指定的地点(可以是发货人的工厂或仓库,也可以是指定的货运中转站、堆场或仓库)办理货物的交接,联运经营人签发多式联运单据。

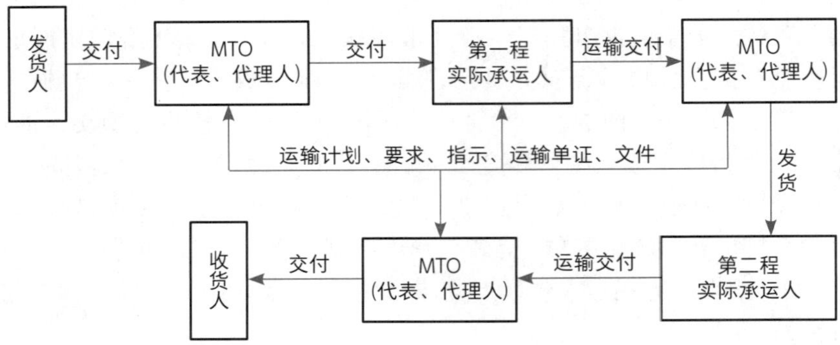

图 7-2　衔接式多式联运过程

接受托运后，多式联运经营人首先要选择货物的运输路线，划分运输区段(确定中转、换装地点)，选择各区段的实际承运人，确定零担货物的集运方案，制订货物全程运输计划并把计划转发给各中转衔接地点的分支机构或委托的代理人，然后根据计划与第一程、第二程等各程的实际承运人分别订立各区段的货物运输合同。通过这些实际承运人来完成货物全程位移。全程各区段之间的衔接采用由多式联运经营人(其代表或其代理人)从前一程实际承运人手中接收货物再向后一程承运人交接货物，在最终目的地从最后一程实际承运人手中接受货物后再向收货人交付货物的方式。

在与发货人订立运输合同后，多式联运经营人根据双方协议(协议内容除货物全程运输及衔接外，还包括其他与货物运输有关的服务业务)，按全程单一费率收取全程运费和各类服务费、保险费(如需经营人代办的)等费用。多式联运经营人在与各区段实际承运人订立各分运合同时，需向各实际承运人支付运费及其他必要的费用。在各衔接地点，委托代理人完成衔接服务业务时，也需向代理人支付委托代理费用。

第四节 国际运输代理制

随着国际贸易的发展，货物运输距离不断加大，运输所涉及的专门知识和技术越来越复杂。许多作为买方的收货人、作为卖方的发货人或作为运输方的承运人出于各种原因，不愿意亲自办理货物运输有关业务、手续和其他服务事宜，只能委托其他人办理。在这种情况下，一些人利用自己在运输及相关专业的技术知识经验和地理区位等方面的优势，开办了专门接受以上各委托人的委托，代办货物运输的各种业务、手续和相关服务，并收取一定报酬的机构。这种机构一般称为运输代理人。运输代理制是随着运输代理人及其业务的发展而逐渐发展、完善的。

一、运输代理人及其发展

根据业务内容及所处的法律地位的变化，运输代理人的发展一般可分为以下两个阶段：

（一）以被代理人名义从事业务活动阶段

在这个阶段，运输代理人业务活动的主要特征是接受委托人的委托，在委托人授权的范围和时间内，以委托人的名义代办因货物运输而产生的各种服务业务，并收取佣金。代理人与委托人之间的代理关系通过书面合同（委托合同或代理合同）确认。其业务主要包括代表承运人办理揽货托运手续，接受货物，签发运输单据，办理装、卸车（船）及需要的各种手续，办理货物交付等业务；或代表发货人办理洽定各类运输工具，办理托运手续和运输合同，办理所需要的各种财务和行政（海关、检查等）手续，办理运输保险，办理货物暂存及包装、简单加工等业务；代表收货人办理提货、货物到收货人工厂或仓库的运输及所需要的各种财务和行政手续等业务。必要时还可以向各类委托人提供与货物运输有关的各类信息咨询服务。在上述各种业务活动中，由于代理人是作为委托人（被代理人）的代表，以被代理人的名义工作，因此，在委托人授权的时间和范围内按委托人指示进行的代理人的一切行为与不行为的法律后果均由被代理人承担。运输代理人只对自己没有执行合同及在执行合同过程中的失职造成的损失负责。处在这一发展阶段的货运代理人的主要收入是委托人支付的佣金。

在运输过程中，这种代理人在承托双方之间发挥重要的桥梁作用。代理人在货物托运和交付过程中的桥梁作用如图 7-3 和图 7-4 所示。

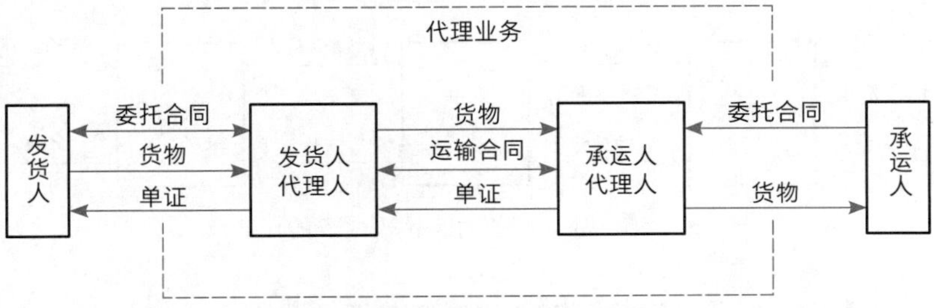

图 7-3　货物托运中代理人的作用

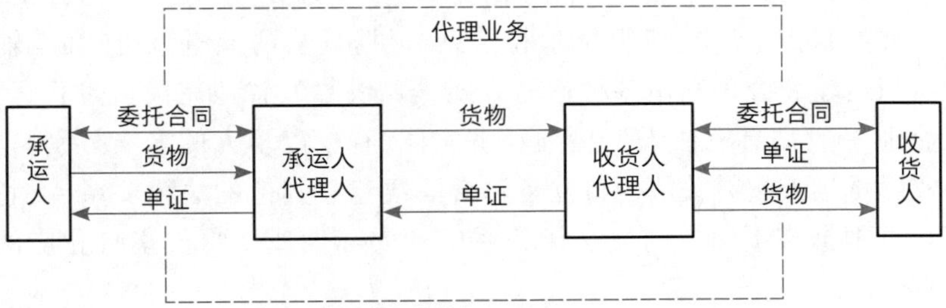

图 7-4　货物交付中代理人的作用

（二）以本人名义独立从事运输经营业务阶段

以本人名义独立从事运输经营业务阶段

通过长期的工作，一些成功的运输代理人以其优质的服务逐渐得到各种委托人的信任，和这些委托人建立起稳定的委托代理关系，有的货主通过长期协议的方式把自己的全部运输业务（发、收货）都交给某一代理人，使其掌握了较大数量的货物。这样托运时，代理人对承运人就有一定的选择权。而承运人为了获得这些货物运输合同，也通过各种方式与这些运输代理人建立长期、稳定的合作关系。例如，通过长期合作协议，运输代理人保证对承运人的每一航（车）次或每单位时间（年或月）提供一定数量的货物，而承运人保证给予定舱优先权和优惠的运价。

这种状况给运输代理人业务范围的扩展提供了机遇，一些成功的、较有实力的运输代理人相继扩大了自己的业务，其采取的主要方式是：不仅就提供货物运输的服务事宜与货主达成协议，而且以本人名义与货主订立货物运输合同，签发运输单证（提单、运单等），然后再以本人名义与实际承运人订立货物运输合同来完成货物的位移。货物运抵目的地后，运输代理人从实际承运人手中接受货物，再向收货人交付货物，从而履行与货主订立的运输合同规定的运输责任。在这种情况下，相对货主来说，运输代理人已不再仅仅是以货主名义工作的代理人，而且是以本人名义与之订立运输合同的承运人（契约承运人）。而对于实际承运人来说，运输代理人也不再是以货主的身份办理托运的代理人，而是货物的发货人和收货人。这种变化标志着运输代理人业务已进入运输经营领域，对发展到这一阶段的运输代理人，一般称为独立从事运输经营业务的运输代理人或无船（这里泛指各种运输工具）公共承运人（NVOOC）。独立经营的运输代理人的业务如图 7-5 所示。

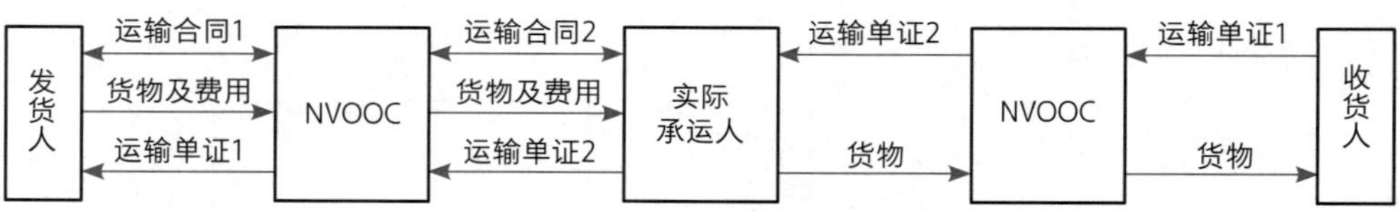

图 7-5　独立经营的运输代理人的业务

独立从事运输经营是运输代理从传统意义上的代理人向高级阶段发展的表现。从事这种经营的代理企业，不是货物所有者，也不拥有运输工具，主要是利用自己掌握的知识、经验、组织技术和信息，根据货物的流量、流向和运输要求，合理地组织运输和合理利用各种运输方式，多、快、好、省地完成全过程运输。这种代理企业一般是具有法人资格的经济实体，有权以本人的名义分别与实际托运人和实际承运人按有关法规订立运输合同或建立其他的法律关系（委托、代理关系等），并根据在不同合同或法律关系中的实际性质、地位，享有相应的权利、义务和责任。

二、运输代理人的分类

根据代理业务的性质和范围，可将运输代理人分为租船代理、船务（承运方）代理、货运（货主）代理和咨询代理四类。

（一）租船代理

租船代理又称租船经纪人代理，以船舶为商业活动对象而进行船舶租赁业务。租船代理的主要业务活动是在市场上为租船人寻找合适的运输船舶或为船东寻找租船人，以中间人身份使船租双方达成租船交易，从中赚取佣金。租船代理又可分为船东代理人和租船人代理人。有些租船代理人还兼办船舶买卖、船舶代理业务。租船代理人的主要工作有以下几个方面：

（1）按照委托人（船东或租船人）的指示要求，为委托人提供最合适的对象和最有利的条件并促成租赁交易的成交。

（2）根据当事人双方洽谈确认的条件制成租船合同并按委托方的授权代签合同。

（3）提供委托人航运市场行情、国际航运动态以及有关信息资料等。

（4）为当事人双方斡旋调解纠纷，公平合理地解决合同纠纷。

租船代理佣金按照惯例由运费或租金收入方支付，即由船东支付，租船代理佣金一般按租金的1%～2.5%在租船合同中加以规定。

（二）船务代理

船务（承运方）代理是指接受承运人的委托，办理船舶有关营运业务和进出港手续的工作。船务代理业务范围很广，主要包括船舶进出港业务、货运业务、船舶供应业务以及其他服务性业务等。

根据委托方式的不同，船务代理一般分为航次代理和长期代理两种。前者指委托人和代理人的接受均以每船一次为限，即逐船、逐航次办理委托手续；后者则是指在船方和代理人之间签订长期（1～5年或更长时间）代理协议。

（三）货运代理

货运（货主）代理是指接受货主的委托，代表货主办理有关货物报关、交接、仓储、调拨、检验、转运及订舱等业务。在办理代理业务中，以货主的代理人身份对货主负责并按代理业务项目和提货的劳务向货主收取代理费。

货运代理的业务范围有大有小，大的兼办多项业务，如办理海陆空货运代理业务；小的则专办一项或两项业务，如空运货运代理、陆运货运代理、海运货运代理等。较常见的货运代理主要有以下几类：

（1）订舱揽货代理。这类代理与国内外货主和海陆空运输公司有着广泛的联系，有的代表货主向承运人办理订舱，有的代表承运人向货主揽货，其是承运人和托运人之间构成承托关系的媒介。

(2) 货物装卸代理。

(3) 货物报关代理。

(4) 转运代理。

(5) 理货代理。

(6) 储存代理。主要包括货物保管、整理以及保险等业务。

(7) 集装箱代理。主要包括装箱、拆箱、分拨、转运,以及集装箱租赁、维修等业务。

(四) 咨询代理

咨询代理专门从事咨询工作,即按委托人的要求,提供有关咨询信息、情况、资料、数据和信息服务而收取一定报酬。这类代理人不仅拥有研究人员和机构,而且与世界各贸易运输研究中心有广泛的联系,消息十分灵通,如设计经营方案,选择合理的经济运输方式和路线,核算运输成本,研究解释法律规章,以及调查有关企业信用资质等,均可根据委托提供专题报告和情报资料。

三、运输代理的再代理

运输代理的再代理是经营运输代理的企业,根据需要,可以在适当的地方委托有关方面进行再代理。组织再代理的,大都是独立从事运输经营的企业。国外的许多运输代理公司承运的货物运到其他国家或地区后,许多业务问题要处理,而自己在当地又无业务机构,则需要委托适当企业进行再代理。例如,内河和沿海的轮船公司的业务一般都由港口企业代理,而港口企业为了拓展业务,也往往在一些站点委托其他港口企业进行再代理。再代理是运输代理的补充和完善。

第五节 联合运输管理实训项目

【工作任务】

有一个 20 尺的集装箱从中国的武汉运往美国的芝加哥,请对各条线路进行综合评价,确定最佳的多式联运线路。

【相关知识】

(1) 国际贸易价格术语。

(2) 国际贸易交易条款。

(3) 国际集装箱运输相关知识。

(4) 集装箱运输整箱货的货流知识。

（5）国际海运航线相关知识。

（6）国际海运订舱的业务流程。

任务实施：多式联运路线选择

【训练目标】

学会按照客户要求选择最佳的多式联运线路。

【训练准备】

（1）准备所需单据和表格。

（2）准备训练教室或实训室。

【训练步骤】

（1）确定可供选择的各条运输线路，如图 7-6 所示。

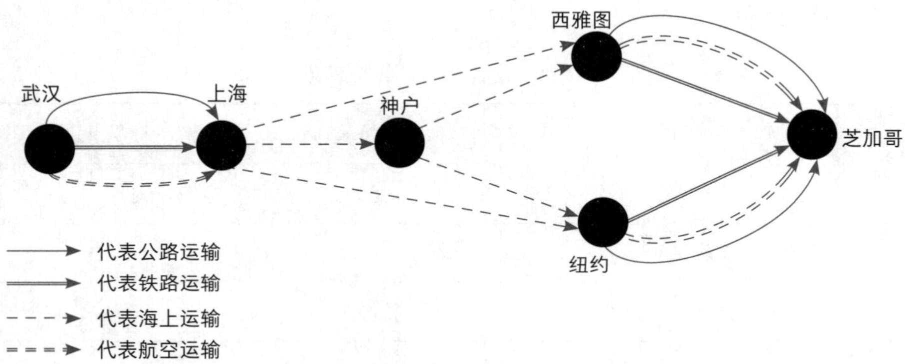

图 7-6　可供选择的运输线路

（2）确定运输线路选择的评价因素，本实训选择运输费用、运输时间和运输质量作为国际多式联运运输线路选择的最关键的三个影响因素。

（3）根据各评价因素对运输线路选择所起的作用，按运输低价货物和高价货物两种情况对三个评价因素赋予不同的权数，填写表 7-1，并列出自己的理由。

（4）调查各条线路的运输费用、运输时间和运输质量的值，填入表 7-2 中的“原始值”栏中。其中运输费用、运输时间填实际调查的数据，而运输质量根据实际情况，可设置为 0 至 1 之间的值。

表 7-1　运输线路影响因素评价表

权重	影响因素		
	运输时间	运输费用	运输质量
运输高价货物时			
运输低价货物时			

注：三个因素的权数之和应为 1。

（5）每种备选运输线路下各评价因素值定量化。由于运输费用、运输时间和运输质量的单位不同，因此需要通过适当方法将其变换为无量纲的标准化指标,在本案例中,运输费用和运输时间均是反映运输成本的指标,货物或托运人希望成本越低越好,运输质量越高越好,因此,可采用以下方法将运输费用和运输时间这两个影响因素的原始指标标准化:

$$R_i=(\max X_i-X_i)/(\max X_i-\min X_i)$$

式中:R_i——第 i 条线路标准化后的指标值;

X_i——第 i 条线路标准化前的指标;

$\max X_i$——标准化前各条线路的最大值;

$\min X_i$——标准化前各条线路的最小值。

将按上述公式对原始指标进行标准化后得出的对应数值填入表 7-2 中的"标准化后"栏中。

表 7-2　运输线路计算数值表

	原始值			标准化后		
	运费	时间	运输质量	运费	时间	运输质量
武汉—(铁路)—上海						
武汉—(公路)—上海						
武汉—(航空)—上海						
上海—西雅图—(铁路)—芝加哥						
上海—西雅图—(公路)—芝加哥						
上海—西雅图—(航空)—芝加哥						
上海—神户—西雅图—(铁路)—芝加哥						
上海—神户—西雅图—(公路)—芝加哥						
上海—神户—西雅图—(航空)—芝加哥						
上海—纽约—(铁路)—芝加哥						
上海—纽约—(公路)—芝加哥						
上海—纽约—(航空)—芝加哥						
上海—神户—纽约—(铁路)—芝加哥						
上海—神户—纽约—(公路)—芝加哥						
上海—神户—纽约—(航空)—芝加哥						

(6) 自制表格确定每种运输线路的综合评价值,按运输低价货物和高价货

物两种情况确定最佳的多式联运线路。

【注意事项】

(1) 列出工作还需要的资料。

(2) 列出工作流程。

(3) 选取成本最低或距离最近的线路。

(4) 如发现有什么问题,及时反馈给客户。

(5) 将自己置身于一个经济实体中,既要保证企业利润又能满足客户的要求。

(6) 对每一个完成的工作步骤进行记录、总结和归档。

【训练评价】

多式联运最佳线路选择评价表如表 7-3。

表 7-3 多式联运最佳线路选择评价表

被考评人					
考评地点					
考评内容	多式联运最佳线路选择				
考评标准	内容	分值	自我评价	小组评议	实际得分
	遵从有关法规和流程情况	20			
	达到客户要求程度	20			
	线路选择优化情况	20			
	企业利润得到保证情况	20			
	发现和解决新问题情况	20			
合计		100			
分项能力考评标准	A 级:能又快又好地完成工作任务,并能指导别人完成工作任务(100%) B 级:能又快又好地完成工作任务(90%) C 级:能熟练地完成工作任务(80%) D 级:能独立地完成工作任务(70%) E 级:能在别人的指导下完成工作任务(60%)				

注:1. 实际得分=自我评价 40%+小组评议 60%;

2. 考评满分为 100 分,60~74 分为及格,75~84 分为良好,84 分以上为优秀。

同步测试

一、选择题

1. 联合运输的基本特征不包括(   )。

A. 全程性　　B. 简便性　　C. 通用性　　D. 合理性

2. 水路运输以一票托运(　　)以上为整批运输,不足的为零担货物。

A. 10 t　　B. 5 t　　C. 7 t　　D. 20 t

3. 多式联运费用不包括(　　)。

A. 运费　　B. 杂费　　C. 中转费　　D. 理赔费

4. (　　)主要包括装箱、拆箱、分拨、转运,以及集装箱租赁、维修等业务。

A. 集装箱代理　　B. 订舱揽货代理

C. 储运代理　　D. 中转代理

5. 衔接式多式联运的全程运输组织业务是由(　　)完成的。

A. 各级政府主管部门　　B. 某个运输方式的企业

C. 多式联运经营人　　D. 中转港站

二、名词解释

联合运输　多式联运　多式联运经营人　运输代理人

三、问答题

1. 联合运输经营人是如何产生的?
2. 联合运输的内容是什么? 有哪些特征?
3. 联合运输有哪些分类方法?
4. 构成多式联运应具备哪几个主要条件?
5. 多式联运的构成要素有哪些?
6. 分别指出多式联运的特点和优点有哪些?
7. 协作式多式联运是如何组织货物运输的?
8. 衔接式多式联运是如何组织货物运输的?
9. 运输代理人及其业务经历了哪几个发展阶段?
10. 运输代理人可以分为哪些种类? 各种运输代理人的主要工作内容是什么?
11. 单一方式联运与多式联运的区别是什么?
12. 协作式联运的组织与衔接式联运的组织有什么区别?

08 Chapter

第八章

物流运输管理决策

知识目标：

- 了解决策论的基本内容
- 了解物流运输决策的对象
- 掌握物流载运工具选择的决策方法
- 理解物流运输路线的类型
- 掌握物流运输路线的优化决策的方法
- 掌握物流运输服务商选择的决策方法

技能目标：

- 能够进行决策方案的甄选
- 能够运用运输成本比较法及竞争综合法进行载运车辆的选择
- 能够运用运筹学的方法对物流运输路线进行优化决策
- 能够运用运输价格比较决策方法进行物流服务商的选择

素养目标：

- 爱岗敬业，开拓创新，增强发现问题和分析决策的能力
- 注重工作效率、质量与成本控制，培养精益管理能力

- 思维导图

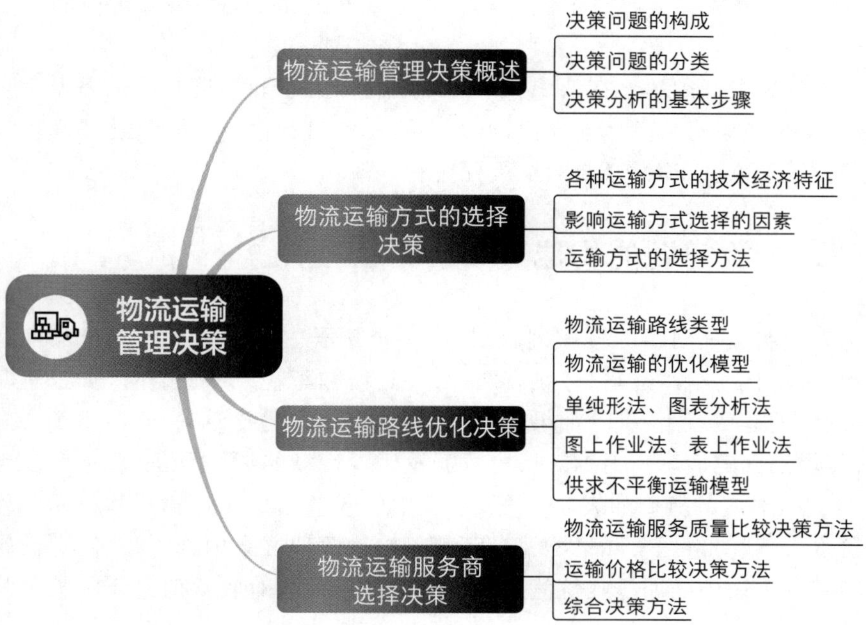

运输是现代物流的重要功能，其管理与作业水平的高低直接影响和决定整个物流的运营成本、效率与客户满意度。因此，做好现代物流的基础之一就是有合理的物流运输管理决策。

第一节 物流运输管理决策概述

物流运输决策在物流决策中占有十分重要的地位，根据物流发展过程中的相关统计资料来看，物流运输成本要占物流总成本的35%～50%，对许多商品来说，运输成本要占商品价格的4%～10%。也就是说，运输成本占物流总成本的比重比其他物流活动大。物流运输决策包含的范围很广泛，其中主要的决策对象是：对载运工具的选择、对运输提供商的选择、对运输路线的选择、运输能力的配备等。但决策的前提是对运输环境的分析，不了解运输环境直接决策，就很难进行准确的决策。

根据决策论的观点，决策是指针对某一问题，在调查研究的基础上，确定行动的目标，拟订多个可行方案，然后运用统一的标准，选定最佳方案的全过程。

决策是行动的基础，正确的行动来源于正确的决策。在物流业务中，管理的关键在于决策，决策贯穿于物流管理工作的各个方面。决策包括战略性的经营决策、战术性的资源开发利用决策以及技术性的操作决策。决策是物流管理人员不可缺少的工作，高层管理人员（如企业经理或企业负责人）要进行战略性决策，中下层管理人员（如部门经理、计划管理人员、作业调度指挥人员等）要进行战术性决策或技术性决策。管理层次越高，决策在工作中的作用越重要。

正确的决策必须建立在认识和了解问题内部关系和环境状况的基础上。首先，必须掌握决策对象的运动规律，搜集必要的资料和信息；其次，还要掌握辅助决策的技术和方法，遵循必要的决策程序和步骤。

一、决策问题的构成

为了说明决策问题的构成，我们先举一个例子。某工厂生产的产品要运往销售地，决定自己组织运输，方案有两种：一是增购车辆，二是租车。如果租车运输，所支付的运费就高一些，如果使用自己车辆运输，运费便宜一些，但要添置车辆，每年增加固定成本。另据对历史数据及运输市场的调查分析，此项产品年运输量（状态）对应的概率如表 8-1 所示，表中的收益值用年运输成本表示。作为工厂负责人，就要根据实际情况，权衡利弊，在这两种方案中选择一种，这就是一个决策问题。表中的期望收益值是以概率为加权系数对收益值进行加权平均的计算结果。

表 8-1　决 策 收 益

状态 / 概率 / 方案	1 600	1 800	2 000	2 200	2 400	2 600	期望收益值（总成本）
	0.05	0.15	0.20	0.30	0.20	0.10	
增购车辆收益值	184	192	200	208	216	224	206.0
租车运输收益值	160	180	200	220	240	260	215.0

根据此例可以看出，决策问题构成包括以下几个方面：

（一）存在两个以上的自然状态

上例中的自然状态有 6 个，即年运输量及其概率为 1 600（0.05）、1 800（0.15）、2 000（0.20）、2 200（0.30）、2 400（0.20）和 2 600（0.10）。

（二）存在两个以上可供决策者选择的决策方案

上例中的决策方案有两个，即“增购车辆收益值”和“租车运输收益值”。

（三）在各个自然状态下收益值，对应不同决策方案

上例中就是增购车辆成本为 184、192、200、…；租车运输成本为 160、180、200、…。

（四）决策者选择行动方案

上例中决策的目标是“使总成本达到极小”（即收益值最小）。上例中“增购车辆收益值”方案的总成本（期望收益值）为 206.0，它比另一方案的总成本 215.0 小，所以，决策者应选择“增购车辆收益值”方案。

二、决策问题的分类

决策可分为三种情况：确定情况下的决策、风险情况下的决策和不确定情况下的决策。

（一）确定情况下的决策

这种决策是在已知情况下决策，一般来说比较容易。只要从决策收益表中选择一个已知自然状态最佳的方案即可。例如一个建库规模的决策问题，建库规模决策收益值见表 8-2。在这个问题中，如果能确定将发生的市场情况（状态）是第一种（即市场情况为“景气”的概率为 1），三种方案对应的收益值分别为 250、350 和 600，第三种方案收益值最大，所以，应采用第三种方案，即建大型仓库。这种决策只考虑一种自然状态，比较简单。

表 8-2　建库规模决策收益　　单位：万元

决策方案	市场情况		
	景气	普通	不景气
建小型仓库	250	200	180
建中型仓库	350	400	150
建大型仓库	600	300	100

（二）风险情况下的决策

风险情况下的决策是根据几种不同的自然状态可能发生的概率来进行决策。自然状态的概率值一般是对历史资料进行统计分析求得的，或者来自决策者主观经验的判断。风险情况下的决策所依据的标准主要是期望值标准。

（三）不确定情况下的决策

在不确定情况下的决策问题中，只知道可能出现的几种自然状态，而每一种自然状态发生的概率因缺乏资料或经验，全部未知。如表 8-3 中有三种自然状态（状态 1、状态 2、状态 3），如果各种状态发生的概率都无法知道，则属于不确定情况的决策问题。这种情况下的决策主要取决于决策者的素质和特点。

表 8-3　不确定情况下的决策　　单位:万元

决策方案	可能情况		
	状态 1	状态 2	状态 3
方案 1	500	100	-50
方案 2	300	250	0
方案 3	100	100	100

1. 悲观原则与极小极大决策标准

由于对决策问题的情况不明,决策者持稳健和保守心理,所以,在决策分析时比较谨慎小心,从最坏的结果着想,从最坏的结果中选择最好的结果。这种决策的主要特点是对现实方案的选择持悲观原则,因此,称为悲观决策标准。

决策程序是:首先从每一个方案中选择一个最小的收益值,然后再从这些最小收益值所代表的不同方案中,选择一个收益值最大的方案。如表 8-3 中各方案的最小收益值分别为-50,0,100,其中,最大者(100)对应的方案 3 就是要选择的决策方案。

2. 乐观原则与极大极大决策标准

这种决策的主要特点是对现实方案的选择持乐观原则。决策时不放弃任何一个获得最好结果的机会,争取好中求好,充满乐观冒险精神。

决策程序是:首先从每个方案中选择一个最大的收益值,然后从这些方案的最大收益值中选择一个收益最大的方案。如表 8-3 中各个方案的最大收益值分别为 500,300,100,其中,最大者(500)对应的方案 1 就是所选择的决策方案。

3. 折中原则与折中决策标准

这种标准是介于悲观与乐观之间的一个折中标准。可设定一个乐观系数 K,取值在 0~1 之间,将各方案中的最大收益值和最小收益值分别乘以 K 和($1-K$),再相加得出各方案的期望值,选其最大者对应的方案。表 8-3 中,方案 1 的最大和最小收益值分别为 500 和-50;方案 2 的最大和最小收益值分别为 300 和 0;方案 3 的最大和最小收益值分别为 100 和 100,假定乐观系数 $K=0.7$,则方案 1 的期望值为:$500\times0.7+(-50)\times0.3=350-15=335$;方案 2 的期望值为:$300\times0.7+0\times0.3=210$,方案 3 的期望值为:$100\times0.7+100\times0.3=100$。期望值最大者(335)的方案 1 就是要选择的决策方案。

4. 极大极小遗憾决策标准

对于某一状态,决策者首先要选择收益最大的方案,如果决策者未选择这一方案,而选择了其他方案,会感到遗憾(后悔)。两者之差称为遗憾值。这个决策标准是以避免将来的遗憾为原则。

决策程序是:对于每一种自然状态,选取最大收益值,再用它减去这一状态的各方案的对应的收益值,即得遗憾值。然后在各方案中找出最大的遗憾值,最后取其最小者对应的方案。表8-3各个状态中的最大收益值分别为500,250,100,用它减去各方案的值,便得出各遗憾值,如表8-4所示。各个方案中的最大遗憾值分别为150,200,400,其中,最小者(150)对应的方案1就是应选择的决策方案。

表8-4 遗 憾 值

决策方案	可能情况		
	状态1	状态2	状态3
方案1	0	150	150
方案2	200	0	100
方案3	400	150	0

5. 拉普拉斯准则

拉普拉斯准则是一种平均概率分析方法,即把各种自然状态的概率视为相等。然后,利用类似风险情况下的决策方法进行分析。

三、决策分析的基本步骤

一项决策的形成,首先要进行一系列的调查研究和分析论证工作,然后还要把决策意图通过指令系统传递到执行系统,这是一个完整的动态过程。决策过程一般包含四个基本步骤:

(一)确定目标

在决策过程中,首先要确定目标。所确定的目标一定要具体明确,避免抽象含糊。

(二)拟订多个可行方案

决策工作的中心任务是通过各种调查研究和综合分析,拟定各种可供选择的决策方案。

(三)预测未来的状态

预测是决策过程的一个重要环节,预测必须建立在信息工作的基础上。预测是通过事物的历史和现状资料,推测事物的未来发展状态。预测的任务是根据决策目标的要求,研究在实现决策目标的过程中将要出现的影响因素,指出事件在不同条件下的发展结果。预测的主要使命是通过科学方法,为决策目标和决策方案的选择提供科学依据。

对于一般的决策问题，可以利用决策收益表或决策树计算出各种方案的期望值，为比较各种方案的价值提供参考信息。

（四）选择最优方案

首先，对于待选的各种方案，由专业技术人员运用运筹学、数理统计等科学方法进行定量分析比较，找出初步的“最优方案”。

然后，业务主管部门组织方案论证，对专业人员拟订的初步“最优方案”进行论证。这种论证是决策的一个必要程序，不能省略或马虎。初步的“最优方案”并不一定是实际最优方案，因为决策模型是对事物的理想化描述，一般不可能考虑影响事物的所有因素。组织方案论证，就是弥补理论分析的这种不足。

最后，由决策领导者对经过论证的方案进行最后抉择，决定是否采纳。最终决策是整个决策的关键，要求担负这一职责的主要领导人具有良好的个人素质、分析判断能力和丰富的管理决策经验。

第二节 物流运输方式的选择决策

一、各种运输方式的技术经济特征

各种运输方式的技术经济特征主要包括运输速度、运输工具的容量及线路的运输能力、运输成本、经济里程、环境保护等。

（一）运输速度

物流运输的产品是货物的空间位移，以什么样的速度实现它们的位移是物流运输的一个重要技术经济指标。决定各种运输方式运输速度的一个主要因素是各种运输方式载体能达到的最高技术速度。运输载体的最高技术速度一般受载体运动的阻力、载体的推动技术、载体材料对速度的承受能力以及与环境有关的可操纵性等因素的制约。作为运输工具，它的最高技术速度取决于通常的地面道路交通环境下允许的安全操作速度。各种运输方式由于经济原因而采用的技术速度一般要低于最高技术速度，尤其是在对速度特别敏感的水路运输方面，船舶一般都是采用经济航速营运的。

目前，我国各种运输方式的技术速度分别是：铁路货物运输为 80～120 km/h，海运为 15～28 节，河运为 8～20 km/h，公路货物运输为 80～120 km/h，航空货物运输为 900～1 000 km/h。

在运输实践中，货物所能得到的服务速度低于运输载体的技术速度。首先，运载工具不可能在运输的全过程中以技术速度运行，即运载工具的营运速度总是低于技术速度。例如，飞机升降作业时的减速，铁路运输在中途停站及编组，船舶在航途中速度会受风浪的影响，汽车在行驶途中要进行交通避让。

就运输速度而言，航空速度最快，铁路次之，水路最慢。但在短距离的运输中，公路运输具有灵活、快捷、方便的绝对优势。

（二）运输工具的容量及线路的运输能力

由于技术及经济的原因，各种运输方式的运载工具都有其适当的容量范围，从而决定了运输线路的运输能力。公路运输由于道路的制约，其运载工具的容量最小，通常载重量是 5~15 t。我国铁路的载重量是 3 000 t。水路运输的载重能力最大，从几千吨到几十万吨的船舶都有。

（三）运输成本

物流运输成本主要由四项内容构成：基础设施成本、转运设备成本、营运成本和作业成本。以上四项成本在各种运输方式之间存在较大的差异。铁路运输的基础设施及转运设备方面的成本比重较大。

（四）经济里程

运输的经济性与运输距离有紧密的关系。不同运输方式的运输距离与成本之间的关系有一定的差异。如铁路运输的距离增加幅度要大于成本上升的幅度，而公路则相反。从国际惯例来看，300 km 以内被称为短距离运输，该距离内的货物运输应该尽量分流给公路运输。一般认为，运输在 300 km 内主要选择公路运输，在 300~500 km 内主要选择铁路运输，500 km 以上则选择水路运输。

（五）环境保护

党的二十大报告指出：加快发展方式绿色转型。推动经济社会发展绿色化、低碳化是实现高质量发展的关键环节。交通运输是碳减排的重点领域，物流运输组织绿色化、集约化的转型，是加强环境保护的重要途径。运输业产生环境污染的直接原因有以下几个方面：

（1）空间位置的移动。在空间位置移动的过程中，移动所必需的能源消耗以及交通运输移动体的固定部分与空气发生接触，从而产生噪声振动、大气污染等。空间位置移动本身不仅造成环境破坏，但是随交通污染源的空间位置移动，会将破坏扩散到其他地区，造成更大范围环境的污染。

（2）交通设施的建设。交通设施的建设往往破坏植被，改变自然环境条件，破坏生态环境的平衡。

（3）载运的客体。运输业动力装置排出的废气是空气的主要污染源，在人口密集的地区尤其严重。汽车运输排放的废气严重影响空气的质量，油船溢油事故严重污染海洋，公路建设大量占用土地。大量土地被占用对生态平衡产生影响，并使人类生存环境恶化。

各种运输方式的技术经济特征如表 8-5 所示。

表 8-5　各种运输方式的技术经济特征

运输方式	技术经济特征	运输对象
铁路	初始投资大，运输容量大，成本低廉，占用的土地多，连续性强，可靠性好	适合于大宗货物、散件杂货等的中长途运输
公路	机动灵活，适应性强，短途运输速度快，能源消耗大，成本高，空气污染严重，占用的土地多	适合于短途、零担运输，门到门的运输
水路	运输能力大，成本低廉，速度慢，连续性差，能源消耗及土地占用都较少	适合于中长途大宗货物运输，海运，国际货物运输
航空	速度快，成本高，空气和噪声污染重	适合于中长途及贵重货物运输，保鲜货物运输
管道	运输能力大，占用土地少，成本低廉，连续输送	适合于长期稳定的流体、气体及浆化固体物运输

二、影响运输方式选择的因素

影响运输方式选择的因素包括：货物的特性、可选择的运输工具、运输总成本、运输时间、运输的安全性、其他影响因素等。

（一）货物的特性

货物的价值、形状、单件的重量、容积、危险性、变质性等都是影响运输方式选择的重要因素。一般来说，原材料等大批量的货物以及价格低廉或容积形状庞大的货物运输适合于铁路运输或水路运输；重量轻、容积小、价值高的货物适合于航空运输；中短距离的运输适合于公路运输；至于为包装的消费品选择公路运输、铁路运输、水路运输还是航空运输，则需要综合其他因素进行具体的比较分析。例如，要把一个装载笔记本电脑的集装箱从广州市运送到乌鲁木齐市，再转运给各零售商，可以先根据集装箱的大小，选择铁路运输或是航空运输，然后选择汽车运输把货物分送到各零售商。

（二）可选择的运输工具

尽管现在交通发达，可供选择的运输工具较多，但对于具体时间、地点条件下的运输，不是所有承运人都能很容易地获得所需要的运输工具。例如，将木材从大兴安岭运到北京，通过水路运输是最经济的，因为木材不需要专门的保护，而且能容忍较长时间的运输，但大兴安岭没有水路，因而，只能通过汽车运输到火车站，然后通过铁路运输到北京。这个例子说明，水路运输、铁路运输、航空运输和管道运输不能到达托运人所要求到达的任何地点，货物起点与终点运输，只能使用汽车运输，因为汽车运输几乎可以到达任何地方。当然，对于运量大的货物来说，汽车运输是昂贵的，因而汽车运输也只是在短距离上更经济，所以，更多货物通过联合运输送达目的地。

对于运输工具的选择，不仅要考虑运输费用，还要考虑仓储费用，因为运费低的运输工具，一般运量大，而运量大会使库存量增大，库存量增大会相应增加高额的仓储费用，最后使运输成本增加，因此，要综合考虑进行选择。

另外，运输工具的选择还要考虑不同运输方式的营运特性，包括速度、可得性、可靠性、能力、频率等。相对来说，汽车运输虽适应性强，但运量小，运输能力不如火车和轮船；而火车、轮船虽然运量大，费用比较低，但急需时却不如汽车那么容易获得。

（三）运输总成本

运输总成本是指为两个地理位置间的运输所支付的费用以及与运输管理、维持运输中存货有关的总费用。如果单纯从运输方式的费用考虑，航空运输比公路运输费用高很多，公路运输比铁路运输费用成本高，铁路运输比水路运输费用高，水路运输又比管道运输费用高。但是，货物的运输总成本不仅包括运输工具的运输费用，还包括运输管理、维持运输中的包装、保管、库存、装卸费用以及保险费用，而这些费用又和运输速度有直接的关系：运输速度快，运输时间短，这些费用会随之减少，反之就会增加。这就是说，最低的运输费用并不意味着最低的运输总成本。所以，货物的运输不能单纯地考虑运输费用。

（四）运输时间

运输时间是指从货源地发货到目的地接收货物之间的时间。运输时间的度量是货物如何快速地实现发货人和收货人之间“门到门”的时间，而不仅仅是运输工具如何快速移动、货物从运输起点到终点的时间。一般来说，在没有转运的情况下，火车运输比汽车运输快，但是，在最后的交货之前，货物在铁路货场上可能需要等待较长时间才能最后转运到收货人手中；而汽车运输能直接实现“门到门”的运输，比火车运输花费的时间短。由此看来，不同的运输方式，需要的运输时间是不相同的。有的运输方式能提供货物起止点的直接运输，有的则不能。但是，不管选择哪一种运输方式或多种联合运输方式，运输时间都应该用“门到门”的运送时间来进行衡量。

（五）运输的安全性

运输的安全性包括所运输货物的安全和运输人员的安全，以及公共安全。当货物在运动的运输工具中时，盗窃发生较少，损坏也很少发生。当然，有时运动本身可能导致货物的损坏，但更多的损坏是由于装卸和搬运或是劣质的包装造成的。所以，从整个运输过程来说，同其他运输方式相比，载货卡车能够更好地保护货物的安全，因只有卡车才能够实现“门到门”的运输，而不需要中途装卸和搬运，或者因为存储或停放而降低货物的安全性。

对运输人员和公共安全的考虑也会影响货物的安全措施，进而影响运输方式的选择。例如地面运输中采取的安全措施又远没有在空运中那样严格，这是因为航空运输安全与否造成的后果远比其他运输方式严重，这也是航空运输的安全检查远比公路、铁路、水路运输严格得多的重要原因。对于某些货物，不健全的安全措施也会影响公共安全，甚至影响国家的安全。所以，不管是从货物的安全性考虑，还是从运输人员的安全或公共安全考虑，都会影响托运人对运输方式的选择。

（六）其他影响因素

除上述列举的影响运输方式选择的因素外，经济环境或社会环境的变化也制约着托运人对运输方式的选择。例如，随着物流量的增大，噪声、振动、大气污染、海洋污染、事故等问题日益突出，政府为防止这些问题发生相继出台法律、法规，并日益严格，会影响运输方式的选择；又如，对公路运输超载货物、超速运行的限制，对航空、水路、铁路、公路运输中特种货物运输的不同规定等，以及防止交通公害的对策、税金、使用费等规定的限制，都会影响托运人对运输方式的选择。

综上所述，选择运输方式时，通常是在保证运输安全的前提下再衡量运输时间和运输费用，当到货时间得到满足时，再考虑费用低的运输方式。当然，计算运输费用不能单凭运输单价的高低，而应对运输过程中发生的各种费用以及对其他环节费用的影响进行综合分析。

三、运输方式的选择方法

智慧运输新视界：智慧运输管理与决策

在各种运输方式中，如何选择适当的运输方式是物流合理化的重要问题。一般来说，应根据物流系统要求的服务水平和可以接受的物流成本来决定，可以选择单一运输方式，也可以选择使用联运的方式。

运输方式的选择，需要根据运输环境、运输服务的目标要求，采取定性分析与定量分析的方法进行考虑。

（一）运输方式选择的定性分析法

定性分析法主要是依据完成运输任务可用的各种运输方式的运营特点及主要功能、货物的特性以及货主的要求等因素对运输方式进行直观选择的方法。

1. 单一运输方式的选择

单一运输方式的选择，就是选择一种运输方式提供运输服务。公路、铁路、水路、航空和管道五种基本运输方式各有自身的优点与不足。一般来说，公路运输机动灵活，具有实现货物“门到门”运输的优势；铁路运输最大的优点是不受气候的影响,可深入内陆和横贯内陆实现货物的长距离准时运输;水路运输则具有运量大、成本低的特殊优势;而航空运输的主要优点是可实现货物的快速运输;管道运输能力大,适合于连续运输。所以,可以根据五种基本运输方式的优势和特点,结合运输需求进行恰当的选择。

2. 多式联运的选择

多式联运的选择,就是选择两种以上的运输方式联合起来提供运输服务。多式联运的主要特点是可以在不同运输方式间自由变换运输工具,以最合理、最有效的方式实现货物的运输。多式联运的组合方法很多,但在实际运输中,一般只有铁路与公路联运、公路或铁路与水路联运、航空与公路联运得到较为广泛的应用。

(1) 铁路与公路联运,即公铁联运,或称为驮背运输,是指在铁路平板车上载运汽车拖车进行的长距离运输。驮背运输综合了汽车运输灵活、方便的优势与铁路运输长距离、经济、准时的优势,运费通常比单纯的汽车运输要低。采用驮背运输,汽车运输公司可以延伸服务范围,而铁路部门也能够分享到长距离"门到门"货物运输的便捷。因此,公铁联运成为目前最受欢迎的多式联运方式。

(2) 公路或铁路与水路联运,也称为鱼背运输,是指将汽车拖车、火车车厢或集装箱转载驳船上或大型船舶上进行的长距离运输。鱼背运输的最大优势是运量大、运费低,在国际多式联运中被广泛采用。

(3) 航空与公路联运也是被广泛采用的运输方式,这种将航空运输快捷,公路运输灵活、方便的多种优势融合在一起提供的运输服务,能以最快的方式实现长距离"门到门"的货物运输。

(二) 运输方式选择的定量方法

运输方式选择的定量方法有综合评价法、成本比较法、考虑竞争因素的方法等多种方法,应用时可根据实际情况选择其中的一种方法进行定量分析。但由于运输问题影响因素复杂,很难用一种计算结果来决定,计算结果可以作为决策的重要参考依据。

1. 综合评价法

运输方式的选择应满足运输的基本要求,即经济性、迅速性、安全性和便利性。由于运输对象、运输距离、运输时限等要求不一样,对经济性、迅速性、安全性和便利性的要求程度也不同,因此,可采取综合评价的方法来进行运输方式的确定,其要求程度通过权重系数调节。

评价运输方式的重要度为:

(1) 经济性(F_1):主要表现为费用(运输费、装卸费、包装费、管理费等)的节省。在运输过程中,总费用支出越少,则经济性越好。其重要度,即权重系数为 b_1。

(2) 迅速性(F_2):指货物从发货地到收货地所需要的时间,即货物在途时间。其时间越少,迅速性越好。其权重系数为 b_2。

(3) 安全性(F_3):安全程度通常指货物的完整程度,以货物的破损率表示。破损率越小,安全性越好。其权重系数为 b_3。

(4) 便利性(F_4):各种运输方式的便利性的定量计算比较困难,实际影响因素很多,如换装次数、办理手续的方便与时间等。为简便计算,在一般情况下,可以近似利用发货人所在地至装车(船、飞机)地之间的距离来表示。距离越近,便利性越好。其权重系数为 b_4。

各运输方式的综合重要度为:

$$F=b_1F_1+b_2F_2+b_3F_3+b_4F_4 \tag{8-1}$$

设:铁路以 T 表示,公路以 G 表示,水路以 S 表示,航空以 H 表示,则:

$$F(T)=b_1F_1(T)+b_2F_2(T)+b_3F_3(T)+b_4F_4(T) \tag{8-2}$$

$$F(G)=b_1F_1(G)+b_2F_2(G)+b_3F_3(G)+b_4F_4(G) \tag{8-3}$$

$$F(S)=b_1F_1(S)+b_2F_2(S)+b_3F_3(S)+b_4F_4(S) \tag{8-4}$$

$$F(H)=b_1F_1(H)+b_2F_2(H)+b_3F_3(H)+b_4F_4(H) \tag{8-5}$$

比较其值,数值最大者为应选运输方式。由于 F_1、F_2、F_3、F_4 的数值难以确定,所以,先分别计算出经济性、迅速性、安全性、便利性在各种运输方式中的平均值,再以某种运输方式的值与平均值比较,得到其相对值。

① 经济性的计算。各种运输方式的平均费用为:

$$\overline{C}=\frac{C(T)+C(G)+C(S)+C(H)}{4} \tag{8-6}$$

式中:$\overline{C}$——四种运输方式费用支出的平均值;

$C(T)$——铁路运输费用的支出;

$C(G)$——公路运输费用的支出;

$C(S)$——水路运输费用的支出;

$C(H)$——航空运输费用的支出。

各种运输方式的经济性,可用相对值表示如下:

$$F_1(T)=\frac{C(T)}{\overline{C}} \quad F_1(G)=\frac{C(G)}{\overline{C}} \quad F_1(S)=\frac{C(S)}{\overline{C}} \quad F_1(H)=\frac{C(H)}{\overline{C}} \tag{8-7}$$

依次类推,可以求出四种运输方式的迅速性、安全性、便利性评价指标及相对值。

② 迅速性的计算。计算公式如下:

$$\overline{D}=\frac{D(T)+D(G)+D(S)+D(H)}{4} \tag{8-8}$$

$$F_2(T)=\frac{D(T)}{\overline{D}} \quad F_2(G)=\frac{D(G)}{\overline{D}} \quad F_2(S)=\frac{D(S)}{\overline{D}} \quad F_2(H)=\frac{D(H)}{\overline{D}} \tag{8-9}$$

式中：$\overline{D}$——四种运输方式所需运输时间的平均值；

$D(T)$、$D(G)$、$D(S)$、$D(H)$——分别为铁路、公路、水路、航空运输所需时间。

③ 安全性的计算。计算公式如下：

$$\overline{E}=\frac{E(T)+E(G)+E(S)+E(H)}{4} \tag{8-10}$$

$$F_3(T)=\frac{E(T)}{\overline{E}} \quad F_3(G)=\frac{E(G)}{\overline{E}} \quad F_3(S)=\frac{E(S)}{\overline{E}} \quad F_3(H)=\frac{E(H)}{\overline{E}} \tag{8-11}$$

式中：$\overline{E}$——四种运输方式货物破损率的平均值；

$E(T)$、$E(G)$、$E(S)$、$E(H)$——分别为铁路、公路、水路、航空运输破损率。

④ 便利性的计算。计算公式如下：

$$\overline{L}=\frac{L(T)+L(G)+L(S)+L(H)}{4} \tag{8-12}$$

$$F_4(T)=\frac{L(T)}{\overline{L}} \quad F_4(G)=\frac{L(G)}{\overline{L}} \quad F_4(S)=\frac{L(S)}{\overline{L}} \quad F_4(H)=\frac{L(H)}{\overline{L}} \tag{8-13}$$

式中：$\overline{L}$——四种运输方式发（到）货地至装（卸）载地距离的平均值；

$L(T)$、$L(G)$、$L(S)$、$L(H)$——分别为铁路、公路、水路、航空运输发（到）货地至装（卸）载地的距离。

根据以上的计算结果，代入公式（8-2）~公式（8-5），可得到各$-F(T)$、$-F(G)$、$-F(S)$、$-F(H)$的值，其数值最大者为优，即：

$$-F(T)=-\left[b_1\frac{C(T)}{\overline{C}}+b_2\frac{D(T)}{\overline{D}}+b_3\frac{E(T)}{\overline{E}}+b_4\frac{L(T)}{\overline{L}}\right] \tag{8-14}$$

$$-F(G)=-\left[b_1\frac{C(G)}{\overline{C}}+b_2\frac{D(G)}{\overline{D}}+b_3\frac{E(G)}{\overline{E}}+b_4\frac{L(G)}{\overline{L}}\right] \tag{8-15}$$

$$-F(S)=-\left[b_1\frac{C(S)}{\overline{C}}+b_2\frac{D(S)}{\overline{D}}+b_3\frac{E(S)}{\overline{E}}+b_4\frac{L(S)}{\overline{L}}\right] \tag{8-16}$$

$$-F(H)=-\left[b_1\frac{C(H)}{\overline{C}}+b_2\frac{D(H)}{\overline{D}}+b_3\frac{E(H)}{\overline{E}}+b_4\frac{L(H)}{\overline{L}}\right] \tag{8-17}$$

注：经济性费用支出 C 越大，经济性越差，所以乘“-”号；同理，迅速性中，运输时间越长，迅速性越差；安全性中，破损率越高，安全性越差；便利性中，发（到）货地至装（卸）载地距离越长，其便利性越差，也乘“-”号。

除上面介绍的综合评价法外，层次分析法对于考虑多因素情况下不同运输方式的选择也是非常好的一种方法。

2. 成本比较法

成本比较法就是选择使运输服务的成本与运输服务水平导致的相关间接库

存成本之间达到平衡的运输服务为最佳的服务方案。也即,运输的速度和可靠性会影响托运人和买方的库存水平(周转库存和安全库存)以及他们之间的在途库存水平。如果选择速度慢、可靠性差的运输服务,物流渠道中就需要有更多的库存。这样,就需要考虑库存持有成本可能升高,而抵消运输服务成本降低的情况。因此,方案中最合理的应该是,既能满足顾客需求,又能使总成本最低的服务。

【例 8-1】 某公司欲将产品从坐落位置 A 的工厂运往坐落位置 B 的公司自有仓库,年运量 D 为 700 000 件,每件产品的价格 C 为 30 元,每年的存货成本 I 为产品价格的 30%。该公司希望选择使总成本最小的运输方式。据估计,运输时间每减少一天,平均库存水平可以减少 1%。各种运输服务的有关参数如表 8-6所示。

表 8-6 各运输服务的有关参数

运输方式	运输费率 R/元/件	运达时间 T/天	每年运输批次	平均存货量 $Q/2$/件
铁路运输	0.10	21	10	100 000
驮背运输	0.15	14	20	50 000×0.93
公路运输	0.20	5	20	50 000×0.84
航空运输	1.40	2	40	25 000×0.81

在途运输的年存货成本为 $ICDT/365$,两端储存点的存货成本各为 $ICQ/2$,但其中的 C 值有差别,工厂储存点的 C 为产品的价格,购买者储存点的 C 为产品价格与运费率之和。运输服务方案对比见表 8-7。

表 8-7 运输服务方案对比

成本类型	计算方法	运输服务方案			
		铁路运输	驮背运输	公路运输	航空运输
运输	$R×D$	(0.10×700 000)=70 000	(0.15×700 000)=105 000	(0.20×700 000)=140 000	(1.40×700 000)=980 000
在途存货	$ICDT/365$	(0.30×30×700 000×21)/365=362 465	(0.30×30×700 000×14)/365=241 644	(0.30×30×700 000×5)/365=86 301	(0.30×30×700 000×2)/365=34 521
工厂存货	$ICQ/2$	(0.30×30×100 000)=900 000	(0.30×30×50 000×0.93)=418 500	(0.30×30×50 000×0.84)=378 000	(0.30×30×25 000×0.81)=182 250
仓库存货	$ICQ/2$	(0.30×30.1×100 000)=903 000	(0.30×30.15×50 000×0.93)=420 593	(0.30×30.2×50 000×0.84)=380 520	(0.30×31.4×25 000×0.81)=190 755
总成本		2 235 465	1 185 737	984 821	1 387 526

由表 8-7 的计算可知，在四种运输服务方案中，公路运输的总成本最低，因此，应选择公路运输。

3. 考虑竞争因素的方法

运输方式的选择如果直接涉及竞争优势，则应采用考虑竞争因素的方法。当买方通过供应渠道从若干个供应商处购买商品时，物流服务和价格就会影响买方对供应商的选择。反之，供应商也可以通过供应渠道运输方式的选择控制物流服务的这些要素，从而影响买方的选择。

对买方来说，良好的运输服务（较短的运达时间和较少的运达时间变动）意味着可保持较低的存货水平和较确定的运作时间表。为了能获得所期望的运输服务，从而降低成本，买方对供应商提供唯一只有他能提供的鼓励——对该供应商更多的惠顾。买方的行为是将更大的购买份额转向能提供较好运输服务的供应商，供应商可以用从交易额扩大而得到的更多利润去支付由于最佳的运输服务而增加的成本，从而鼓励供应商去寻求更适合于买方需要的运输服务方式，而不是单纯追求低成本。这样，运输服务方式的选择成了供应商和买方共同的决策。当然，当一个供应商为了争取买方而选择特佳的运输方式时，参与竞争的其他供应商也可能做出竞争反应，而他们会做出怎么样的竞争反应就很难估计了。因此，下述的例子说明的是在不计供应商的竞争对手反应的情况下，买方向能提供特佳运输服务的供应商转移更多交易份额的程度。

【例 8-2】 某制造商分别从两个供应商处购买了 3 000 个配件，每个配件单价 100 元。目前这 3 000 个配件是由两个供应商平均提供的，如果供应商缩短运达时间，则可以多得到交易份额，每缩短一天，可从总交易量中多得 5% 的份额，即 150 个配件。供应商从每个配件可赚得占配件价格（不包括运输费用）20% 的利润。

于是，供应商 A 考虑，如果将运输方式从铁路运输转到汽车运输或航空运输是否有利可图。各种运输方式的运费率和运达时间如表 8-8 所示。

表 8-8　各种运输方式的运费率和运达时间

运输方式	运费率/（元/件）	运达时间/天
铁路运输	2. 50	7
公路运输	6. 00	4
航空运输	10. 35	2

显然，供应商 A 只是根据他可能获得的潜在利润来对运输方式进行选择决策。表 8-9 所示的是供应商 A 使用不同的运输方式可能获得的预期利润。

表 8-9　不同运输方式可能获得的预期利润

运输方式	配件销售量/件	毛利/元	运输成本核算/元	净利润/元
铁路运输	1 500	30 000. 00	3 750. 00	26 250. 00
公路运输	1 950	39 000. 00	11 700. 00	27 300. 00
航空运输	2 250	45 000. 00	23 287. 50	21 712. 50

如果制造商对能提供更好运输服务的供应商 A 给予更多份额的交易承诺，则供应商 A 应当选择公路运输。

通过上述关于运输服务选择问题的讨论，应该认识到，在考虑运输服务的直接成本的同时，有必要考虑运输方式对库存成本和运输绩效的影响进而对物流渠道成员购买选择的影响。除此之外，还有其他一些因素需要考虑，其中有些是决策者不能控制的。

第一，如果供应商和买方对彼此的成本有一定了解，将会促进双方的有效合作。但供应商和买方如果是相互独立的法律实体，二者之间若没有某种形式的信息交流，双方就很难获得完全的成本信息。在任何情况下，合作都应该朝着更密切关注对方对运输服务选择的反应或对方购买量的变化的方向发展。

第二，如果分拨渠道中有相互竞争的供应商，买方和供应商都应该采取合理的行动来平衡运输成本和运输服务，以获得最佳收益。当然，无法保证各方都会理性行事。

第三，还没有考虑对价格的影响。假如供应商提供的运输服务优于竞争对手，他很可能会提高产品的价格来补偿（至少是部分补偿）增加的成本。因此，买方在决定是否购买时应同时考虑产品价格和运输绩效。

第四，运输费率、产品种类、库存成本的变化和竞争对手可能采取的反击措施都增加了问题的动态因素，在此并没有直接涉及。

第五，这里没有考虑运输方式的选择对供应商存货的间接作用。供应商也会和买方一样由于运输方式变化改变运输批量，进而导致库存水平的变化。供应商可以调整价格来反映这一变化，反过来又影响运输服务的选择。

第三节 物流运输路线优化决策

物流运输中涉及多种优化决策问题，运输线路的选择就是其中的一种。在选择运输路径时，不仅要考虑运输距离、运输环节，还要考虑运输工具、运输时间和运输费用等因素。因此，运输线路的选择实际上是一个多目标决策。这里只讨论运输业务中的运输路径的选择问题。

一、物流运输路线类型

运输路线的选择影响到运输设备和人员的利用，正确地确定合理的运输路线可以降低运输成本，因此，运输路线的确定是运输决策的一个重要领域。尽管路线选择问题种类繁多，但可以将其归为几个基本类型。

（一）起讫点不同

对分离的、单个始发点和终点的网络运输路线选择问题，最简单和直观的方法是最短路线法。网络由节点和线组成点与点之间由线连接，线代表点与点之间运行的成本（距离、时间或时间和距离加权的组合）。初始，除始发点外，所有节点都被认为是未解的，即均未确定是否在选定的运输路线上。始发点作为已解的点，计算从原点开始。

一般的计算方法是：

（1）第 n 次迭代的目标。寻求第 n 次最近始发点的节点，重复 1，2，…，直到最近的节点是终点为止。

（2）第 n 次迭代的输入值。（$n-1$）个最近始发点的节点是由以前的迭代根据离始发点最短路线和距离计算而得的。这些节点以及始发点称为已解的节点，其余的节点是尚未解的点。

（3）第 n 个最近节点的候选点。每个已解的节点由线路分支通向一个或多个尚未解的节点，这些未解的节点中有一个以最短路线分支连接的是候选点。

（4）第 n 个最近的节点的计算。将每个已解节点及其候选点之间的距离和从始发点到该已解节点之间的距离加起来，总距离最短的候选点即是第 n 个最近的节点。也就是始发点到达该点最短距离的路径。尽管以上过程看起来有些复杂，但下面的实例可以具体说明最短运输路线是怎样计算的。

【例 8-3】 图 8-1 所示的是一张公路运输网示意图，其中 A 是始发点，J 是终点，B、C、D、E、F、G、H、I 是网络中的节点，节点与节点之间以线路连接，线路上标明了两个节点之间的距离，以运行时间（分）表示。要求确定一条从原点 A 到终点 J 的最短的运输路线。

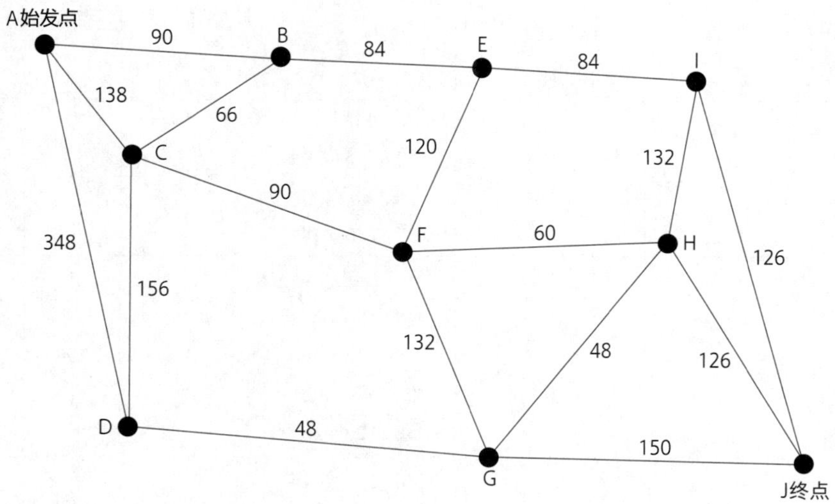

图 8-1　运输网络

首先列出一张如表 8-10 所示的表格。第一个已解的节点就是起点或点 A。与 A 点直接连接的未解的节点有 B、C 和 D。第一步,可以看到 B 点是距 A 点最近的节点,记为 AB。由于 B 点是唯一选择,所以它成为已解的节点。随后,找出距 A 点和 B 点最近的未解的节点。只要列出距各个已解的节点最近的连接点,有 A-C,B-C,记为第二步。应注意的是,从起点通过已解的节点到某一节点所需的时间应该等于到达这个已解节点的最短时间加上已解节点与未解节点之间的时间。也就是说,从 A 点经过 B 点到达 C 点的距离为 AB+BC=90+66=156,而从 A 直达 C 的时间为 138。现在 C 也成了已解节点。

第三次迭代法要找到与各已解节点直接连接的最近的未解节点。如表 8-10 所示,有三个候选点,从起点到这三个候选点 D、E、F 所需的时间相应为 348、174、228,其中连接 BE 的时间最短,为 174,因此 E 点就是第三次迭代的结果。

表 8-10　运输节点与成本

步骤	直接连接到未解节点的已解节点	与其直接连接的未解节点	相关总成本	第 n 个最近节点	最小成本	最新连接
1	A	B	90	B	90	AB*
2	A B	C C	138 90+66=156	C	138	AC
3	A B	D E	348 90+84=174	E	174	BE*
4	A C E	D F I	348 138+90=228 174+84=258	F	228	CF
5	A C E F	D D I H	348 138+156=294 174+84=258 228+60=288	I	258	EI*
6	A C F I	D D H J	348 138+156=294 228+60=288 258+126=384	H	288	FH
7	A C F H I	D D G G J	348 138+156=294 228+132=360 288+48=336 258+126=384	D	294	CD
8	H I	J J	288+126=414 258+126=384	J	384	IJ*

重复上述过程直到到达终点 J,即第八步。最短的路线时间是 384,连线在表 8-10中以星(*)符号标出者,最优路线为 A→B→E→I→J。

在节点很多时间用手工计算比较繁杂,如果把网络的节点和连线的有关数据存入数据库中,最短路线方法即可用计算机求解。绝对的最短距离路径并不说明穿越网络的最短时间,因为该方法没有考虑各条路线的运行质量。因此,对运行时间和距离都设定权数就可以得出比较具有实际意义的路线。

(二) 多起迄点

如果有多个货源地可以服务于多个目的地时,那么,要指定为各目的地服务的供货地,同时要找到供货地、目的地之间的最佳路径。该问题经常发生在多个供应商、工厂或仓库服务于多个客户的情况下。如果各供货地能够满足需求的数据量有限,则问题会变得更复杂。解决这类问题常常可以运用一类特殊的线性规划方法计算,即运输方法问题求解。

(三) 起讫点重合

物流管理人员经常遇到的一个路线选择问题是始发点就是终点的路线选择。这类问题通常在运输工具是同一部门所有的情况下发生。例如,运输车辆从仓库送货至零售点,然后返回仓库,再重新装货;当地的运输车辆从零售店送货至客户等。这类问题求解的目标是寻求访问各点的次序,以求运行时间或距离最小化。始发点和终点相合的路线选择问题通常被称为"旅行推销员"问题,对这类问题应用经验探试法比较有效。

经验告诉我们,当运行路线不发生交叉时,经过各停留点的次序是合理的。同时,如果有可能,应尽量使运行路线形成泪滴状。图 8-2 是通过各点的运行路线的示意图,其中,图8-2(a)是不合理的运行路线,图 8-2(b)是合理的运行路线。根据上述"运行路线不发生交叉"和"运行路线形成泪滴状"两条原则,物流人员可以很快画出一张路线图,而用计算机计算反而需要花费好几个小时。当然,如果点与点之间的空间关系并不真正代表其运行时间或距离(如有路障、单行道路、交通拥挤等),则使用计算机寻求路线上的停留点的合理次序更为方便。

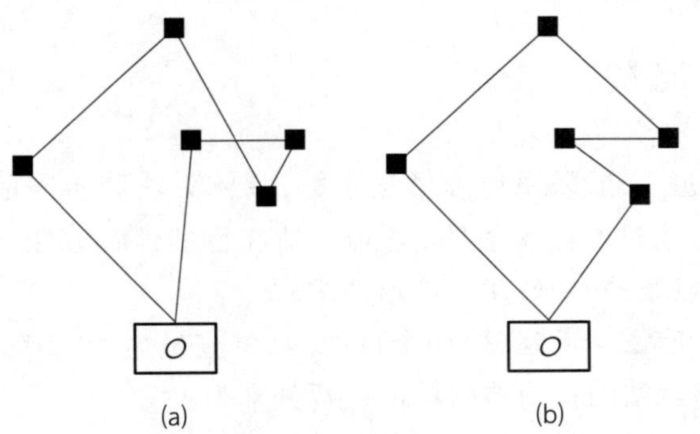

图 8-2 运输路线

二、物流运输的优化模型

按货物的自然流向组织货物合理运输是市场经济规律的客观要求,它直接决定物流的效率与效果。合理的物流运输不仅能节约物流成本,提高货物运动的速度,而且还由于它能有效连接生产与消费,从而既可以有利于物流服务和商品附加价值的实现,又能有效地促进生产商按需生产,真正使配送管理建立在实际经营的基础上。为了制定在产销平衡条件下的运量规划方案,必须建立数学模型,运用数学方法来解决。

该问题是将物品由 m 个起运站运到 n 个目的地。已知由 i 站运到 j 地的单位运费是 C_{ij},并假定运费与两地间的运量成正比。设 a_i 表示 i 站的供应量,b_j 表示 j 地的需求量。引进变量 x_{ij},它表示从 i 站到 j 地的运量。物流运输问题的数学模型可表述为:

$$\min f(X)=\sum_{i=1}^{m}\sum_{j=1}^{n}C_{ij}X_{ij} \tag{8-18}$$

$$\sum_{j=1}^{n}X_{ij}=a_i, i=1,2,\cdots,m \tag{8-19}$$

$$\sum_{i=1}^{m}X_{ij}=b_j, j=1,2,\cdots,n \tag{8-20}$$

$$X_{ij}\geqslant 0$$

如果 $\sum a_i=\sum b_j$,即总供应量等于总需求量,则称为平衡运输问题,否则,称为不平衡运输问题。对于不平衡运输问题,可通过一定处理后,使之变为平衡运输问题。

如果 $\sum a_i>\sum b_j$,即总供应量大于总需求量,则可另外增加一个“虚构目的地”,令其需求量 $b_{n+1}=\sum a_i-\sum b_j$,并令各起运站到虚构目的地的运费为零。解出后,在最优解中,各站的供应量减去运往虚构目的地的数值。

如果 $\sum a_i<\sum b_j$,即总供应量小于总需求量,则可另外增加一个“虚构起运站”,令其供应量 $a_{m+1}=\sum b_j-\sum a_i$,并令其运至各目的地的运费为零。解出后,在最优解中,各目的地的数量应减去虚构起运站运达的数值。

三、单纯形法

对于运输问题,一般采用单纯形法求解,具体方法和步骤已在“物流运输的优化模型”部分介绍过。经验表明,当起运站和目的地都多于 5 个时,用其他方法求解比较困难或烦琐,最好用单纯形法求解。

【例 8-4】 如有三个起运站,四个目的地,供应量为 50、50、75,需求量为 40、55、60、20,各地起运站到目的地的单位运费分别为:

$C_{11}=3, C_{12}=1, C_{13}=4, C_{14}=5, C_{21}=7, C_{22}=3, C_{23}=8, C_{24}=6, C_{31}=2, C_{32}=3, C_{33}=$

$9, C_{34}=2$

解：运输问题可表述为：

$$\min f(X)=3X_{11}+X_{12}+4X_{13}+5X_{14}+7X_{21}+3X_{22}+8X_{23}+6X_{24}+2X_{31}+3X_{32}+9X_{33}+2X_{34}$$

$$X_{11}+X_{12}+X_{13}+X_{14}=50$$
$$X_{21}+X_{22}+X_{23}+X_{24}=50$$
$$X_{31}+X_{32}+X_{33}+X_{34}=75$$
$$X_{11}+X_{21}+X_{31}=40$$
$$X_{12}+X_{22}+X_{32}=55$$
$$X_{13}+X_{23}+X_{33}=60$$
$$X_{14}+X_{24}+X_{34}=20$$

所有 $X_{ij} \geqslant 0$

用单纯形法解得：

$$X_{13}=50,\quad X_{22}=40,\quad X_{23}=10,$$
$$X_{31}=40,\quad X_{32}=15,\quad X_{34}=20,$$

总运费为：

$$f(X)=50\times4+40\times3+10\times8+40\times2+15\times3+20\times2=565$$

四、图表分析法

图表分析法是在分区产销平衡所确定的供销区域内，按照产地与销地的地理分布，根据有利于生产、有利于市场供给、近产近销的原则，应用交通路线示意图和商品产销平衡表找出产销之间经济合理的商品运输路线。

【例 8-5】 有一种商品从 A 地运出 40 t，从 B 地运出 70 t，从 C 地运出 30 t，从 D 地运出60 t，供给 a、b、c 三地的数量分别为 70 t、80 t、50 t，应用图表分析法选择该商品的合理运输路线。

解：(1) 编制商品产销平衡表，见表 8-11。

表 8-11　商品产销平衡表

销地	A 地	B 地	C 地	D 地	需求量/t
a					70
b					80
c					50
供应量/t	40	70	30	60	200

(2) 绘制交通示意图，如图 8-3 所示。

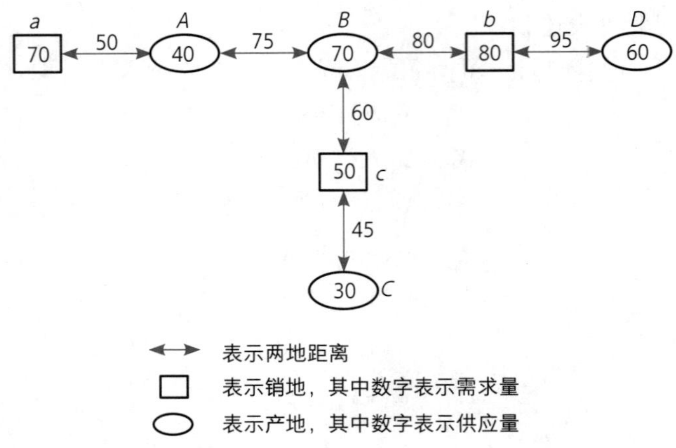

图 8-3 交通示意图

（3）制定商品运输方案，如图 8-4 所示。

（4）结果填入平衡表（见表 8-12）。

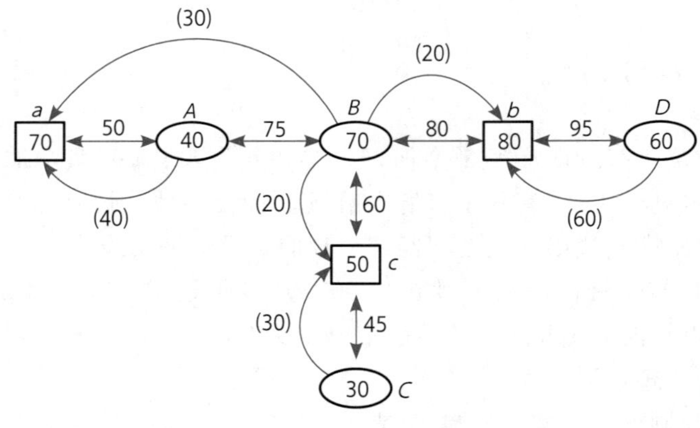

图 8-4 商品运输方案

表 8-12 平 衡 表

销地	A 地	B 地	C 地	D 地	需求量/t
a	40	30			70
b		20		60	80
c		20	30		50
供应量/t	40	70	30	60	200

图表分析法简单易行，不必计算里程，适用于产销区域较小、产销点小、产销关系比较简单的情况。

五、图上作业法

图上作业法是中国物资流通部门从实际工作中创造出来的一种物资运输规划方法,此法是利用产品产地和销地的地理分布和运输线路示意图,采用科学规划方法,制定产品运输最小运输周转量的方法。图上作业法适用于交通线路呈树状、圈状,且对产销地点的数量没有严格限制的情况。图上作业法的原则可以归纳为:流向划右方,对流不应当;里圈、外圈分别算,要求不能过半圈长;如果超过半圈长,应去运量最小段;反复运算可得最优方案。因此,利用此法组织运输,可以使车辆行驶最佳运输路线,减少车辆的空驶,提高车辆的里程利用率。

与运输距离、线路有关的不合理运输有两种现象:一种是对流现象;另一种是迂回现象。对流运输(不构成回路)存在同一线路上同一种货物的往返运输现象,迂回运输存在于成圈(构成回路)的线路上,从一点到另一点有两条路可走,一条是小半圈,一条是大半圈,选择的路线距离大于全回路总路程的一半的迂回现象。图上作业法可以避免上述的对流和迂回现象,找出最短运输线路、最省运力的运输方案。

任何一张交通网络图,其线路的分布形状总可以分为成圈和不成圈两种情况。

(一)运输线路不成圈的图上作业法

运输线路不成圈,就是不构成回路的"树"形线路,包括直线、丁字线、交叉线、分支线等。直线为图上作业法的基本路线。不论哪种路线,都要采取一定的办法,将此转化为一条直线的运输形式,做出流向线。对于运输线路不成圈的流向图,只要不出现对流现象,就是最优调运方案。

运输线路不成圈的图上作业法比较简单,就是从各端点开始,按"各站供需就近调拨"的原则进行调配。

【例 8-6】某地区物资供应情况如图 8-5 所示,现要求通过图上作业法得到物资调运的最优方案。

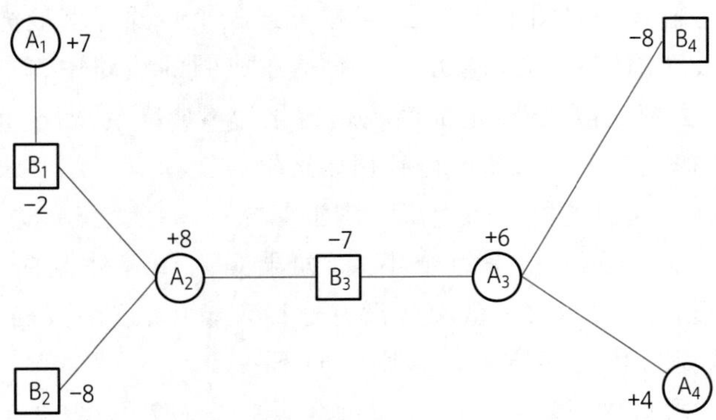

图 8-5　不成圈的交通线路

解：图 8-5 中，有 4 个启运站：A_1、A_2、A_3、A_4，供应量分别为+7、+8、+6、+4；另有 4 个目的地 B_1、B_2、B_3、B_4，需求量分别为-2、-8、-7、-8。为了便于检查对流现象，把流向箭头统一画在线路右边，调运量用数字表示，标注在箭头旁边。从启运站 A_1开始，把 7 单位的物资供应给 B_1，剩余 5 个单位的物资，再调运给 A_2；启运站 A_2的 8 个单位的物资供应给 B_2，从 A_1 调运过来的 5 个单位的物资供应给 B_3，这时，B_3缺 2 个单位的物资；将 A_4 的 4 个单位的物资调运给 A_3，连同 A_3原有的 6 个单位共 10 个单位，供应 8 个单位给 B_4，另 2 个单位供应给 B_3，填补 B_3所缺的 2 个单位的物资。具体步骤简述如下：

由 $A_1 \rightarrow B_1$，供 7 需 2 余 5；$A_2 \rightarrow B_2$，供 8 需 8 平衡；$B_1 \rightarrow A_2 \rightarrow B_3$，调 5 供 5 需 7 缺 2；$A_4 \rightarrow A_3 \rightarrow B_4$，$A_3 \rightarrow B_3$，调 4 供 8 需 8，供 2 需 2 平衡，如图 8-6 所示。

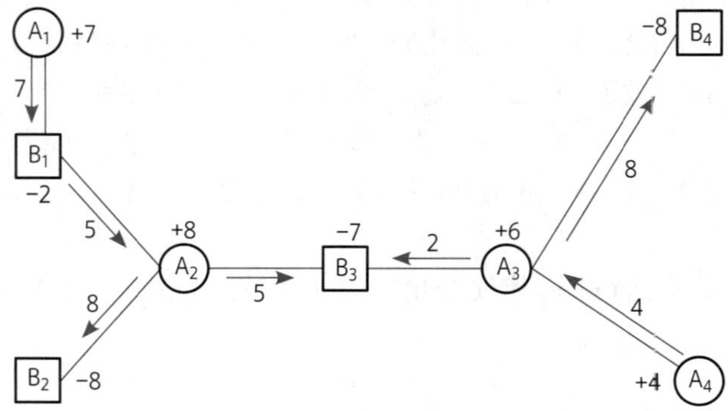

图 8-6　不成圈运输的最优线路流向

图 8-6 没有出现对流现象，故此图为最优线路流向图，所对应的方案为最优调运方案。

运输线路成圈的图上作业法

（二）运输线路成圈的图上作业法

运输线路成圈，就是形成闭合回路的"环"形路线，包括一个圈（有三角形、四边形、多边形）和多个圈。成圈的线路流向图要同时达到既无对流现象、又无迂回现象的要求才是最优流向图。

对于成圈运输线路的图上作业法，可按下述三个步骤寻求最优方案。

（1）去段破圈确定初始运输方案。就是在成圈的线路中，先假设某两点间的线路"不通"，去掉这段线路，把成圈线路转化为不成圈的线路，即破圈；按照运输线路不成圈的图上作业法，即可得到初始运输方案。

（2）检查有无迂回现象。因为流向箭头都统一画在线路右边，所以，圈内圈外都画有一些流向。分别检查每个小圈，如果圈内和圈外流向的总长度都不超过全圈总长度的 1/2，那么，全圈就没有迂回现象了，这个线路流向图就是最优的，对应的就是最优运输方案。否则转向下一步。

（3）重新去段破圈，调整流向，在超过全圈总长 1/2 的里（外）圈各段流向线上减去最小运量，然后在相反方向的外（里）圈流向线上和原来没有流向线的各段上，加上减去的最小运量，这样可以得到一个新的线路流向图，然后转到上一步，检查有无迂回现象。如此反复，直至得到最优线路流向图为止。如果全圈存在两个及两个以上的圈，则需分别对各圈进行是否存在迂回线路的检查，如果各圈的里、外圈都不超过全圈总线长的1/2，则不存在迂回现象，此方案为最优运输方案。

【例 8-7】 某地区物资供应交通线路如图 8-7 所示，线路间括号中的数字表示起运站与目的地之间的距离（单位：km）。现要求物资调运最优方案。

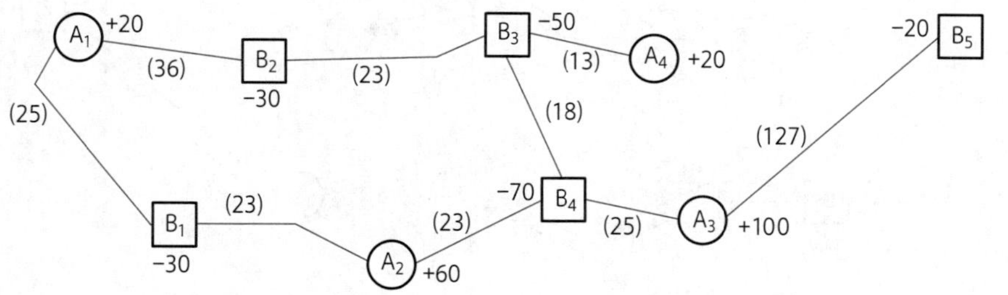

图 8-7　某地区物资供应交通线路

解：图 8-7 中，有 4 个起运站：A_1、A_2、A_3、A_4，供应量分别为+20、+60、+100、+20；另有 5 个目的地 B_1、B_2、B_3、B_4、B_5，需求量分别为−30、−30、−50、−70、−20。图中有一个圈，由 A_1、B_1、A_2、B_4、B_3、B_2 构成。

下面按照运输线路成圈的图上作业法三个步骤求物资调运的最优方案。

（1）去段破圈，确定初始运输方案。去掉 A_1—B_2 的线路，然后根据“各站供需就近调拨”的原则进行调运，即可得到初始运输流向线路图，如图 8-8 所示。

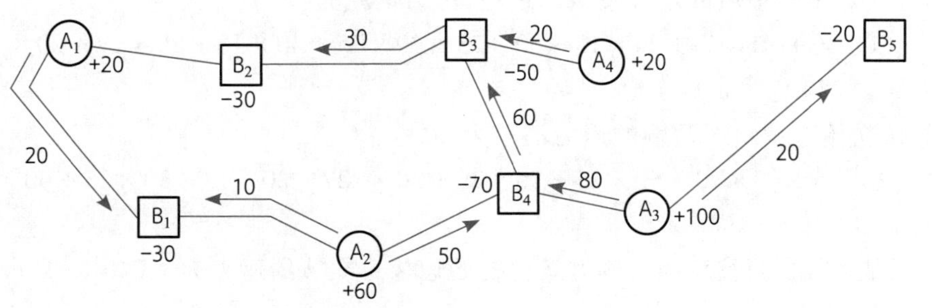

图 8-8　初始运输流向线路

（2）检查有无迂回现象。由图 8-8 可以看出，不存在对流现象，但要检查里、外圈流向线长，看是否超过全圈（封闭回路线）总长的 1/2。

全圈总长为（45+23+25+18+23+36）km＝170 km

半圈长为 170/2 km ＝85 km

外圈流向总长为（45+25+18+23）km＝111 km

里圈流向总长为 23 km

因为外圈流向总长超过了全圈总长的 1/2（111 km >85 km），可以断定，初始运输线路存在迂回现象，所对应的运输方案不是最优方案，因此，必须进行优化调整。

（3）重新去段破圈，调整流向。初始方案中里圈符合要求，外圈流向总长超过全圈总长的1/2，故需缩小外圈。因为外圈流向线路中运量最小的是 $A_1 \to B_1$ 的“20”，所以，去掉 $A_1—B_1$ 的线路，并在外圈各段流向线上减去“20”的运量，同时在里圈各流向线上以及原来没有流向线的 $A_1—B_2$ 线上各加上“20”的运量，这样可得到新的运输线路流向图，如图 8-9 所示。

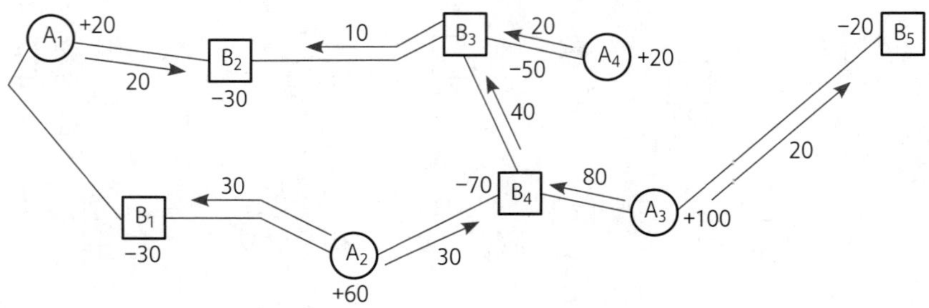

图 8-9　调整后的运输流向线路

检查新运输线路图的里、外圈流向线长，看是否超过全圈（封闭回路线）总长的 1/2。

外圈流向总长为(25+18+23) km = 66 km

里圈流向总长为(23+36) km = 59 km

两者均没有超过全圈总长的 1/2，即 85 km，所以，调整后的新线路流向图所对应的方案为最优运输方案。

此时，按调整后的新方案组织运输，运力消耗为：

$(20\times 36 + 10 \times 23 + 20 \times 13 + 30 \times 23 + 30 \times 25 + 40 \times 18 + 80 \times 29 + 20 \times 127)$ t · km = 8 230 t · km

按初始方案组织运输的运力消耗为：

$(20\times 45 + 10 \times 23 + 50 \times 25 + 80 \times 29 + 20 \times 127 + 20 \times 13 + 30 \times 23 + 60 \times 18)$ t · km = 9 270 t · km

由此可知，调整后的运输方案比初始运输方案节约运力为 1 040 t · km。

六、表上作业法

表上作业法在寻求运输网络系统的优化方案时有两种方法：最小费用法和左上角法。

（一）最小费用法

最小费用法就是直接以商品运输费用最小作为目标函数来求得最优运输方案。一般是利用单位运价表和产销平衡表等，运用霍撒克法则进行表上作业，通过编制初始运输方案及其制定、调整求出运费最省的优化方案。

【**例 8-8**】编制被运输商品的产销平衡表和单位运输价格表如表 8-13 和表 8-14 所示，试用最小费用法求出运输的最优方案。

表 8-13　商品产销平衡表

产地	A 地	B 地	C 地	D 地	E 地	供应量/件
甲						100
乙						300
丙						600
丁						800
需求量/件	250	300	350	400	500	1 800

表 8-14　单位运输价格表

产地	A 地	B 地	C 地	D 地	E 地
甲	3	2	3	5	3
乙	3	3	1	3	4
丙	7	8	4	2	2
丁	5	4	7	7	8

解：(1) 用最小元素法安排初始方案。所谓最小元素法，就是运费最小的元素尽可能地优先供应。把单位运价列为 $c_{ij}(i=1,2,\cdots,m;j=1,2,\cdots,n)$，其中 i 为产地数，j 为销售地的数目。在一般情况下，初始方案在产销平衡表方格中填上数字的格子数目是产地数+销地数-1，如表 8-15 所示。但在按最小元素法做初始运输方案时，有时会遇到不需要或不能供给的情况，则在本应填数的表格内加“0”，仍然计数。

表 8-15　商品产销平衡表 I

产地	A 地	B 地	C 地	D 地	E 地	供应量/件
甲	3	2/50	3/50	5	3	100
乙	3	3	1/300	3	4	300
丙	7	8	4	2/400	2/200	600
丁	5/250	4/250	7	7	8/300	800
需求量/件	250	300	350	400	500	1 800

(2) 用矩阵对角法进行初步调整。用任意两个成矩形对角的有运量的运价之和跟该矩形另外两个对角的运价之和相比较，如果前者小于后者，不需调整；

如果前者大于后者，做反向调整。

在此例中：

2/50	3/50
3	1/300

呈矩形对角，并且 2+1<3+3。显然，不需要再作调整。此外，

2/400	2/200
7	8/300

2+8>7+2，因此，需要进行调整，调整如下：

2/400		2/200	
↓	(300)	↑	(300)
7		8/300	

从而变成：

2/100	2/500
7/300	8

这样，原始方案变为如表 8-16 所示。

表 8-16　商品产销平衡表 Ⅱ

产地	A 地	B 地	C 地	D 地	E 地	供应量/件
甲	3	2/50	3/50	5	3	100
乙	3	3	1/300	3	4	300
丙	7	8	4	2/100	2/500	600
丁	5/250	4/250	7	7/300	8	800
需求量/件	250	300	350	400	500	1 800

(3) 用霍撒克法则检验：

$$\begin{cases} d_{ij} = V_i + U_j & ① \\ A_{ij} = C_{ij} - (V_i + U_j) & ② \end{cases}$$

上述公式的含义是：

① 式表示有运量的运价等于相应的行位势与列位势之和。

② 式表示空格里检验数等于原表相应格的运价减去相应格行位势与列位势之和。

在本例中，按霍撒克法则的计算公式进行具体的计算。

第一步，与原方案中分配有运量的格相对应，取出单位运价表中的数列成位势表。

第二步,先在带圆圈的个数较多的行或列加"0",丁行先取 $V_i=0$,依据公式 $d_{ij}=V_i+U_j$ 依次求出各行、各列的位势。如表 8-17 所示。

表 8-17　霍撒克法则的应用

产地	A 地	B 地	C 地	D 地	E 地	V_i
甲		②	③			-2
乙			①			-4
丙				②	②	-5
丁	⑤	④		⑦		0
U_j	5	4	5	7	7	

第三步,根据公式 $A_{ij}=C_{ij}-(V_i+U_j)$,用空格价减所在行、列位势之和得不带圈方格的检验数。如表 8-18 所示。

表 8-18　霍撒克法则的应用

产地	A 地	B 地	C 地	D 地	E 地	V_i
甲	0	②	③	0	-2(+)	-2
乙	2	3	①	0	1	-4
丙	7	9	4	②(+)	②(-)	-5
丁	⑤	④(+)	2	⑦(-)		0
U_j	5	4	5	7	7	

此矩阵出现负值-2,需要按封闭回路调整。封闭回路的做法是从出现负值的方格出发,沿水平或垂直方向,遇有运量格转 90°,形成一个封闭的回路,依次标上(+)、(-)号,使各行各列(+)、(-)号平衡,并将所有标有负号的转角格中的最小运量作为调整数。各正号加上基数,各负号减基数。数学上可以证明,对应于运输表上的每个空格都可以找到一条闭回路,这条闭回路中除了这个空格以外,其余的顶端都是数字格,而且对闭回路上任何的一个空格来说,这样的空格是唯一的。如表 8-19 所示。

表 8-19　霍撒克法则的应用

产地	A 地	B 地	C 地	D 地	E 地	供应量/件
甲			50		50	100
乙			300			300
丙				150	450	600
丁	250	300		250		800
需求量/件	250	300	350	400	500	1 800

再用霍撒克法则检验,如表 8-20 所示。

表 8-20 霍撒克法则的应用

产地	A 地	B 地	C 地	D 地	E 地	V_i
甲	2	2	③	2	③	-4
乙	4	5	①	2	3	-6
丙	7	9	6	②	②	-5
丁	⑤	④	0	⑦	1	0
U_j	5	4	7	7	7	

以上各元素的检验数都不小于 0,证明调整后的方案为最优。

(4) 比较初始方案与最优方案的运费。初始方案运费为:

$$2\times50+3\times50+1\times30+2\times400+2\times200+5\times250+4\times250+8\times300=6\ 130(\text{元})$$

而最优方案运费为:

$$3\times50+3\times50+1\times300+2\times150+2\times450+5\times250+4\times300+7\times250=6\ 000(\text{元})$$

优化后的运输方案可以节省运费:6 130-6 000=130(元)

(二) 左上角法

除了最小费用法外,左上角法也是求得运输初始方案的一种途径,并通过霍撒克法则最终得出最优运输方案。

【例 8-9】 现有三个生产地甲、乙、丙供应某种商品,有四个销地 A 地、B 地、C 地、D 地,各自供应量和需求量如表 8-21 所示,试用左上角法求出最优运输方案。

表 8-21 左上角法(一)

产地	A 地	B 地	C 地	D 地	供应量/件
甲	15	18	19	13	50
乙	20	14	15	17	30
丙	25	12	17	22	70
需求量/件	30	60	20	40	150

解:(1) 以运输表左上角的格子作为开端。

(2) 对这一格子可用的供应量与需求量进行比较,安排两个值中较小的一个作为运量,然后把这个数字圈起来。这一格可用的供应量(或需求量)减去安排的运量就是剩余的供应量(或需求量)。表 8-21 中有 50 个单位的供应量和 30

个单位的需求量。因此，可以安排 30 个单位的运量到甲 A 格。

（3）如果安排运量的格子正好是在运输表的最右下角，则停止安排。这时，初始方案已找到。如果这一格不在最右下角，则进入第四步。

（4）根据以下规划，移到下一格。如果已安排的这一格行和列比较，供应量超过需求量，下一格移到同一行相邻的格子；如果需求量超过供应量，下一格移到同一列相邻的格子；如果需求量等于供应量，下一格是对角线上相邻的格子；回到第二步。

本例中，首先从甲 A 格开始，供大于求（50>30），所以，甲 A 格安排运量 30。销地 A 已满足，产地甲尚余 50-30=20。然后，从甲 A 格移到同一行的甲 B 格，用需求量 60 与供应量 20 做比较，在甲 B 格安排运量 20，然后移到同一列的乙 B 格。因为供应量 30 小于需求量 40，所以乙 B 格安排运量 30 后，以同样的方式移到丙 B 格，安排运量 10。然后，分别移到丙 C 和丙 D，安排运量 20 和 40。丙 D 格安排好后，是表的最右下角，结束安排，这就是一个基本解，作为初始可行方案。分别如表8-22～表 8-28 所示。

表 8-22　左上角法（二）

产地	A 地	B 地	C 地	D 地	供应量/件
甲	15/（30）	18	19	13	[50]20
乙	20	14	15	17	30
丙	25	12	17	22	70
需求量/件	[30]0	60	20	40	150

表 8-23　左上角法（三）

产地	A 地	B 地	C 地	D 地	供应量/件
甲	15/（30）	18/[20]	19	13	[50][20]0
乙	20	14	15	17	30
丙	25	12	17	22	70
需求量/件	[30]0	[60]40	20	40	150

表 8-24　左上角法（四）

产地	A 地	B 地	C 地	D 地	供应量/件
甲	15/（30）	18/[20]	19	13	[50][20]0
乙	20	14/[30]	15	17	[30]0
丙	25	12	17	22	70
需求量/件	[30]0	[60][40]10	20	40	150

表 8-25 左上角法(五)

产地	A 地	B 地	C 地	D 地	供应量/件
甲	15/(30)	18/[20]	19	13	[50][20]0
乙	20	14/[30]	15	17	[30]0
丙	25	12/(10)	17	22	[70]60
需求量/件	[30]0	[60][40][10]	20	40	150

表 8-26 左上角法(六)

产地	A 地	B 地	C 地	D 地	供应量/件
甲	15/(30)	18/[20]	19	13	[50][20]0
乙	20	14/[30]	15	17	[30]0
丙	25	12/(10)	17/(20)	22	[70][60]40
需求量/件	[30]0	[60][40][10]	20	40	150

表 8-27 左上角法(七)

产地	A 地	B 地	C 地	D 地	供应量/件
甲	15/(30)	18/[20]	19	13	[50][20]0
乙	20	14/[30]	15	17	[30]0
丙	25	12/(10)	17/(20)	22/(40)	[70][60][40]
需求量/件	[30]0	[60][40][10]	[20]0	[40]	150

表 8-28 左上角法运输量初始方案

产地	A 地	B 地	C 地	D 地	供应量/件
甲	30	20			50
乙		30			30
丙		10	20	40	70
需求量/件	30	60	20	40	150

根据左上角法求出运输初始方案后，为了进一步算出最优方案，仍需要运用霍撒克法则进行优化，检验方法同我们在最小费用法中所阐述的方法一致，在此不再赘述。

七、 供求不平衡运输模型

平衡是经济活动的基本要求，运输亦然。但在实际的物流运输中，由于经济活动和市场环境的多变性，使运输中的平衡与不平衡都可以理解为是一种常态。

（一）供求平衡的运输模型

使用运输表求运输模型解的基本条件之一是必须供求平衡，即：

$$\sum_{i=1}^{m} s_i = \sum_{i=1}^{n} d_i$$

而流通运输的实际工作，并非都能满足这个条件，通常出现的情况或者是供过于求，或者是供不应求。因此，必须对模型做出适当修正，以便能用运输表求出运输方案。

（二） 供过于求

供过于求即 $\sum_{i=1}^{m} s_i > \sum_{i=1}^{n} d_i$ 。利用左上角法得到初始方案，然后进行改进，得到最优方案。具体如下：增加一个虚设的收地 $n+1$，它的需求量为 $\sum_{i=1}^{m} s_i - \sum_{i=1}^{n} d_i$ 。新增从各发地到该收地的运输路线$(1,n+1)$，$(2,n+1)$，…，$(m,n+1)$，这些运输路线上的运价全部等于0，即$c_{1,n+1} = c_{2,n+1} = \cdots = c_{m,n+1} = 0$，这样就将供给大于需求的问题转化为供求平衡的问题。在新的问题中，从发地 i 到新设的收地 $n+1$ 的运量，实际上就是存储在发地 i 没有运出的数量。新得到的供求平衡的运输问题的最优解，实际上就是各发地存储多少、运出多少、运往何地，使总运价最低。

（三）供不应求

供不应求即 $\sum_{i=1}^{m} s_i < \sum_{i=1}^{n} d_i$ 。同样可以利用左上角法得到初始方案，然后进行改进，得到最优方案。

第四节
物流运输服务商选择决策

只要运输业没有垄断存在，对于同一种运输方式，托运人或货主就有机会面临不同的运输服务商，而托运人或货主甚至是供应商在确定运输方式后，就需要对选择哪个具体的运输服务商做出决策，实质上对运输服务商的决策是对其所提供的服务水平和条件的决策。当然，不同客户对运输服务和运输服务商的要求是不同的，但总体而言，可以从以下几个角度来考虑。

一、物流运输服务质量比较决策方法

根据服务的一般原理，可以得出这样的结论：客户在付出同等运费的情况下，总希望得到更为满意的服务，因此，服务质量往往成为客户选择不同运输服务商的首要标准。

（一）运输服务的过程质量

运输所体现的价值是把货物从一个地方运送到另一个地方，完成地理上的位移，而无须对货物本身进行任何加工。但如果运输或保管不当，就会对货物的质量产生影响。因此，客户在选择运输服务商时，会将运输质量作为一个重要因素来考虑。客户通常从以下几个方面来考虑：

（1）运输企业所使用的运输工具的数量、性能完备和先进程度、技术状态、现代化水平。

（2）运输企业所提供的装卸服务的质量。

（3）运输企业员工的工作责任心、知识技能水平、工作经验。

（4）运输企业货物运输控制流程的科学性和合理性。

（5）运输企业的管理制度和服务理念。

（6）运输风险防范机制和措施。

（7）运输企业的资本和资金实力。

（8）运输企业服务网络的规模和完善程度。

（二）运输服务的功能质量

随着各服务商运输质量的提高，客户对服务的要求也越来越高，于是客户在选择不同的运输服务商时还会考虑功能方面的服务水平。

（1）运输企业的业务发展历史和客户口碑。

（2）运输完成的准时率。

（3）运输的时间间隔、发班密度。

（4）运输服务的可靠性。

（5）单证处理的准确率，包括品种、规格、数量、价格、起止时间、地址等的填写和打印的准确性。

（6）信息查询的方便程度。不同的服务商除了提供运输以外，还在附加服务上进行投入，如价格查询、班次查询，以及货物跟踪等服务，这是现代货主选择运输服务商时考虑的重要因素。

（7）货运纠纷的处理。无论服务商如何提高运输质量，改进服务水平，货运纠纷都难免会发生，发生纠纷后如何及时圆满地处理是客户所关心的。

由于运输技术及运输工具的发展，目前各运输服务商之间的运输质量差异正在缩小，为了吸引客户，服务商不断更新服务理念，以求与其他服务商有服务差异，为客户提供高附加值的服务，从而稳定自己的市场份额，增强竞争力。这也就为客户选择不同的服务商提供了更多空间，客户可以根据自己的需求确定选择目标。现代服务理念的基本准则已不再是一味地提高服务质量，而是通过差异化服务来实现客户的满意。

二、运输价格比较决策方法

各物流运输提供商为了稳定自己已经占有的市场份额或希望进一步提高自己的市场占有率，都会努力提高服务质量，尽最大努力满足客户的要求。但是，随着运输市场竞争的日趋激烈，对于某些货物来说，不同类型的物流运输提供商所能提供的服务质量已近乎相同，甚至接近完美。此时，运输价格战很容易就成为各服务商的竞争手段。于是，客户在选择物流运输提供商时，面对几乎相同的服务质量和其他相关条件，或有些客户对服务质量要求不高时，运输价格成为选择物流运输提供商的一个重要决策准则。

三、综合决策方法

综合决策方法

客户在选择运输服务商时，会同时考虑多个因素。在其所付运输费用和取得运输服务质量之间取得均衡（Trade-off）是其运输服务商选择决策的核心点。综合决策方法同时考虑服务质量和运输价格以及服务商的品牌、服务商的经济实力、服务商的服务网点数量等。用公式表示为：

$$S=\frac{K_1Q}{K_2P}+K_3B+K_4C+K_5N+\cdots+K_nO$$

式中：S——综合因素；

K_n——不同因素的权数，$n=1,2,3,\cdots$；

Q——服务质量；

P——运输价格；

B——运输服务商的品牌；

C——运输服务商的总资产状况；

N——运输服务商的网点数；

O——其他因素。

客户可以根据自己的需要和专家经验，调整不同考虑因素的权重，为最终决策提供参考依据。

【案例分析】

A.J.Stevens 有限公司对物流服务提供商的选择

公司背景

A.J.Stevens 有限公司(以下简称 Stevens 公司)在美国及加拿大营业了 50 年。公司主营业务是快速推广、销售消费品及医药用品。管理层却察觉到了第三方物流中的额外机会。2017 年,公司的两个销售分公司建起了自己的综合物流机构,Stevens 公司也经营着一个运输车队。管理者察觉到社会对综合物流服务的要求在不断增加。该公司的许多客户都觉得现行物流服务效率低且成本较高,想寻求一种能减少成本及能提高服务水准的物流方式,同时一些客户在大型仓库经营及销售方面缺乏经验。

2017 年早期,Stevens 公司建起了一家新型综合物流分公司来为其他公司设计综合物流系统。同时,公司管理层决定把该分公司建成利润中心。

第三方综合物流服务

2017 年 4 月,一家跨国食品及家用品公司——Leewick 有限公司与 Stevens 公司签订了合同。6 个月后,另一家跨国医药及营养品生产公司——Nutricare 有限公司又与 Stevens 公司签订了一份类似合同。

根据合同,Stevens 公司接管物流业务后,两家公司的物流资产和员工就转入 Stevens 公司,且上述两家跨国公司的仓库管理员工也加盟 Stevens 公司,不过大多数员工可继续为各自的公司工作。为确保平稳过渡给第三方,Leewick 有限公司和 Nutricare 有限公司的运输队按惯例独立进行管理和监督。

Stevens 公司有 4 个运输队:A、B、C 和 D。A 队负责快速运送消费品和批量发货,并为销售家用品和食品的超市及小商店发货;B 队向医生及医院运送医药品;C 队是以前的 Leewick 有限公司的运输队,它服务的客户与 A 队相似;D 队是以前 Nutricare 有限公司的运输队,为药店、医院及超市服务(如表 8-29 和表8-30 所示)。

表 8-29　运输车队结构

车辆大小	类型	A 队	B 队	C 队	D 队	总量	预计容量 每周/吨数
速运	货车	0	5	0	0	5	20
小型	箱装	9	4	4	4	21	60
48 ft	箱装	3	0	1	0	4	80
53 ft	箱装	4	0	2	0	6	120
总数		16	9	7	4	36	280

表 8-30 运输部组织结构

A 队	B 队	C 队	D 队
1 位主管 2 位主管助理 3 名职员 16 个司机 32 个帮手 54 个雇员	1 位主管 1 位助理 2 名职员 9 个司机 18 个帮手 31 个雇员	1 位主管 1 位助理 1 名职员 7 个司机 14 个帮手 24 个雇员	1 位主管 1 名职员 4 个司机 8 个帮手 14 个雇员

运营了仅一年后，Stevens 公司的客户对其提供的服务很满意，不过，车队所得利润低于期望值。2018 年报表显示，综合物流分公司的所有利润远低于预算值，差额归因于运输部的工作。分公司总经理已要求运输经理立刻采取行动，通过提高运输部的工作效率来节约成本。

问题：

1. 如果你被 Stevens 公司聘任为运输经理，你认为应该采取什么措施可使运输服务盈利？为什么？

2. 提供特殊客户服务是主要客户服务及战略措施之一，那么如何使运输成本与对客户服务的水平保持平衡？

同步测试

一、选择题

1. 在各种运载工具中，选择适当的运载工具是物流运输决策的重要内容。一般来讲，应根据物流系统要求的(　　)和允许的(　　)来决定。

A. 服务水平　　B. 客户要求

C. 商品特性　　D. 物流成本

2. 对分离的、单个始发点和终点的网络运输路线选择问题，最简单和直观的方法是(　　)。

A. 最短路线法　　B. 最小费用法

C. 线性规划法　　D. 最小吨千米法

3. (　　)就是直接以商品运输费用最小作为目标函数来求得最优运输方案。

A. 最短路线法　　B. 最小费用法

C. 线性规划法　　D. 最小吨千米法

4. (　　)被认为是服务产品的最基本特征。其他特征都是从这一特征派生出来的。

A. 不可贮存性　　B. 差异性

C. 不可分离性　　D. 不可感知性

5. 客户感知的服务质量包括(　　)和(　　)两个方面。

A. 商品质量　　B. 功能质量

C. 技术质量　　D. 运输质量

E. 售后服务质量

二、名词解释

费率变化　费率补贴　图表分析法　图上作业法　最小费用法　服务质量

三、问答题

1. 如何理解运输决策的相关者?
2. 在进行运载工具决策时,一般应考虑哪些基本要素?
3. 在进行运载工具决策时,如何利用量化分析进行运输成本比较?
4. 如何理解三种不同起讫点的运输路线分析?
5. 简述几种运输路线优化决策的基本原理和分析步骤。
6. 与有形产品相比,服务具有哪些一般性特征?
7. 简述运输服务质量决策和运输价格决策的基本内容。

四、计算题

1. 用表上作业法解表 8-31 和表 8-32 给出的运输问题,求出最优运输方案。

表 8-31　产 销 数 量　　单位:吨

产地	A 地	B 地	C 地	D 地	E 地	供应量
甲	13	7	6	2	12	30
乙	5	1	10	5	11	20
丙	10	5	3	7	14	40
丁	6	3	2	11	10	60
需求量	30	20	25	35	40	

表 8-32　产 销 数 量　　单位:吨

产地	A 地	B 地	C 地	D 地	E 地	供应量
甲	3	7	8	4	6	13
乙	9	5	7	10	3	12
丙	11	10	8	5	7	18
需求量	3	8	5	10	5	

2. 在给定的运输线路图(见图 8-10)上,运用图上作业法,求出最优运输线路图。

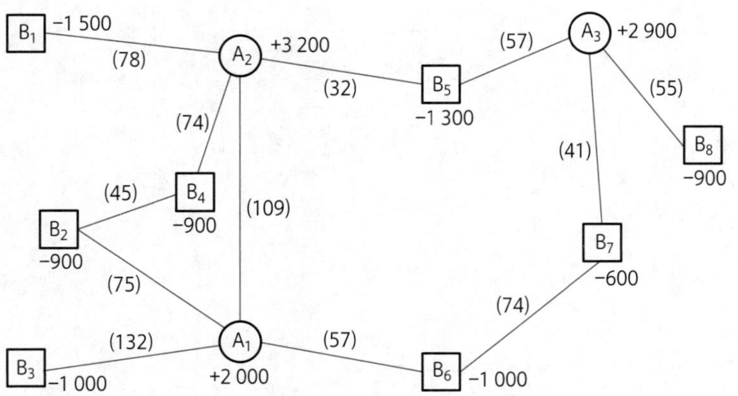

图 8-10　某地区物资供应交通运输线路图

任务实施：物流运输服务商选择

09

Chapter

第九章

智慧物流与智能运输

知识目标：

- 掌握智慧物流的发展历程
- 了解智慧物流的功能体系
- 了解智慧物流的核心技术
- 掌握智慧物流核心技术的功能特点
- 理解智能运输系统的内涵
- 掌握智能运输系统的分类及要素
- 了解“互联网+运输”平台的功能要求

技能目标：

- 能根据系统需要选择智慧物流的核心技术
- 能筛选和收集智能运输系统数据

素养目标：

- 立足本职，掌握智慧物流运输的核心技术
- 严格遵守安全操作规程，加强安全意识，确保人身和运输设备安全

● 思维导图

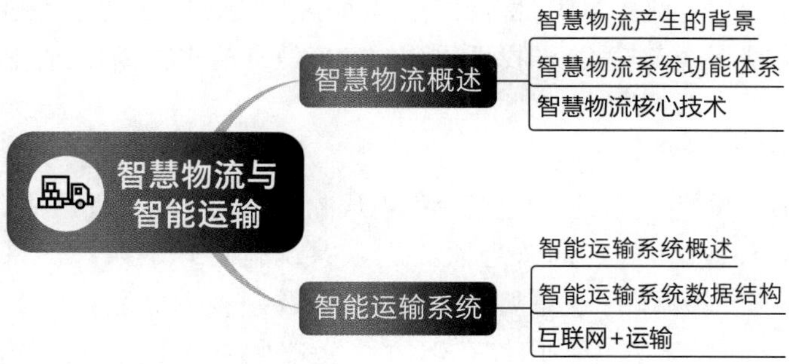

第一节 智慧物流概述

党的二十大报告指出：坚持把发展经济的着力点放在实体经济上，推进新型工业化，加快建设制造强国、质量强国、航天强国、交通强国、网络强国、数字中国。建设交通强国，需要物联网、云计算及新一代信息技术与传统物流运输的深度融合，以交通运输新业态、新模式引领物流业的数字化转型。

一、智慧物流产生的背景

在中华人民共和国国家标准《物流术语》（GB/T 18354－2021）中，智慧物流（Smart Logistics）是指以物联网技术为基础，综合运用大数据、云计算、区块链及相关信息技术，通过全面感知、识别、跟踪物流作业状态，实现实时应对、智能优化决策的物流服务系统。智慧物流本身的形成跟现代物流的发展有着密不可分的渊源，从现代物流的发展角度上看，智慧物流的起源可概括为如下五个阶段：粗放型物流→系统化物流→电子化物流→智能物流→智慧物流。粗放型物流属于现代物流的雏形阶段，系统化物流是现代物流的初级发展阶段，电子化物流是现代物流的成熟阶段，而现代物流的未来发展趋势是由智能物流向智慧物流发展。

（一）粗放型物流

粗放型物流的黄金时期是20世纪50—70年代。第二次世界大战后，世界经济迅速复苏，以美国为代表的发达资本主义国家进入了经济发展的黄金时期。以制造业为核心的经济发展模式给西方发达资本主义国家带来大量的财富，刺激消费大规模增长，大量生产、大量消费成为那个时代的标志。随着大量产品进入市场，大型百货商店和超级市场如雨后春笋一般出现。在大规模生产和消费的初始阶段，由于经济的快速增长，市场需求旺盛，企业的重心放在生产上，对流通领域中的物流关注度不高，普遍错误地认为产量最大利润也最大，因此造成大量库存。

粗放型物流时期的特点是专业型的物流企业很少,大部分企业都是自成体系,没有行业协作和大物流的意识,盲目扩张以致很快不能维持,迫使企业放弃原来的大规模生产消费型经营模式,寻找更适合的物流经营模式,如降低成本等。

(二)系统化物流

从20世纪70年代末到20世纪80年代初,世界经济出现国际化趋势,物流行业也逐渐从分散、粗放式的管理阶段进入系统化管理的阶段。系统化物流的发展得益于企业对物流行业重要性的认识,以及新技术和新模式的出现。这一时期,企业已经把物流作为一门综合性的科学来看待,同时企业的经营决策和发展战略也开始注重物流的成本和效益。这一时期的物流行业关注削减库存以降低运营成本,并引入了物流总成本的概念。新型物流技术的应用也迎合这股潮流,如准时生产制(Just in Time,JIT)和集装箱运输等。另外,新兴物流业务的出现也丰富了物流行业的服务模式。这些新兴的思想、技术、服务成为物流行业变革的契机和动力。值得一提的是,尽管这个时候信息技术革命尚在襁褓之中,但计算机辅助模拟仿真系统、线性规划技术等开始大量运用于物流系统中。

系统化物流时期的特点是新技术和新模式的出现,企业对物流的理解从简单分散的运输、保管、库存管理等具体功能,上升到了从原材料采购到成品销售等一系列生产、经营活动的全程管理,开始在物流成本和效益方面做文章。

(三)电子化物流

20世纪90年代中后期以来,计算机技术的出现及大规模应用,以互联网在经济活动中的应用为主要表现形式的电子商务取得了快速的发展,在客户需求的拉动、技术进步的推动及物流产业自身发展需要的驱动等多方面力量的作用下,现代物流业迎来一个新的发展阶段——电子化物流时期。在这个时期,信息技术开始为物流行业助力,并成为持续推动物流行业飞速发展的最关键动力,最为典型的两项信息化技术是20世纪70年代诞生的条码和80年代诞生的EDI。

特别是互联网的出现,基于EDI可以提供一套统一的标准进行数据交换和处理,减少了纸张票据,使EDI的应用范围可以覆盖物流的各主要环节,如在线订货、库存管理、发送货管理、报关、支付等。

电子化物流时期的特点主要包括三点。第一,电子化物流需要借助互联网来开展业务运作;第二,电子化物流体系以满足客户对物流服务的需求为导向,让客户通过互联网参与物流运作过程,以更好地实现以客户为中心的物流服务发展目标;第三,电子化物流注重追求供应链整体的物流效果,供应链合作伙伴之间通过互联网建立起密切的业务联系,共同为提高供应链物流的效率和效益及降低物流运作的总体成本和时间占用而努力,强调共存共荣、互惠互利、同舟共济。

(四)智能物流

21世纪是智能化的世纪。随着智能技术的发展,物流也自然朝着智能化方向发展，特别是随着智能标签、无线射频识别技术、电子数据交换技术、全球定位系统、地理信息系统、智能交通系统等应用的日益成熟，相应地出现了一些智能物流应用的雏形，包括智能仓储物流管理、智能冷链物流管理、智能集装箱运输管理、智能危险品物流管理、智能电子商务物流等，智能物流慢慢地被人们所了解。基于以上背景，结合现代物流的发展过程，考虑物流业是最早实现作业智能化、网络化和自动化的行业，2008 年德国不来梅大学 Log Dynamics 实验室的 Dieter Uckelmann 归纳总结了智能物流的基本特征。

智能物流时期的物流运营呈现精准化、智能化、协同化的特点。精准化物流要求成本最小化和零浪费；物流系统需要智能化地采集实时信息，并利用物联网进行系统处理，为最终用户提供优质的信息和咨询服务，为物流企业提供最佳策略支持；协同化，是利用物联网平台协助，实现物流企业上下游之间的无缝连接。

（五）智慧物流

2009 年 12 月，中国物流技术协会信息中心、华夏物联网、《物流技术与应用》编辑部联合提出与智能物流极其相似的“智慧物流”的概念，指出智慧物流是利用集成智能化技术，使物流系统能模仿人的智能，具有思维、感知、学习、推理判断和自行解决物流中的某些问题的能力，它包含了智能运输、智能仓储、智能配送、智能包装、智能装卸及智能信息的获取、加工和处理等多项基本活动，为供方提供最大化的利润，为需方提供最佳的服务，同时也应消耗最少的自然资源和社会资源，最大限度地保护好生态环境，从而形成完备的智慧社会物流管理体系。

智慧物流时期的特点是智能化、一体化、柔性化、社会化。智慧物流的时代已经到来并且还在继续，随着技术的进步和应用的成熟，智慧物流将更加完善。

二、智慧物流系统的功能体系

智慧物流是以物联网、云计算、大数据及“三网融合”（传感网、物联网与互联网）等先进技术为支撑，在物流过程中实现自动感知识别、跟踪溯源、实时应对、智能优化决策，体现了现代经济运作特征需求，即强调信息流与物流快速、高效、通畅地运转，实现促成更加精细、动态、科学的方式管理物流活动，进而提高生产力水平、资源利用率、企业管理水平和运营效率，增强企业的竞争力，实现低成本、高效率、优质服务、绿色环保等多元化发展目标。

智慧物流的功能体系包括三个层面，即智慧物流商物管控功能、智慧物流供应链运营功能和智慧物流业务管理功能。智慧物流功能体系如图 9-1 所示。

智慧物流的作业对象是商品，智慧物流是商品的物流，智慧物流数据是流通的商品的数据，流通商品的物流即为商物，从流通商品物流这个宏观角度来分析智慧物流数据，能够得到各商品类的流量流向数据，并从宏观角度了解智慧物流数据的大体情况，从而能够在宏观上对智慧物流数据进行分析。

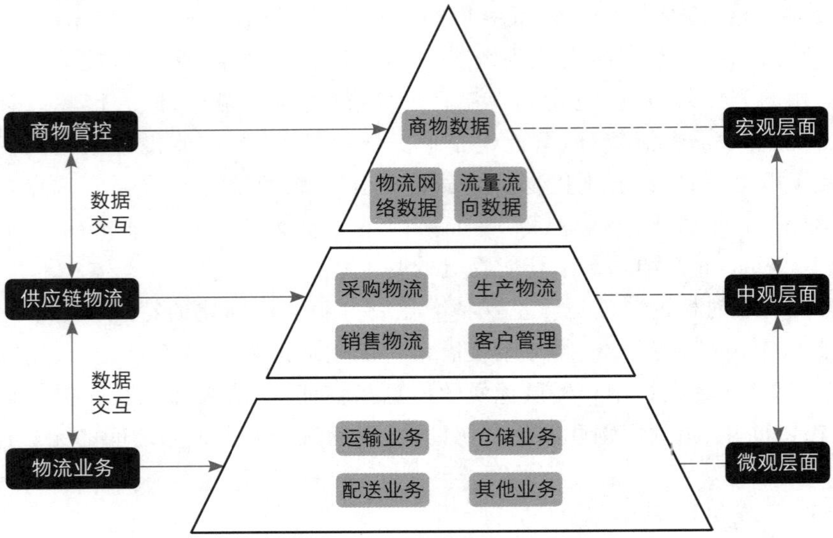

图 9-1　智慧物流功能体系

供应链物流是将物流从供应链物流层面进行分析，是为了顺利实现与社会经济活动相关物流系统的协调运作，生产活动、供应活动、销售活动和客户管理，进行综合性管理。将供应链物流作为智慧物流分类的中观标准，是将智慧物流放在供应链网络中进行分析，是从中观上对智慧物流的数据进行进一步的梳理。

智慧物流也是由基本的物流业务组成，将智慧物流业务作为微观分类标准，可以从基础的物流业务出发，了解智慧物流的数据情况，得到每个业务的数据结果，从而从微观的角度得到智慧物流的基本情况。

三、智慧物流的核心技术

智慧物流是以信息技术为支撑，在物流各个环节实现系统感知、全面分析、及时处理及自我调整，实现物流规整智慧、发展智慧、创新智慧和系统智慧的现代综合型物流系统。智慧物流所涉及的信息技术以物联网、云计算和大数据为核心，实现信息的捕捉、推送、处理、分析和预测，进而实现智慧物流的信息化、数字化、网络化、集成化和可视化。智慧物流核心技术框架如图 9-2 所示。

（一）物联网技术

党的二十大报告指出：加快发展物联网，建设高效顺畅的流通体系，降低物流成本。根据中华人民共和国国家标准《物联网术语》（GB/T 33745—2017），物联网（Internet of things）是指通过感知设备，按照约定协议，连接物、人、系统和信息资源，实现对物理和虚拟世界的信息进行处理并做出反应的智能服务系统。物联网可实现物流作业智能化、网络化和自动化，通过物流信息服务平台打造智慧物流，整合物流资源，提高物流作业效率并降低物流成本。

图 9-2　智慧物流核心技术框架

物联网技术的核心和基础仍然是“互联网技术”，物联网技术是在互联网技术基础上延伸和扩展的一种网络技术，其用户端延伸和扩展到了任何物品和物品之间，进行信息交换和通信。

根据物联网的特征来划分，物联网主要有三大技术体系。

1. 感知技术体系

感知技术体系主要有 RFID 技术、条码技术、GPS 技术、GIS 技术、传感器技术、视频识别与监控技术、激光技术、红外技术、蓝牙技术等，感知技术分类如表 9-1所示。

表 9-1　感知技术分类

序号	物流活动	主要技术
1	“物”进行识别、追溯	RFID 技术、条码技术等
2	“物”进行分类、拣选	RFID 技术、激光技术、红外技术、条码技术等
3	“物”进行定位、追踪	GPS 技术、GIS 技术、RFID 技术、车载视频技术等
4	“物”进行监控	视频识别与监控技术、RFID 技术、GPS 技术等

2. 通信与网络技术体系

通信与网络技术体系，使移动或存储中形态各异的“物”能够互联，最常采用的网络技术是局域网技术、无线局域网技术、互联网技术、4G技术、5G技术和无线通信技术，在物流领域中应用如表9-2所示。

表9-2 通信与网络技术在物流领域中的应用

序号	物流活动	主要技术
1	区域物流管理及运作的物流系统	互联网技术等
2	物流运输管理与调度信息系统	互联网技术等
3	仓储中心信息系统	现场总线技术、无线局域网技术、局域网技术等
4	网络通信	无线通信技术、4G技术、5G技术、M2M(机器对机器通讯)技术等

3. 智能技术体系

常采用的智能技术主要有数据挖掘技术、自动控制技术等，在物流领域中的应用如表9-3所示。

表9-3 智能技术在物流领域中的应用

序号	物流活动	主要技术
1	社会物流系统	数据挖掘技术、智能调度技术、优化运筹技术等
2	以仓储为中心的物流中心	自动控制技术、智能机器人技术、智能信息管理系统技术、移动计算技术、数据挖掘技术等
3	物流为核心的智能供应链综合系统、物流公共信息平台	智能计算技术、数据挖掘技术等

(二)云计算技术

云计算是分布式计算(Distributed Computing)、并行计算(Parallel Computing)、效用计算(Utility Computing)、网络存储(Network Storage Technologies)、虚拟化(Virtualization)、负载均衡(Load Balance)、热备份冗余(High Available)等传统计算机和网络技术的发展融合，或者说是这些计算机科学概念的商业实现。

云计算通过使计算分布在大量的分布式计算机上，而非本地计算机或远程服务器中，企业数据中心的运行将与互联网更为相似，这使得企业能够将资源切换到需要的应用上，根据需求访问计算机和存储系统。

将云计算应用到智慧物流中，加快和完善了智慧物流信息服务平台的建设，更进一步加快物流的信息化发展，同时云计算技术在物流中的应用实现了物流相关数据的捕捉、整理、存储、分析、处理和管理等。云计算关键技术主要包括虚拟化技术、分布式海量数据存储、海量数据管理技术、编程方式、云计算平台管理技术等。基于云计算技术的内容和优势，构建物流信息平台来服务物流企业成为物流企业的首选，通过云计算平台，提供给物流企业相关业务服务、数据存储和基础服务等。

1. 云计算平台业务服务层面

物流企业利用经过分析处理的感知数据，通过 Web 浏览器为其客户提供丰富的特定应用与服务，包括物流监控、智能检索、信息查询、信息码扫描、物品的运输传递扫描等。

2. 云计算平台数据存储层面

利用云计算平台，提供物流企业所需要的具体数据，包括数据的海量存储、查询、分析，实现资源完全共享、自动部署、分配和动态调整。

3. 云计算平台基础服务层面

依靠云计算平台，为物流企业提供各种互联网应用所需的服务器，这样物流企业便能在数据存储及网络资源利用方面具备优越性，同时能够减少物流企业的经营成本；还可以在应用时实现动态资源调配，自动安装部署，提供给用户按需响应、按使用情况收费和高质量的基础设施服务。

（三）大数据技术

大数据技术

大数据是由数量巨大、结构复杂、类型众多的数据构成的数据集合，大数据技术是基于云计算的数据处理与应用模式，通过数据的整合共享、交叉作用形成的智力资源和知识服务能力，并从各种类型的数据中快速获得有价值信息。大数据技术包括大数据采集、大数据预处理、大数据存储及管理、大数据分析及挖掘等。除了在物流领域的广泛应用，大数据技术还应用于能源、医疗、通信和零售等行业。

1. 大数据采集技术

智慧物流系统复杂，数据繁多，数据的采集是大数据价值挖掘最重要的一环，其后的集成、分析、管理都构建于采集的基础。大数据采集技术就是通过不断发展的数据收集方法及技术获取海量有价值的数据，包括普通文本、照片、视频、链接信息等。

2. 大数据预处理技术

大数据预处理技术主要完成对已接收数据的辨析、抽取、清洗等操作。因获取的数据可能具有多种结构和类型，数据抽取过程可以帮助我们将这些复杂的数据转化为单一的或者便于处理的结构和类型，以达到快速分析处理的目的；并不是所有大数据都是有价值的，有些数据并不是我们所关心的内容，而另一些数据则是完全错误的干扰项，因此要对数据通过清洗转化从而提取出有效数据。

3. 大数据存储及管理技术

大数据存储与管理要用存储器把采集到的数据存储起来，建立相应的数据库，并进行管理和调用。只有数据与适合的存储系统相匹配，制定出管理数据的战略，才能低成本、高可靠、高效益地应对大量数据。对于物流企业而言，面临大数据首先需要解决的问题就是成本和时间效应问题。

4. 大数据分析及挖掘技术

大数据分析及挖掘涉及的技术方法很多可分为分类或预测模型发现、数据总结、聚类、关联规则发现、序列模式发现、依赖关系或依赖模型发现、异常和趋势发现等。大数据分析及挖掘就是从大量的、不完全的、有噪声的、模糊的、随机的实际应用数据中，提取隐含在其中的、人们事先不知道的、但又是潜在有用的信息和知识的过程。

第二节 智能运输系统

智慧运输新视界：智慧物流运输管理生态系统，助力运输数字化转型

一、智能运输系统概述

运输系统包括公路、铁路、水路、航空、管道等运输子系统，各运输子系统的综合运输及多式联运的运输能力、组织与管理、规划与评价、配置与协调也与智能运输密切相关。

（一）智能运输系统发展背景

智能运输系统，英语简称 ITS（英语全称为 Intelligent Transport Systems），作为一个概念性名词出现于 20 世纪 90 年代初，但其思想早在 20 世纪 30 年代已有萌芽。进入 20 世纪 80 年代中期，特别是 1990 年以后，ITS 却突然以惊人的速度发展，许多发达国家争先恐后地投入巨资进行 ITS 的研究与开发。全球正在形成一个新的 ITS 产业，难以计数的大小项目正在开展，其发展规模和速度惊人，起到减少交通事故、解决交通拥堵、节约能源、降低环境污染的作用，以“保障安全、提高效率、改善环境、节约能源”为目标的 ITS 概念正逐步在全球形成。

在 20 世纪 80 年代，计算机技术和软件技术的发展，使人们能用计算机收集并处理大量数据，并按一定的规则给出结论，而这些规则是建立在相似的人类经验的基础上的。人工智能应用在各类行业，如银行、金融、飞机导航以及电子系统的快速诊断。微电子技术也促进了传感器与通信设施的极大发展。便携式摄像机的出现为交通信息采集提供了工具，红外传感器技术方面取得了同样的进展，这种红外传感器能够显示黑暗中的图像。同时移动通信技术得到快速推广，载运工具从而具备了与交通控制中心传输交通信息的能力。

20 世纪末，日本开始研究自动公路系统（Automated Highway System，AHS）。AHS 是通过车辆与道路之间连续的信息通信来保证车辆的自动驾驶的。AHS 是 ITS 在技术上难度最大的系统。该系统是由公路信息设施和装于车辆上的通信设备之间的“路—车通信”以及车辆之间的“车—车通信”支持的。美国和日本在 AHS 方面做了大量的研究工作。美国当时修建了 11 km 的 AHS 试验路，初步实

现了车辆的自动驾驶。

进入21世纪,智能运输系统得到稳步发展,大致的研究方向包括:交通控制与管理,车辆安全和控制,旅行信息服务,交通中人的因素,交通模型的开发,行政和组织问题,通信与广播技术,通信协议和不法行为处理等。这些研究的主要目的是希望通过ITS,用系统的观点来对待运输系统,使现在独自存在的车辆和道路设施及使用者能结合成一个整体,协同作用,最终形成一个快速、安全、方便、舒适、准时的大交通运输体系。

(二)智能运输系统内涵

在中华人民共和国国家标准《物流术语》(GB/T 18354-2021)中,智能运输系统(intelligent transport system)是指在较完善的交通基础设施上,将先进的科学技术(信息技术、计算机技术、数据通信技术、传感器技术、电子控制技术、自动控制理论、运筹学、人工智能等)有效地综合运用于交通运输、服务控制和车辆制造,加强车辆、道路、使用者三者之间的联系,从而形成的一种保障安全、提高效率、改善环境、节约能源的综合运输系统。

从智能运输系统的内涵可以看出,智能运输系统的核心是利用新技术和新手段,确定新思路,实现新目标。所用新技术包括电子、通信、计算机等信息技术,自动化、传感器、人工智能等控制技术,运筹学、管理学等系统工程技术;新手段体现在用信息技术将驾驶者、车辆、道路基础设施有机集成;确定的新思路是采用先进技术对交通进行有效的控制与管理,而不是单纯依靠修建道路基础设施;新目标是最大限度地发挥现有道路系统的交通效率。

智能运输系统是"智能系统"和"运输系统"的结合。"智能系统"是智能运输系统区别于传统的运输系统的最重要的特征。"智能的"是"有推理能力的""有理解力的"的意思。具体地说,"智能"具有以下特征:

(1) 从人工智能学的角度来说,其在原理上应是基于知识的系统。

(2) 智能运输系统的最终目的是要通过模拟人的智能,使运输系统变得更加有效率,更加人性化,即它要模拟人的一些重要能力,如记忆与思维能力、感知能力、自适应能力和表达与决策能力等,所以其在功能上应具有感知、判断、推理和学习能力。

(3) 结构上应具有智能核,其中输入为来自过程的各种有用信息,输出为提供给决策、评价等的知识。

智能运输系统就是使交通运输系统整体模拟人类智能,具有上述各种能力,能思维、能感知、会学习、会推理判断和自行解决问题。它能感觉出周围环境的变化和自身状态的变化,能针对这些变化主动采取相应对策。

在智能运输系统中,车辆靠智能在道路上安全、自由地行驶,道路靠智能将交通流调整至最佳状态,驾驶员靠系统的智能对道路交通情况了如指掌,交通运输管理人员靠系统的智能对道路上的车辆行驶情况和交通状态一清二楚,这使传统的被动式交通管理转变为主动的交通管理,这种相互作用就是以人、车、路间通信为主的人—车—路(环境)系统相互作用关系。智能运输系统的最大特点是信息化、数字化、智能化,信息不仅包括车辆的信息,还包括与交通、与交通出行者相关的时间、空间、心理、生理、气候、地理、图像、语言等信息,并对这些信息进行检测和识别,成为数字化信息,从而实施智能化管理;另外,智能运输系统还有系统化、集成化、一体化的特点,它采用人工智能方法和系统工程方法,对构成智能运输系统的各个子系统本身以及子系统之间进行技术和方案的集成,实现各种交通方式之间以及整个运行系统的集成,从而实施信息共享及一体化的综合交通运输管理。

智能运输系统将先进的信息处理技术、数据通信技术、电子控制技术以及计算机处理技术等有效地综合运用于整个运输管理体系,从而建立起大范围内、全方位发挥作用的实时、准确、高效的运输综合管理系统。形象地说,智能运输系统使车辆有"头脑",使道路"聪明"起来,将驾驶者、车辆、交通基础设施(港口、道路、机场)集合成为综合系统,结合成一个整体,起协同作用,最终形成一个快速、安全、方便、舒适、准时的大交通运输体系。

二、 智能运输系统数据分类

运输业务作为智慧物流的核心业务,其进行过程中的数据较多,按照其作用的不同,分为运输基础数据、运输作业数据、运输协调控制数据和运输决策支持数据四类,具体如图 9-3 所示。

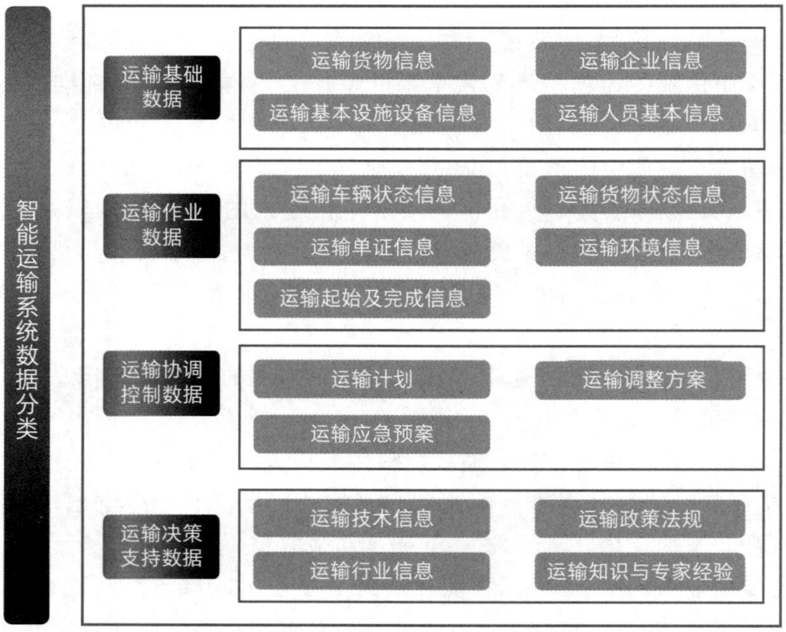

图 9-3 智能运输系统数据分类

（一）运输基础数据

运输基础数据是指运输业务的基础数据，是最初的信息源，是运输业务开始之前就存在的数据。一般来说，在运输作业进行前后，运输基础数据是保持不变的，其主要包括运输货物信息、运输企业信息、运输基本设施设备信息、运输人员基本信息等。

1. 运输货物信息

在货物进行运输之前，需要了解货物的基本信息，包括重量、尺寸、大小、数量等数据，同时还需要得到货物的特殊信息，例如是否是特大货物、是否是危险货物或者是否是特殊货物等。

2. 运输企业信息

运输企业信息是指运输企业的基本信息，主要包括各企业能够运输的货物类型、能够运输的距离及企业的规模、车辆和人员的数量等，同时还包括各运输企业的业务记录等信息。

3. 运输基本设施设备信息

运输基本设施设备信息是指运输业务活动中，有关运输基本设施、运输设备等的基本信息，主要包括运输车辆信息、运输设备信息、道路设施信息、运输历史记录等。

4. 运输人员基本信息

运输人员主要是指车辆的司机，有时在运输过程中除了司机还需要其他人员，这些人员的信息也在这个范围内。司机的基本信息主要包括司机的驾驶年龄、违规违章记录、身体健康情况、历史作业信息等，而其他人员信息主要包括身体健康情况、历史作业信息及技术能力等方面的信息。

（二）运输作业数据

运输作业数据是指在智能运输系统运行过程中产生的信息。该信息与运输基础信息不同，具有波动性大、动态性等特点，只有发生运输作业才会产生运输作业数据，可以通过物联网技术对这类数据进行采集。运输作业数据主要包括运输车辆状态信息、运输货物状态信息、运输单据信息、运输环境信息和运输起始及完成信息。

1. 运输车辆状态信息

运输车辆状态信息是指货物在运输过程中，利用物联网技术或者其他技术采集的运输车辆的实时信息，主要包括车辆位置信息、车辆安全信息等；对于特殊货物来说，还应该包括能使货物完好的特殊信息，例如车辆内部温度、湿度等方面的信息。

2. 运输货物状态信息

运输货物状态信息是指货物在运输过程中的实时信息，在运输车辆出发后，每个特定的时间都要检测货物的实时状态信息，主要包括货物的安全信息、货物的地理位置等。

3. 运输单证信息

运输单证是证明货物运输情况的单据，是承运人签发给托运人的证明文件。运输单证中反映了运输双方的信息、运输工具的信息、运输地点、单据号码、货物信息及运输费用等相关信息，主要包括单证基本信息、运输双方信息、运输费用信息和运输车辆信息等。

运输单据根据运输方式的不同而不同，包括海上运输使用的提单、铁路运输使用的铁路运单、航空运输使用的航空运单、邮包运输使用的邮包收据、多式联合运输使用的联合运输提单或联合运输单据。

4. 运输环境信息

运输环境是指货物在运输过程中外界的环境，运输环境信息主要包括运输过程中的道路信息，如道路拥堵程度、道路设施安全信息，还包括自然环境的信息，如天气信息等。

5. 运输起始及完成信息

运输起始及完成信息主要是指货物运输开始和完成时所产生的数据，起始信息包括运输起始地点、起始时间、货物起始状态、车辆起始状态等，完成信息包括运输完成地点、完成时间、货物完成状态、车辆完成状态等。

（三）运输协调控制数据

运输协调控制数据主要指运输业务中，将基础数据和决策支持数据进行分析建模，从而得到的调度数据和计划数据，主要包括运输计划、运输调整方案、运输应急预案方面的数据。

1. 运输计划

运输计划是指了解货物运输需要的基本信息之后，对运输全过程做出合理安排，并形成计划方案，主要包括运输路线、运输方式、运输人员、运输时间等方面的内容，按照编制期限可分为长远计划、年度计划和月度计划。

2. 运输调整方案

运输调整方案是指货物在运输的过程中，系统采集的货物、运输车辆或运输路线等道路信息与之前的信息出现较大出入，而对运输计划进行调整的方案。运输调整方案包括运输线路调整、运输车辆调整、运输方式调整等不同的调整方案。

3. 运输应急预案

在运输过程中，不可避免地会发生意外事件，因此，会出现运输应急预案，以及时应对突发的事件。运输应急预案主要包括重大事故应急预案、突发事故应急预案、灾害应急预案等。

运输决策支持数据

（四）运输决策支持数据

运输决策支持数据主要是指能对运输计划、调度方案和应急预案具有影响或有关的统计信息或有关的宏观信息，其对于智能运输系统来说是至关重要的。因为这类信息是物流自动化、智能化的重要依据。该类信息并不是运输作业的内部数据，而是与运输作业相关的外部数据，主要包括运输技术信息、运输政策法规、运输行业信息、运输知识及专家经验等方面的数据。

1. 运输技术信息

运输技术按照运输方式不同，可以分为海上运输技术、内河运输技术、公路运输技术、铁路运输技术、空中运输技术、管道运输技术、吊装技术及各运输机械驾驶技术；按照产生动力方式不同，可以分为核动力技术、石油动力技术、醇动力技术、电动力技术、风动力技术、潮汐能动力技术及各种新式能源动力技术。运输技术信息不仅包括以上技术信息，还包括运输基础设施、运输信息技术等方面信息。

2. 运输政策法规

运输政策法规是制定运输调度和作业计划的基础，具有指导作用。按照中国交通运输协会的分类，运输政策法规分为陆运法规、海运法规、空运法规、物流法规、海关公告、税收税务、国际公约和贸易法规等。

3. 运输行业信息

运输行业信息是指在运输行业中产生的宏观性数据或重要的行业消息，主要包括运输行业重要资信、运输行业分析报告、运输市场竞争报告、运输市场需求信息等。

4. 运输知识及专家经验

运输知识是与运输相关的基本知识，专家经验则是运输行业的专家多年实践得到的宝贵数据，这两者可以为运输计划制订或其他决策提供基本的知识和经验。在智能运输系统中，运输知识和专家经验是系统自动提供参考决策方案的最主要的依据。

三、“互联网+运输”

随着 WEB 技术的出现和发展，互联网开始在全球普及。互联网的“开放、自由、连接、协同、共享”等特征使其在人类历史上开辟了一个崭新的时代，互联网不断融入社会经济的各个方面。“互联网+”使互联网发展又进入了新阶段，“互联网+”理念最早是由易观国际的于扬在 2012 年易观第五届移动互联网博览会的演讲中提出的，他认为“互联网+”是各行业的产品和服务与互联网全网跨平台用户场景结合之后产生的一种模式和经济业态。

2015 年 3 月，马化腾在全国两会上呼吁，要以“互联网+”为驱动，鼓励产业创新、促进跨界融合、惠及社会民生，推动我国经济和社会的创新发展，“互联网+”是利用互联网的平台、信息通信技术把互联网和包括传统行业在内的各行各业连接起来。

“互联网+”的本质是传统产业的在线化、数据化。“互联网+”的过程也是传统产业转型升级的过程,“互联网+”包括以下内涵:“互联网+”的基础设施——云网端;“互联网+”的新生产要素——数据;“互联网+”的分工体系——大规模社会化协同。

(一)运输管理的痛点和关键

在世界范围内,在运输管理方面取得明显成功的企业屈指可数。造成这种局面的主要原因就是在运输管理中没有建立覆盖范围十分广泛的物流网络。这种物流网络主要是指以承运人为代表的物流服务商所构成的实体网络。

运输过程包括咨询、报价、订单、运输、跟踪、支付等多个环节,而这些环节正是通过物流网络来实现的。运输管理行业亟须将相关的组织以网络的形式统一到体系中,从而对其灵活地加以调整、分析、筛选。

多家物流公司在一起制定并执行运输管理方案时,会将太多的精力投入在了承运公司、承运路线的价格及效率方面,忽略了运力网络化的实现。这在一定程度上限制了运输管理效率的提升。只有从多个角度整体提高运输管理水平,才能有效提升物流供应链的效率,提升物流行业的盈利能力。

承运人为了满足日益多元化及个性化的运输需求,只能不断增加运输车辆、开辟新的运输路线、购入新设备。即使他们竭尽全力来满足用户的需求,仍无法跟上发货人需求的快速变化,再加上运输成本的不断上升,必然会使许多承运公司陷入发展困境。

如果承运方不借助由多方物流服务商形成的物流网络,即使货运行业中最大的物流企业也无法满足物流供应链上的所有需求。第三方物流服务商通过人工客服或者信息系统,帮助用户与其他主体实现连接,但其连接效率处于较低的水平,在时效性较强的物流行业,注定这种模式不会有太大的发展前景。

因此,运输业内对运输管理网络平台发展呼声越来越高。这种网络是实现货物运输的重要基础,它不仅包括信息网络,也包括承运网络。平台则是价值链中多个运输价值创造主体(发货人、承运人、第三方物流服务商、收货人、金融机构等)进行交易的开放空间。

运输管理的网络平台化模式并非近两年才出现的新概念。美国的罗宾逊全球货运有限公司、Landstar 公司等实现了平台与网络的有效连接;国内的淘宝、京东也将物流、信息流及资金流整合到平台上,从而实现了跨越式发展。近几年,以甲骨文为代表的运输管理系统开发商,在将单个系统升级为平台化系统方面投入了大量的资源,并且取得了明显的成效。通过这种平台化的系统可以将更多的承运人连接起来打造一个庞大的承运网络。

国内公路货运行业巨头卡行天下,自 2010 年开始打造覆盖整个中国市场的网络平台以来,掀起了国内物流行业的新风暴,中国货运行业的网络平台时代也由此拉开了序幕。

（二）构建“互联网+运输”网络平台化

目前，运输管理的网络平台化仍处于初级发展阶段，随着互联网技术的不断发展及应用成本的不断降低，运输管理网络平台化将迎来快速发展期。未来的运输管理网络平台化将呈现以下发展趋势。

1. 运输管理网络平台化的覆盖范围将不断扩大

其影响力从最初的快递、零担、整车，发展到车队，最终海运、空运、陆运通过网络连接至同一个平台。世界范围内许多的物流公司及物流服务开发商，都在通过自己的努力将其变为现实。从行业发展的宏观角度来看，运输管理平台的网络全球化将成为必然的结果，但在其发展过程中将面临本地化的巨大挑战，是否能够与各个地区的本土化平台进行战略合作将是关键。

2. 运输管理网络平台与实体网络的无缝对接

实现运输管理信息平台的网络化十分困难，信息系统进行信息交互的过程要在承运网络平稳运行的基础上实现，这就决定了运输管理平台必须是一个涵盖信息系统、平台社区及实体网络的开放场所。发货人、承运人、收货人、第三方物流公司等主体在同一个信息平台中交易，货物在实体网络中低成本、高效率运转，两个系统相互支持，最终实现运输管理的巨大突破。

3. 运输管理网络平台将影响货运产业链上游

一方面，运输管理网络平台将直接参与仓储环节，与供应商对接，对库存提出有效指导；另一方面，运输管理平台 GIS 与 GPS 技术的广泛应用，有效提升运输效率，减少人力资源及汽车车源的浪费。

4. 运输管理自助化

随着移动互联网的不断发展，运输管理将会越来越趋于自助化。未来，发货人可以直接在手机终端上进行物流服务采购、下单、支付等，甚至还可以获得融资、购买保险等。据统计机构发布的数据显示，仅 2013 年美国自助采购的运输服务规模就达 1 600 亿美元。虽然在 2008 年金融危机后，全球经济陷入低迷状态，但是自助采购运输业务却呈迅猛增长之势。

5. 运输管理网络平台中将加入社交媒体模块

运输管理网络平台聚合了货主、承运人、第三方服务商、收货人等运输利益相关方的信息服务，包括状态信息的交互、文件的共享等，但通常都是平台与用户之间进行的，可加入一个具有类似朋友圈社交媒体功能的模块，基于用户关系进行内容的生产与交换。

6. 智能技术及穿戴设备在运输管理网络平台中将得到广泛应用

美国许多地区的仓库都应用了语音控制技术、分拣机器人及智能穿戴设备，有效提升了员工的工作效率，这些技术在未来运输管理网络平台中也会释放出巨大的能量。

7. 运输管理网络平台将协助企业进行管理决策

运输管理网络平台的出现使货主在采购物流服务之前就能进行大数据分

析,可以与企业以往的采购数据对比,也可以与同行业的数据相对比,从而在议价方面有更多的主动权。运输管理网络平台能够掌握大量的数据,从而对企业的决策进行有效管理。

8. 运输管理软件公司向平台公司转型

运输管理平台的开放性及共享性,决定了只为单一类型的用户提供物流运输管理系统的企业将难以生存。无法与其他系统进行沟通交易的封闭式运营管理系统最终将会被淘汰。因此,一部分物流运输管理系统开发企业被收购兼并,其他则向平台公司转型。一些系统开发商在转型后,将成为各方能够进行信息传递、支付交易、运营管理的整合平台。

9. 发货人在选择满足自己需求的承运人方面,将更加自由、更加灵活

目前,规模较大的货主一般会与承运人签订长期的合作协议。而运输管理平台化可以使发货人能随时进行物流服务采购、追踪、筛选等,货主可以不用与承运人之间签订长期一对一合作关系。而且这种平台化采购能有效降低货主物流服务采购成本,通过平台,货主可以在全国甚至是全球范围内进行采购,不用在各个地区设置专门负责管理采购业务的办事处。

10. 承运人及第三方物流提供商将实现专业化运营

专业化运营可以使承运人及第三方物流提供商更加专注于自己擅长的、盈利能力更高的、运输效率最高的领域。同时,运输管理平台的社交功能、媒体功能可以真实地反映物流服务商的服务水平,那些无法提供优质服务的商家将很难生存。

【案例分析】

从货拉拉看中国货运 O2O 模式的未来发展

2017 年 10 月 11 日,货拉拉宣布完成 C 轮 1 亿美元融资。这是货拉拉创立以来金额最大的一次融资,此轮过后货拉拉累计融资总额达 1.6 亿美元,成为中国物流领域最具吸金能力的创业公司之一,这在相对小众的城配货运 O2O 平台领域可谓一枝独秀。

货拉拉于 2013 年由周胜馥创办于中国香港,2014 年进入中国大陆,是“互联网+物流”同城货运最具代表性的平台之一,该平台以场景化方式链接双端,将车货的需求与供给进行匹配。截至 2018 年年底,货拉拉平台注册司机超过 300 万人,用户达 2 800 万个,而公司 2018 年年初定下中国大陆拓展 100 个城市的全年目标,已在 2018 年 8 月份提前完成。

以货拉拉为代表的城配货运 O2O 平台如雨后春笋般地出现并壮大并非偶然。长期以来,存在于城市中并承担城市相当一部分货运需求的车辆,为城市物流提供了不可或缺的补充。但是由于这部分车辆绝大部分属于个体,存在“小、散、乱、差”的特点,在解决城市配送问题的同时,也存在难以监管的现实问题。同时,过多的车辆也造成了道路资源、能源消耗等社会资源的浪费。而得益于技术的成熟与资本的介入及运输需求的快速增长,“互联网+物流”利用互联网庞大

的信息平台，整合供应链，省略了中间环节，在生产者和消费者之间打造出了高效无缝对接的货运 O2O 平台。货拉拉正是货运 O2O 平台的典型代表。通过整合社会运力资源，搭建快速、平价、安心、专业的同城货运交易平台，统筹分配海量货源，货拉拉货运平台让货主更方便地找到车主，也让车主在 App 上能及时找到货源，提高了车主配货效率，彻底改变了车主和货主的交易方式。

货运 O2O 平台为城市配送领域带来了新气象。以货拉拉为例，通过手机定位和大数据挖掘，货拉拉能够高效精准匹配车货，实现最优资源配置，降低货车空载率，进而降低运输成本。通过简化交易流程，节省了运营管理成本。除此之外，车辆运输效率的提高，可以逐步淘汰一部分运力过剩的车辆，从而缓解城市道路拥堵及乱停放等问题。另外，货拉拉将存迹于路面上缺乏监管的车辆整合到平台上，进行规范化的管理，为政府加强行业监管提供了监管手段。

未来，城配货运 O2O 平台还将成为城市配送电动化的主力军。随着城市物流车电动化浪潮席卷而来，电动物流车如何真正走进客户心中，进而取代传统燃油车，已成为一个重要课题。城配货运 O2O 平台无疑掌握着纯电动物流车推广的主动权。电动物流车由于续航里程的限制导致其适用领域集中在城市配送，以日常的生活用品运输和小件货运最为普遍，而这正是货运 O2O 平台的深耕领域。一旦条件成熟，以货拉拉为代表的城配货运 O2O 平台将能够以规模优势、智能交通技术和运营能力，快速扩大电动物流车的应用范围，提高市场接受程度。同时，快速发展的货运 O2O 平台也将有助于对落后产品的淘汰，催生高性能、高技术含量的新能源物流车推向市场，从而促进城市配送电动化的健康发展。

（案例来源：搜狐网，http://www.sohu.com/a/270878428_806626）

问题：

（1）货运 O2O 是如何突破物流的“最后一公里”？

（2）货运 O2O 模式的趋势是什么？

同步测试

一、名词解释

电子化物流　智能物流　智慧物流　智能运输系统

任务实施：网络货运监测平台系统接入方案

二、问答题

1. 简述智慧物流的发展历程。
2. 智慧物流的功能体系包括哪些方面？
3. 智慧物流的核心技术有哪些？
4. 物联网技术的三大技术体系包括哪些？
5. 简述智能运输系统的内涵。
6. 简述智能运输系统的数据分类。
7. 简述“互联网+”的内涵。

参考文献

[1] 朱强.运输管理[M].北京:中国人民大学出版社,2014.
[2] 佘霞,石贵舟.运输管理实务[M].北京:人民邮电出版社,2012.
[3] 关善勇,李洁.运输管理实务[M].北京:北京师范大学出版社,2011.
[4] 朱仕兄.物流运输管理实务[M].北京:清华大学出版社,2009.
[5] 李联卫.李敏.物流运输管理实务[M].2 版.北京:化学工业出版社,2012.
[6] 阎子刚,席锦,朱强,等.物流运输管理实务[M].2 版.北京:高等教育出版社,2011.
[7] 张理,李雪松.现代物流运输管理[M].北京:中国水利水电出版社,2005.
[8] 关强,胡永举,弓福,等.交通运输技术管理[M].北京:人民交通出版社,2004.
[9] 缪六莹.物流运输管理实务[M].成都:四川人民出版社,2002.
[10] 约翰·科伊尔,爱德华·J.巴蒂,罗伯特·诺瓦克,等.运输管理[M].张剑飞,袁宇,朱梓齐译.北京:机械工业出版社,2004.
[11] 武德春,武骁.集装箱运输实务[M].3 版.北京:机械工业出版社,2011.
[12] 杨茅甄,施为民,陈青,等.运输(含集装箱)管理实务[M].北京:清华大学出版社,2009.
[13] 佘群英.运输组织与管理[M].2 版.北京:机械工业出版社,2009.
[14] 张敏,黄中鼎.物流运输管理[M].上海:上海财经大学出版社,2004.
[15] 季永青,李佑珍,刘长利,等.运输管理实务[M].2 版.北京:高等教育出版社,2008.
[16] 李永生,黄君麟,高永福,等.运输经济学[M].北京:机械工业出版社,2004.
[17] 张清,杜扬.国际物流与货运代理[M].北京:机械工业出版社,2004.
[18] 陈贻龙,邵振一.运输经济学[M].北京:人民交通出版社,2006.
[19] 毛宁莉,杨乔木,朱亚琪,等.运输作业实务[M].北京:机械工业出版社,2006.
[20] 王喜富,秦予阳,张文瀛,等.大数据与智慧物流[M].北京:北京交通大学出版社,2016.
[21] 高利,吴绍斌,赵亚男,等.智能运输系统[M].北京:北京理工大学出版社,2016.

主编简介

朱强，物流管理专业教师，研究员，高级物流师，广东交通职业技术学院物流管理专业带头人，广东省高职教育教学质量保证工作指导委员会秘书长，长期从事物流管理专业教学及专业建设研究与实践。主要参与的项目《交通高职院校专业结构优化及集群发展的研究与实践》分获国家教学成果二等奖、广东省教学成果一等奖和全国交通教育科学优秀成果一等奖；主持完成的“运输管理实务”项目获中国物流与采购联合会科技进步三等奖。编撰《运输管理实务》《物流运输管理实务》等“十二五”职业教育国家规划教材。主持和主要参与各级课题十余项。其中，广东省教育科学“十一五”“十三五”规划研究项目三项：《高职物流管理专业“工学交替”教学模式的探索与实践》《高职院校专业结构优化与集群发展策略研究》《行业引导型校企合作共建的策略研究与改革实践》。主持开发《高等职业院校内部专业评估管理平台 V1.0》等系统平台获软件著作权三项。其中，《国家骨干高职院校建设项目管理监控平台》获高等教育组教学工具类软件设计二等奖。

郑重声明

读者意见反馈

为收集对教材的意见建议，进一步完善教材编写并做好服务工作，读者可将对本教材的意见建议通过如下渠道反馈至我社。

通信地址　北京市朝阳区惠新东街4号富盛大厦1座

邮政编码　100029

防伪查询说明

用户购书后刮开封底防伪涂层，使用手机微信等软件扫描二维码，会跳转至防伪查询网页，获得所购图书详细信息。

防伪客服电话　(010)58582300

网络增值服务使用说明

授课教师如需获取本书配套教辅资源，请登录“高等教育出版社产品信息检索系统”(http://xuanshu.hep.com.cn/)，搜索本书并下载资源。首次使用本系统的用户，请先注册并进行教师资格认证。

高教社高职物流QQ群:213776041

高等职业教育

商科类专业群

新专业教学标准体系

电子商务类专业

市场营销类专业

新商科

物流类专业

经济贸易类专业